Bettina von Kleist

Das Jahr danach

Wenn Paare sich trennen

Ch. Links Verlag, Berlin

Die Deutsche Nationalbibliothek verzeichnet diese
Publikation in der Deutschen Nationalbibliografie;
detaillierte bibliografische Daten sind im Internet
über http://dnb.d-nb.de abrufbar.

1. Auflage, April 2011

Schönhauser Allee 36, 10435 Berlin, Tel. (030) 44 02 32-0
Internet: www.christoph-links-verlag.de; mail@christoph-links-verlag.de
Titelgestaltung und Titelillustration: Burkhard Neie, www.blackpen.xix-berlin.de unter Verwendung eines Fotos von Andrej Kuzmin,
Bildquelle: fotolia
Satz: Margret Kowalke-Paz, Berlin
Druck und Bindung: Druckerei F. Pustet, Regensburg

ISBN 978-3-86153-628-4

Inhalt

Vorwort

»Wir haben Schluss gemacht.« Ach, was für ein wirklichkeitsferner Satz, allenfalls tauglich für eine kurze Beziehung, die wie eine Sternschnuppe verglühte. Nein, die Aufkündigung einer Liebe ist kein kurzer Prozess, sie ist ein Drama in vielen Akten. Wie kaum ein anderes Ereignis stürzt das Ende der Zweisamkeit Menschen in eine tiefe Krise. Während für junge Paare ein Traum zerplatzt, wird im mittleren Alter ein Lebensplan durchkreuzt. Das Scheitern einer langjährigen Ehe stellt auch den vergangenen gemeinsamen Weg in Frage. Dass die meisten Suizide und Suizidversuche nach Trennungen und Scheidungen erfolgen, wirft ein Licht auf die bodenlose Kränkung und Verzweiflung, wenn der bisherige Lebensrahmen zerbricht und Ungewissheit die Zukunft bedrohlich verschleiert.

Die von Turbulenzen und Orientierungssuche geprägte Übergangszeit steht im Fokus meines Buches. Sozusagen in Nahaufnahme beleuchtet es einen Zeitabschnitt, in dem Bisheriges nicht mehr gilt, sich das Ausmaß der Veränderung aber noch nicht abzeichnet. Manche Eheleute wurden gerade geschieden, bei anderen glimmt unverwüstlich die Hoffnung, den abtrünnigen Partner zurückzugewinnen, mitunter wagen Paare den Zweitversuch. Andere blicken nach einer freundschaftlichen Wiederannäherung auf den Zersetzungsprozess ihres einstigen Liebesverhältnisses zurück.

In diesem Buch berichten rund 30 Personen, darunter sieben ehemalige Paare, über eine Lebenswende, die einen Aufruhr von Gefühlen entfacht und Menschen mit Eigenschaften konfrontiert, die sie weder bei ihrem Partner noch bei sich selbst je vermutet hätten. Zwischen 29 und 67 Jahren alt, fächern meine GesprächspartnerInnen auf, wie sie das prekäre erste Trennungsjahr erlebten und durchlitten, und welche Strategien ihnen halfen, den Umbruch zu überstehen und ansatzweise zu meistern. Ob Menschen die Aufkündigung der Zusammengehörigkeit völlig aus der Bahn wirft oder vorübergehend aus dem Tritt bringt, hängt von objektiven Umständen ab. Doch der Zerfall einer Partnerschaft wird auch höchst subjektiv erlebt; auf ihren Trennungsprozess haben Ex-Paare eine unterschiedliche Sicht. Während über Verlassene die Lebenswende verhängt wurde, mit zunächst unübersehbaren Verlusten, steuern Verlassende erwartungsvoll Neues an, häufig gestärkt und weich gebettet von einer frischen Liebe. Schon der endgültige Beziehungsriss wird häufig nicht zeitgleich datiert. Ging der Partner nur deshalb fremd, weil der andere sich innerlich entfernt hatte? Besiegelte die räumliche Trennung oder erst die Scheidung das endgültige Aus?

Auch zwischen männlichen und weiblichen Gefühlswelten und Verhaltensweisen tut sich ein Graben auf, wie die Einzelinterviews mit Ex-Paaren verdeutlichen. Nun, da Verschiedenheiten nicht mehr eingeebnet werden durch all die Angleichungen und Anpassungen, die ein Leben zu zweit erfordert, schälen sich wie nie zuvor geschlechtliche Differenzen heraus, kehren Frauen und Männer in ihr Stammland zurück. Fassungslos über die fremde Seite, die ihnen entgegenschlägt, teilen sich einstige Partner in zwei Lager auf: Was nur ist in den anderen gefahren, dass er so seltsam und unberechenbar tickt?

Mit Menschen über ihre intimste Beziehung zu sprechen, setzt einen großen Vertrauensvorschuss voraus, für den ich meinen GesprächspartnerInnen danke. Unter einem Pseudonym gewähren sie Einblick in die Krankheitsgeschichte ihrer Liebe, geben preis, welche Belastungen, Kommunikationsdefizite und sexuellen Probleme dieser den Todesstoß versetzten und schildern das Wechselbad von Zerstörung und Rettungsversuchen, bis die Würfel zur Trennung gefallen sind. Noch unsicher, wie sich ihr Leben wieder ordnen wird, spießen sie nicht nur die Fehler und Vergehen ihres Partners auf, sondern setzen sich mit eigenen Versäumnissen und Rachegelüsten auseinander und überprüfen ihr Selbstbild. Im Abschlussinterview erzählen Heike und Michael Graser unter ihrem richtigen Namen von einem ungewöhnlichen Weg, auch nach der Scheidung enge Vertraute zu bleiben. Dass ich viele Ältere befragt habe, weil ihre Trennung einen noch stärkeren Lebenseinschnitt bedeutet, korrespondiert mit der Scheidungsstatistik. Am häufigsten suchen die Mittvierziger woanders ihr Glück, doch immer mehr Paare geben sich nach der Silberhochzeit den Laufpass.

Um zu verstehen, woran Paare scheitern, werden im erläuternden Teil typische Erosionsprozesse der Liebe aufgerollt. In verblüffender Übereinstimmung beschreiben Rechtsanwälte für Familienrecht die stufenweise Eskalation von Konflikten zum Rosenkrieg. Psychotherapeuten und Paarexperten beleuchten die wechselseitigen Schuldzuschreibungen, die Paare oft über die Trennung hinaus aneinander fesseln, bis einer den Absprung aus der emotionalen Verstrickung schafft. Schließlich geben Erhebungen in Deutschland und Österreich Aufschluss über Prägungen und soziale Milieus, die das Scheidungsrisiko erhöhen. Langzeitstudien erhellen, wie Eltern die Trennungsfolgen für sich und ihre Kinder abmildern können.

Während der Arbeit an diesem Buch verfolgte ich mal aus der Nähe, mal von fern, wie es bei meinen InterviewpartnerInnen weiterging nach dem ersten Trennungsjahr. Etliche fühlen sich im Aufwärtstrend, ihre Lebenssituation hat sich stabilisiert, auch finanziell, eine Frau ging ein rein sexuelles Verhältnis ein, drei Männer fanden eine neue Partnerin, einer von ihnen wurde inzwischen wieder verlassen. Andere berichten von gelegentlichen Rückfällen in Wut, Wehmut und Trauer und Phasen der Verzagtheit. Insgesamt zeigt sich, wie vieler kleiner Schritte es bedarf, bis eine Trennung überwunden ist. Doch irgendwann wird der Schmerz verstummen.

Berlin, im Januar 2011 *Bettina von Kleist*

Der Tag des Auszugs

Sie hatten wie immer gemeinsam gefrühstückt, er hatte den Tisch gedeckt, sie hatte Kaffee aufgesetzt, in angestrengter Höflichkeit hatten sie und ihr Noch-Ehemann ein paar Sätze gewechselt. Doch als Sven die Tageszeitung aufschlug, hielt sie die bemühte Normalität nicht mehr aus. Ihre Henkersmahlzeit! Nach 17-jähriger Ehe das letzte Frühstück unter einem gemeinsamen Dach. Und Sven vertiefte sich in einen Artikel, als brächte ihn nichts, auch nicht ihre gepackten Umzugskisten, aus dem Tritt. Voller Wut schleuderte sie ihren Kaffeebecher gegen seine ausgefaltete *F.A.Z.* Der verächtliche Blick ihres Mannes begleitete Anna B. noch lange: »Danach blieb ich sitzen und stierte apathisch vor mich hin, bis die Möbelpacker klingelten.«

Fast alle meine GesprächspartnerInnen erinnerten sich auf Anhieb an das Datum, als sie selbst oder ihr Partner auszogen und der Möbelwagen vor der Tür das Scheitern ihrer Beziehung bekundete. Auch wenn beide Partner die Trennung als unvermeidlich ansehen, löst die Aufkündigung der gemeinsamen Postanschrift zumeist einen Tumult von Gefühlen aus. »Ich hatte den Tag herbeigesehnt. Aber in meine Erleichterung mischte sich auch Trauer. Ein Auszug ist ja der dingliche Abschied von einem Traum«, beschreibt Manfred K., 55, die emotional hoch aufgeladene Situation, in der der gemeinsame Hausrat in »mein« und »dein« zerlegt wird und das ehemalige »wir« und »unser« wieder in zwei Hälften zerfällt. Die mitunter erbitterte Auseinandersetzung, wer was bekommt, lässt sich mit materiellem Besitzanspruch nicht erklären. In der Verteilung des Hab und Guts handeln Paare auch aus, welchen Stel-

lenwert sie der vergangenen Gemeinsamkeit einräumen und wie viel Wertschätzung sie sich gegenseitig (noch) entgegenbringen.
Unabhängig davon, ob sie verlassen wurden oder ihren Partner verließen, schildern Frauen ihren Auszug oft als einen dramatischen Vorgang, der mit dem Gefühl von Entwurzelung, Heimatlosigkeit oder gar Vertriebensein verbunden ist. Wie Flüchtlinge brechen einige auf in eine ungewisse Lebenswende. Falls eine andere Frau der Trennungsgrund ist, verstärkt das Bewusstsein, dass sie zugunsten der Neuen das Feld räumen, das Gefühl, ohnmächtig Veränderungen ausgesetzt zu sein, die erst einmal nur Verlust bedeuten.

Doch auch wenn sie in der vertrauten Umgebung bleiben, empfinden Frauen die Aufteilung des Besitzstandes oft als eine Amputation. Während Männer häufig den Sachwert zum Maßstab erheben mit dem juristischen Besitzanspruch: »Wer hat es denn bezahlt?«, oder rein pragmatisch den Hausrat nach Notwendigem durchsieben, versinnbildlicht die auseinander gerissene Einrichtung für Frauen die Auflösung des bisherigen Lebensgefüges. Jahrelang hauptsächlich zuständig für den Familienalltag, laden sie mehr als Männer Möbel und Wohnaccessoires mit Gefühlen auf und heften an Gegenstände stärker (Beziehungs-)Erinnerungen. Was auch zur Folge hat, dass Frauen die Wut über ihren abtrünnigen Partner oft an dessen Besitztümern ausagieren, sofern sie derer noch habhaft werden. Geniert erinnern sich etliche meiner Gesprächspartnerinnen an ihre unkontrollierten Ausbrüche, in denen sie vorzugsweise die Lieblingsstücke ihres Noch-Partners misshandelten oder vernichteten. »Nachts tigerte ich durchs Haus und zertrümmerte Sachen, die ihm gehörten«, gibt eine 51-Jährige eruptive Racheaktionen preis, die kurz Erleichterung schaffen. Auch die Vorenthaltung unersetzlicher Erinnerungsstücke, zum Beispiel Fotoalben, gehört eher zu weiblichen Strafmaßnahmen.

Zu welchen Zerstörungsorgien verlassene Männer fähig sind, dokumentiert die Kriminalstatistik. Auch in sogenannten geordneten Verhältnissen geht es im Zuge der Trennung oft hoch her. So zersägte ein Mann kurzerhand das Ehebett, nachdem seine Frau für sich eine Wohnung gemietet hatte, weil sie seine cholerischen Attacken nicht mehr ertrug. Es sind mehrheitlich Männer, die ganze Einrichtungen zu Kleinholz machen, Häuser abfackeln und versuchen, ihre Ex auszulöschen, damit kein anderer sie besitzen wird. In meinen Interviews aber schlagen Männer einen weniger dramatischen und weniger kriegerischen Ton an als Frauen. Das Wort »Rauswurf« gehört in meinen Gesprächen eindeutig zum weiblichen Vokabular.

Dass Männer häufig übergangslos bei einer neuen Partnerin unterschlüpfen, ist eine Erklärung, warum ihnen der Abschied von Bisherigem offenbar leichter fällt. Doch auch wenn ihr Junggesellenhaushalt nicht nur ein Provisorium ist, bezeichnen etliche es als Befreiungsakt, künftig nicht mehr durch überflüssigen »Krimskrams« belastet zu sein. Während Frauen ihren abhandengekommenen Partner in Endlosschleifen umkreisen und zunächst das Gefühl hegen, im Niemandsland zu landen, vollzieht sich für Männer mit der räumlichen Trennung häufig ein klarer Schnitt, viele geraten zunächst in Aufbruchstimmung. Nun da mit dem Auszug Fakten geschaffen werden, bietet das Mitanpacken eine Erholungspause von all dem Beziehungstrouble. Während Frauen am Abend des Umzugs häufig von beklemmender Stille angefallen werden, genießen Männer aufatmend die Ruhe und Leere. Niemand redet ihnen mehr rein!

Aber es kommt auch vor, dass Männer nach dem Auszug ihrer Frau nicht ein Möbelstück verschieben. Als könnten sie so gegen die unfreiwillige Veränderung Einspruch erheben und Vergangenes konservieren, richten sie sich in der gewohnten, aber nunmehr solo bespielten Kulisse ein.

In Quadratmetern gemessen, sind Männer nach der Trennung meist auf der Gewinnerseite. Auch wenn sie mitunter ihrer Frau das Haus oder die gemeinsame Wohnung überlassen, können Frauen häufig die Kosten auf Dauer nicht finanzieren und treten ihrem Ex-Partner das vertraute Umfeld wieder ab, um sich räumlich zu verkleinern. Offenbar gar nicht so selten, bestellen Frauen trotzdem weiter den sonst verwildernden

Garten und greifen ihm – gratis oder bezahlt – bei der Haushaltsführung unter die Arme. Als ich eine 48-jährige arbeitslose Arzthelferin frage, ob es ihr etwas ausmache, dass sie die Wohnung ihres Ex-Freundes putzt, schüttelt sie den Kopf: »Ich habe nicht das Gefühl, ihn zu bedienen. Aber bis ich diese Einstellung hatte, war es ein langer Prozess. Es ist ein Geben und Nehmen. Ich mache einmal pro Woche klar Schiff, und er bezahlt mich gut.«

Johanna L.: »In mir war ein einziger Trümmerhaufen.«

»Man kann dieses Durcheinander im Kopf nur aushalten, indem man es aufschreibt. Ich habe damit begonnen, als ich nach meinem Auszug zum ersten Mal allein in unserem Ferienhaus war.« Nach unserem Gespräch gibt mir Johanna L. ihre Aufzeichnungen mit: im Grunde ein Aufschrei. Wir kennen uns seit langem. Im Album finde ich das Hochzeitsfoto der heute Mitte 60-Jährigen, die ihre erste Liebe heiratete. Binnen kurzem folgten die Geburtsanzeigen ihrer drei Söhne. Eine Familie comme il faut: gesund, christlich, gut situiert. Bei unserem Wiedersehen nach langer Pause lebt Johanna allein, doch seit langem hegt sie die Hoffnung, dass ihr Mann sich besinnen und zu ihr zurückkehren wird. Das Interview erfolgt kurz nach ihrer Scheidung. Die schlanke Frau mit weißem Bubikopf ist gerade von einer langwierigen Grippe genesen.

In der Kombination von antiken und Ikea-Möbeln ist jeder Quadratmeter ihrer Zweieinhalb-Zimmer-Wohnung genutzt, auf dem Bücherregal stehen dutzende Familienfotos. Während Johanna Tee aufsetzt, berichtet sie freudig, eine Bekannte aus Wuppertal habe sie angerufen und ihr von einer Begegnung mit ihrem geschiedenen Mann Gerald erzählt. Er habe gesagt: »Es tut mir unendlich leid, dass ich Johanna so verletzt habe.« Als ich sie ein dreiviertel Jahr später wiedersehe, wirkt Johanna gefestigt, die nächste Zeit sei nicht mehr so rastlos verplant. Noch immer müsse sie aufpassen, nicht in eine Depression zu rutschen, aber langsam gehe es ihr besser: »Es kehrt Ruhe ein.«

Es war ein Auszug ins Nichts. Ich habe nur zwei Koffer mitgenommen, es war wie auf der Flucht. Gerald wusste, dass ich gehe. Ich hatte es ja angekündigt. In den Nächten vor meinem Auszug bin ich oft aufgestanden und habe zu ihm gesagt: »Ich schaffe es nicht.« Ich hoffte, dass er sagt: »Bleib!« Aber es kam nichts, kein Wort, keine Geste. Er ließ alles laufen, sagte nur: »So leicht fällt es mir ja auch nicht.« An einem Novembermorgen stieg ich ins Auto und fuhr los. Ich hatte Angst, die Straße nicht zu sehen, weil mir immerzu die Tränen liefen. Als ich die Tür zu einer Studentenbude mit Matratze auf dem Boden aufschloss, die ich vorübergehend gemietet hatte, überfiel mich das Gefühl: Das ist das Ende. Ich war verzweifelt und voller Angst. In mir und um mich herum war ein einziger Trümmerhaufen. Morgens war es am allerschlimmsten. Ich zwang mich, eine Zeitung zu kaufen, danach lag ich mit dem Stadtplan auf dem Boden und strich Wohnungsangebote an. Als ich beschloss, ich muss aus Wuppertal weg, überlegte ich: Ziehe ich zu meinen Geschwistern oder in die Nähe meiner Mutter? Aber dann dachte ich: Ohne einen Sohn in Reichweite kann ich nicht existieren. Ich ging nach Berlin, wo der mittlere wohnt. An meinem ersten Abend dort kam er dann auch. Ich war außer mir. Dass man in diesem Zustand nicht zum Strick greift, ist erstaunlich.

Nach einem Monat erzählte mir eine Kusine, dass bei ihr im Haus in Potsdam eine Wohnung frei sei. Gerald bestellte den Möbeltransport so, dass ich alles an einem Tag packen musste. Beim Sortieren halfen mir Freundinnen. Ich war wie in Trance. Eine Freundin sagte: »Was du jetzt nicht mitnimmst, siehst du nie wieder.« Ich nahm wenig mit. Unsere großen Möbel passten in meine Wohnung gar nicht hinein. In unserem Haus übernachtete ich im Gästezimmer, das war ein merkwürdiges Gefühl. Aber ich war damals ja fest überzeugt: In einem Jahr bin ich wieder zurück.

Bei meinem Umzug begleitete mich Gerald; gemeinsam fuhren wir hinter dem Möbelwagen her. Auf der Fahrt klagte er, alle würden ihn jetzt verurteilen. Über meine Situation verlor er kein Wort. Wir packten gemeinsam aus, kauften Regale, wie immer waren wir uns einig, was zu mir passt. Gerald war ungeheuer busy, der Tag verlief so glatt und gut, wir lachten auch, ich war in einer ähnlichen Stimmung wie vor zehn Jahren, als wir gemeinsam unser Ferienhaus in Italien einrichteten. Als wir uns beim Essen gegenüber saßen, sagte ich: »Eigentlich habe ich Vertrauen zu dir.« Er guckte mich nur groß an und sagte: »Vertrauen?«

Das war im November. Im Dezember haben wir das erste Weihnachten in meiner Wohnung gefeiert. Vor Heiligabend war bei uns stets Mittagsruhe, und da unsere Söhne das Gästezimmer okkupierten, legten Gerald und ich uns auf mein Bett. Ich kuschelte mich an seinen Rücken und dachte: Er muss doch was empfinden. In meinem Hinterkopf spukte ja noch die Überlegung: Wie gewinne ich ihn wieder? Aber Gerald war wie aus Stein. Als wir aus dem Zimmer kamen, guckten mich die Jungen groß an. Ich glaube, sie dachten: Mami, du bist wirklich blöd!

Viele sind erstaunt, wie tragisch für mich unsere Trennung ist. Vielleicht trifft sie mich so heftig, weil meine Mutter Kriegerwitwe war und ich immer Sehnsucht nach einer Vaterfigur hatte. Gerald lernte ich mit 18 kennen. Er war ein Gentleman: charmant, zärtlich, rücksichtsvoll. Er war für mich Mann, Geliebter, und obwohl er kaum älter ist, auch Vaterersatz, aber er konnte auch unausstehlich konventionell sein. In unserer Ehe wurde er lockerer, humorvoller, es machte mir Freude, seine Talente aus ihm herauszuholen. Dass ich meinen Beruf als Krankengymnastin aufgab, war für mich kein Opfer. Geralds Ruf als Frauenheld war von Beginn an Bestandteil unserer Ehe. Auf jedem Fest flirtete er wie wild. Wenn ich eine Bemerkung machte, konterte er unglaublich scharf. Ich fürchtete seinen Jähzorn, wollte keinen Unfrieden, reagierte manchmal wie ein geprügelter Hund. Vielleicht habe ich gekuscht, mich kleingemacht. Aber was heißt kleinmachen? Mit so einem Mann, der auch ein Macho war, arbeitet man mächtig im Hintergrund. Im Alltag habe ich ihn und unsere Söhne geführt.

An unserem 30sten Hochzeitstag war er zu einer Konferenz nach London gefahren. Ich hatte das Gefühl, dass etwas nicht stimmte, und fand durch einen Anruf heraus, dass er in seinem Stammhotel mit einer Frau übernachtet hatte. Ich glaube, Gerald hat seit langem damit gespielt: Entdeckt sie es? Oder entdeckt sie es nicht? Merklich verschlechtert hatte sich unsere Ehe, nachdem unser Jüngster aus dem Haus war. Gerald wurde unhöflich, patzig. Er brauchte viel Geld, am Wochenende fuhr er oft in die Firma. Als ich meinen Argwohn äußerte, warf er mir vor, dass ich hinter ihm her spioniere. Das habe ich getan, ich habe ihm auch Dinge unter die Nase gerieben, die ich vorher nie in den Mund genommen hätte. Ich verstand nicht, wie jemand sich so verändern kann. Gerald war sicher genervt von meiner Verzweiflung und meinem Weinen. Dass ich seine Lügen aufdeckte, verletzte seine Eitelkeit. Einmal sagte er: »Vergib mir doch!« Ich sagte: »Gern, aber dann musst du auch Schluss machen.« Er versprach es, aber es war nicht Schluss.

Für meine Entscheidung zu gehen gab ein Bibelwort den Ausschlag. Der Satz »Bleibe der Lüge fern« traf mich so, dass ich mir sagte: »Ich muss raus aus diesem unwürdigen Lügengespinst.« In Gesellschaft taten wir so, als sei alles in Ordnung. Ich konnte unser Heucheln, Geralds Schweigen nicht mehr ertragen. Als ich meinen Schwiegereltern meinen Auszug mitteilte, äußerte meine Schwiegermutter, man müsse die Untreue des Mannes eben aushalten. Sie zählte mehrere Tanten auf, die sich auch damit arrangiert hätten. Ich sagte ihr: »Nein, Mami, ich halte das nicht aus. Heute müssen Frauen das nicht mehr.« Ich sah meinen Auszug jedoch nicht als Bruch an, sondern als Ehepause. Wie wohl jede Frau, die die Untreue ihres Mannes entdeckt, hoffte ich lange, dass Gerald irgendwann auf Knien angerutscht kommt und sagt: »Es tut mir leid. Es ist vorbei. Du bist die Beste, Schönste und Liebste.« Heute wundere ich mich, dass ich das wirklich geglaubt habe. Natürlich grübele ich: Was hat er gesucht? Zum einen die Erfüllung seiner sexuellen Potenz. Er war immer ein Womanizer. Aus seiner Schwachstelle Frauen wurde ein Ventil. Ich habe immer gesagt: »He is slightly oversexed.« Diesbezüglich war ich auch aus Unaufgeklärtheit sicher nicht die optimale Partnerin. Aber ich sehe seine Affären auch als eine Flucht aus seelischen Verletzungen. Von seinen Eltern und im Beruf musste er viel einstecken. Er hat sich in ein Lügendickicht verirrt, wollte gewiss nicht, dass unsere Ehe kaputtgeht. Er liebt Familie, möchte beides, die Ehe und seine Freiheit. Er hat ja auch gesagt: »Mit dir hat es nichts zu tun. Es läuft parallel.« Aber soll man das ertragen?

Nachdem ich gegangen war, begann der Kampf, meine Sehnsucht abzutöten. Die Sehnsucht ist die größte Qual, die man durchstehen muss. Die Sehnsucht nach der körperlichen Nähe, nach dem vertrauten Gegenüber, nach dem Du. Gerald besuchte mich noch ein paar Mal. Beim Verabschieden öffnete er einmal seinen Mantel und drückte mich fest an sich. In solchen Momenten weißt du, du bist noch lange nicht fertig mit der Trennung.

Am schlimmsten war: Einige Monate nach meinem Auszug bekam ich einen anonymen Brief, der, denke ich, von einer ehemaligen Geliebten war, der Konkurrentin seiner jetzigen Partnerin. Darin stand: »Die Frau, die Sie suchen, heißt ...« Lange kam ich nicht darüber hinweg. Wo war ich nur gelandet? Ich habe Gerald den Brief gefaxt mit der Anmerkung: »Sorge dafür, dass so etwas nicht mehr passiert.« Damals wusste ich schon, dass Gerald mit Janine zusammenlebt. Sie ist die Tochter eines befreundeten Ehepaars in Wuppertal. Mit 16 begann sie hemmungslos für meinen Mann zu schwärmen, sie wurde älter und heiratete nicht, sie saß mir wie eine Faust im Nacken. Nach meinem Auszug habe ich Janines Eltern einmal besucht. Ich wollte sie als Freunde nicht ganz verlieren, hatte gehofft, dass wir uns darin einig sind, dass diese Beziehung nicht unser Niveau ist. Aber sie meinten nur: »Sie sind doch so glücklich miteinander.«

Mit unseren Söhnen habe ich oft über meine Gefühle geredet, sie sahen ja meinen elendigen Zustand. Viele Bekannte haben mich gefragt: »Warum tun deine Söhne nicht mehr? Warum besuchen sie weiterhin ihren Vater?« Ich habe geantwortet: »Wir haben vereinbart, den friedlichen Weg zu gehen.« Ja, wir wollen Hässlichkeiten vermeiden. Aber ich verstehe nicht, warum unser Freundeskreis Gerald nicht ins Gebet genommen hat, denn viele hatten seine Beziehung zu Janine lange vor mir mitbekommen und dichtgehalten. Warum sind Freunde in dieser Situation so feige? Und weshalb haben Janines Eltern nicht zu ihrer Tochter gesagt: »Das ist ein verheirateter Mann. Benimm dich mal.«

Durch unsere Trennung habe ich gelernt, über Gefühle zu reden. Ich bin sicherer bei dem, was ich sage, habe ein viel größeres Vokabular bekommen. Und ein besseres Selbstwertgefühl. Wenn ich das Wort Würde ausspreche, wird mein Rückgrat ganz grade. Es macht mich froh, dass ich nicht versunken bin in Alkohol und Depressionen, obwohl es Phasen absoluter Dunkelheit gab und auch noch gibt. Ohne meinen Glauben hätte ich den Tiefpunkt nicht überstanden. In meiner Not habe ich regelrechte Stoßseufzer an Gott gerichtet: »Herr, ohne dich schaffe ich es nicht. Jetzt bist du dran.« Ein paar Mal suchte mich der Gedanke an Suizid heim. Immer wenn es mir schlecht geht, muss ich laufen, laufen. Wenn ich allein in der Natur war, habe ich mein Hadern hinausgeschrien. Danach wurde ich jedes Mal ganz ruhig. Musik hat mir sehr geholfen: Messen, Kantaten, alle Werke von Bach.

Gegen unsere Scheidung vor einem Jahr habe ich mich mit Händen und Füßen gewehrt. Sie besiegelt, dass unsere Ehe unwiderruflich zerbrochen ist. Die Endgültigkeit hat etwas Vernichtendes. Ich beginne zwar, meine Selbständigkeit auch zu genießen, aber ich hätte lieber nur getrennt gelebt. Dann wäre noch ein Fünkchen von unserer Ehe übrig geblieben, schon allein, weil ich hätte sagen können: »Mein Mann.« Das impliziert: Irgendwo ist da noch ein männlicher Schutz. Und: Der gehört eigentlich nicht anderen Frauen, der gehört zu mir. Nach dem Gerichtstermin bin ich stundenlang allein im Regen spazieren gegangen. Mich quälte die Frage: »Wer bin ich jetzt eigentlich?« Ich hatte das Gefühl absoluter Bodenlosigkeit. Ich frage mich, warum Gerald die Scheidung wollte, denn er hat Janine ja nicht geheiratet. Manchmal denke ich, es ist seine Revanche dafür, dass ich gegangen bin. Niemand, auch er nicht, hatte mir diese Stärke zugetraut. Indem er auf der Scheidung bestand, gab er wieder die Bedingungen vor.

Ich werde häufig gefragt, ob ich zu Gerald zurückgehen

würde. Manche seiner Eigenschaften stören mich mehr als früher. Es ärgert mich, wenn er negativ über unsere Söhne spricht, Pauschalurteile fällt, wenn er innerlich so unbeweglich ist. Aber mein Gefühl sagt etwas ganz anderes. Wenn ich mir ausmale, Gerald würde sagen: »Komm zu mir ins neue Haus, es ist aus mit Janine«, dann weicht aller Druck, alle Unruhe einer abgrundtiefen Erleichterung. Wenn ich ihn sehe, habe ich oft ein warmes Gefühl, aber es tut nicht mehr quälend weh. Das Fundament unserer jetzigen Beziehung ist die Vertrautheit. Du kannst vielleicht irgendwann die Sehnsucht löschen, die Liebe abtöten, aber die Vertrautheit bleibt. Unsere Kinder und Enkel sind jetzt unsere Verbindungsglieder. Vor kurzem sagte Gerald: »Haben wir nicht eine süße Enkeltochter?« Bei den älteren Enkeln hat er das »wir« nicht gebraucht.

Aber eine Stimme in mir sagt auch: Ich habe mich zu spät getrennt. Ich wollte unseren Söhnen ein intaktes Familienleben geben, dafür habe ich zu viel in Kauf genommen. In den letzten Monaten denke ich seltener an Gerald, mitunter zwei Wochen nicht. Ich träume auch weniger von ihm. Wenn ich von ihm träume, sind wir meist ein Paar. Er ruft selten an, erkundigt sich aber bei den Kindern, wie es mir geht. Da schwingen sicher auch Schuldgefühle mit. Was nach wie vor wie ein Schatten auf mir liegt, ist seine Freundin. Während der Trennungsphase habe ich vergeblich versucht, mit ihr Kontakt aufzunehmen. Seit der Scheidung will ich nicht mehr. Wenn ich überlege, wie lange sie für mich eine Bedrohung war, kommt in mir eine irrsinnige Wut hoch. Auch Eifersucht. Besonders, wenn meine Söhne zu Gerald und ihr fahren. Die Vorstellung piekt, dass sie meine Enkel knutscht. Im Traum wollte ich sie schon erwürgen, reale Rachegedanken hege ich nicht. Das überlasse ich einer höheren Instanz. Ich sage: »Herr, du weißt, das ist ein Luder.«

Ich krabbele allmählich raus aus der schlimmsten Krise, aber ich finde es schwer, allein zu sein. Ich würde gern beim Frühstück jemandem gegenübersitzen, möchte abends noch jemanden umarmen. An manchen Tagen habe ich mit niemandem ein Wort geredet. Ich habe wenig Eigeninitiative, brauche immer ein Zugpferd. Ich lese viel, walke, inzwischen bin ich so weit, dass ich manchmal allein ins Kino oder ins Café gehe, doch es ist herrlich, wenn jemand sagt: »Komm!« Richtige Freunde habe ich in Potsdam nicht, auch weil ich oft verreise, zu meinen Söhnen und in unser Ferienhäuschen. Einladungen, bei denen sonst nur Ehepaare anwesend sind, sage ich ab, weil ich mich deplaciert fühle. Erst seit kurzem habe ich das Gefühl, wenn ich meine Wohnungstür aufschließe: Ich komme nach Hause. Doch wenn mein Sohn Berlin verließe, könnte ich meine Zelte leichten Herzens wieder abbrechen.

Glückliche Momente erlebe ich kaum noch. Wenn mich meine vier Enkel besuchen, sage ich mir manchmal: Sei doch glücklicher! Aber ich bin es nicht. Eine Zeitlang meinte ich, einer Frau an den Augen anzusehen, ob sie durch das Elend einer Scheidung gegangen ist. Sabine Christiansen zum Beispiel. Als sie sich von ihrem Mann trennen musste, dachte ich: Oh, diese Augen kennst du. Wenn du in den Spiegel schaust, hast du den gleichen Blick. Aber man muss sich bemühen, dass man nicht so verhärmt aussieht, dass die Leute einen nicht mehr mögen. Witwen haben einen anderen Ausdruck. Verwitwete Partner sind einsam, traurig, aber sie sind nicht verlassen worden, sie können an ein Grab gehen und sagen: »Gott, es war dein Wille.« Meine Mutter fragte mich einmal: »Wäre es besser, Gerald wäre tot?« Das hat mich erschreckt, aber sie hat den Unterschied erkannt. Ich trauere um eine lebende Leiche. Und finde es schrecklich, dass ich zur Gruppe der Geschiedenen gehöre.

Luisa C.: »Ich vermisse die Lebensgeräusche von früher.«

Auf dem Tisch vor dem Fenster stehen Kerzen und Blumen, mit wenig Mitteln ist der Wohn- und Schlafraum geschmackvoll eingerichtet. Mit 42 Quadratmetern bietet Luisas Einzimmerwohnung nur wenig Platz. Zierlich und neuerdings mit auf Kinnlänge gekürzten Haaren, hat die dunkelblonde 49-Jährige eine noch jugendliche Anmut, mit ihrer glockenreinen Sopranstimme ist sie eine tragende Säule im Chor.

Ein Jahr nach unserem Gespräch haben sich ihre Lebensumstände stabilisiert und verbessert. Auf ihren Beruf als Altenpflegerin hat sie eine Zusatzqualifikation draufgesattelt, glücklich berichtet sie von ihrem Umzug in eine Zwei-Zimmer-Wohnung, inzwischen würden ihr Sohn und ihre Töchter mehr akzeptieren, dass sie ihren Mann verlassen hatte. Gern würde ich auch ihn interviewen, aber Luisa wehrt ab. Er würde mit einer Fremden gewiss nicht reden wollen.

Ich habe noch nicht den Punkt erreicht, wo ich durchatmen kann, noch immer stehe ich unter Spannung und frage mich, ob mein Schritt richtig war. Besonders die Nächte, in denen ich allein bin, sind schwierig. Dann schlafe ich schlecht, mir fehlen die Lebensgeräusche von früher: das Treppauf, Treppab der Kinder, das Kratzen des Katers an der Tür, die Fernsehgeräusche nebenan, wenn ich schon im Bett lag. Wenn ich jetzt nach dem Spätdienst nach Hause komme, ist niemand da, mit dem ich reden kann. In den ersten Monaten nach unserer Trennung blieb ich deshalb nach Feierabend oft noch im Dienstzimmer meiner Arbeitsstelle sitzen. Seit 17 Jahren arbeite ich in einem Altenheim, es ist ein Ort, wo ich Sicherheit habe. Und ich habe das Feedback: Du leistest was Gutes, du bist kein schlechter Mensch, obwohl du deinen Mann und deine Kinder verlassen hast.

Diese Wohnung habe ich seit zwei Jahren, aber ich empfinde sie nicht als mein Zuhause. Vielleicht mache ich an der Wohnung meine Zerrissenheit fest. Die geringe Miete gab den Ausschlag, sie zu nehmen. Mein Freund und ich haben die Wände geweißt, den Teppich rausgerissen, die Möbel habe ich zusammengesucht, aus unserem Haus habe ich nur das Regal und meinen Schreibtisch mitgenommen. Die Kinder wollten nicht, dass dort noch andere Möbel fehlen. Die Waschmaschine hat mir mein Mann Alex gebracht, seither hat er meine Wohnung nicht mehr betreten. Als ich mich vor zweieinhalb Jahren von ihm trennte, habe ich für einige Monate bei meinem Freund gewohnt während des Schulaustauschjahrs seiner Tochter. Danach gab es für mich kein Zurück mehr, ich war schon viel zu weit weg von meinem Mann. Ich hatte allerdings nicht gedacht, dass ich so große Gewissensbisse haben würde und hatte gehofft, dass die Kinder meinen Schritt besser verstehen. Und ich hatte nicht erwartet, dass es Alex so lange schlecht geht. Ich hatte vermutet, dass er mit Wut reagiert, aber er ist völlig gedämpft, ja depressiv. Manchmal habe ich Angst, dass er sich was antut. Einmal sagte er: »Mein Leben ist zu Ende.« Zu mir sagt er: »Na, du bist ja jetzt glücklich. Du hast ja, was du wolltest.« Aber das stimmt so nicht, es gibt ja auch Stress mit meinem Freund. Doch anscheinend hat mein Mann im Kopf: Luisa hat es sich wieder einmal so eingerichtet, wie sie es haben will.

Mein Mann und ich kennen uns seit 29 Jahren. Letztes Jahr hatten wir Silberhochzeit. Alex ist neun Jahre älter, seine erste Ehe wäre vermutlich auch ohne mich auseinander gegangen. Er hat sehr traditionelle Ehevorstellungen, der Haushalt musste immer picobello sein, die Kinder sollten gehorchen. Ich fühlte mich oft unter Druck. Berufstätig war ich immer, ich brauche die Kommunikation mit Kollegen. Mein Mann redet nicht gern, mir fiel auf, dass wir kaum gemeinsam lachten. Wenn ich im Kino lachte, sagte er prompt: »Doch nicht so laut!«

Die ersten Schwierigkeiten tauchten nach der Geburt unseres dritten Kindes auf. Alex fühlte sich vernachlässigt, damals erwog er unsere Trennung, aber ich wollte meine Kinder nicht ohne Vater aufziehen. Was mich zunehmend störte, war, dass er von sich als »meine Wenigkeit« sprach. Mehrmals habe ich ihm vorgeschlagen: »Sollen wir nicht das Haus verkaufen? Es wäre genial, wenn wir zwei nebeneinanderliegende Wohnungen hätten.« Aber er meinte: »Getrennte Schlafzimmer sind das Ende einer Ehe.« Vielleicht hatte ich unbewusst wirklich Trennungsgedanken. Über unsere Probleme habe ich jedoch allenfalls nachts nachgedacht, die finanziellen Folgen haben mir Angst gemacht, und mit Kindern, Beruf und Haushalt ist man ja rund um die Uhr beschäftigt. Natürlich merkte Alex, dass ich mich entzog. Er fragte manchmal: »Findest du es in Ordnung, dass du oft schon um 20 Uhr ins Bett gehst?« Aber er hat nie zu erkennen gegeben, dass ihm das nicht passt oder nach dem Grund gefragt. Er hat sich stets damit begnügt zu sagen: »Wenn sie es braucht …« Auch positiv drückt er kaum Gefühle aus. Ich habe nie von ihm gehört: »Du singst wunderbar.« Vielleicht haben wir uns beide zu wenig gelobt.

Meinen Freund habe ich im Chor kennengelernt. Entdeckt hat mein Mann unsere Beziehung vor fünf Jahren, als er in meinem Rucksack eine Postkarte von meinem Freund fand. Als ich schon mal eine Affäre mit einem verheirateten Mann hatte, verbuchte Alex das noch unter: Sie braucht mal ihre Auszeit. Er sah mich als eine Frau an, die nicht in sich ruht. Als er diesmal von meinem Freund erfuhr, hat er auf seine Art vielleicht gekämpft. Er hat meinen Freund zur Rede gestellt, warum er eine Familie zerstöre. Aufgegeben hat Alex, glaube ich, als ich unser Schlafzimmer verließ und in das Zimmer unseres Sohnes zog. Damals nahm er Kontakt zu einer Freundin auf, deren Mann ebenfalls gegangen war. Sie hat für ihn gekocht, er hat für sie Dinge repariert, mit ihren Kindern verreisten sie auch mal, in dieser Zeit ging es ihm besser. Er hielt mir vor, meinetwegen sei diese Beziehung kaputtgegangen. Seine Freundin habe gefordert, dass er mich rausschmeiße, das habe er nicht getan.

Ihm und meinen Kindern gegenüber habe ich heftige Schuldgefühle. Der schlimmste Moment war, als die Kinder mich fragten, ob es stimmt, dass ich einen anderen Mann habe. Ich habe sie verletzt, meinetwegen ist Alex so unglücklich. Er warf mir vor, er habe alles nur für mich angeschafft: unser Haus, das Auto, das Wochenendhäuschen, ja selbst unsere Kinder. Mir zuliebe habe er auch seine Hobbys aufgegeben, das Bergsteigen und das Fotografieren. In der Tat habe ich oft genörgelt, wenn er nur Landschaftsaufnahmen machte. Aber seine Einstellung: »Ich habe dir die Welt zu Füßen gelegt und du trittst darauf herum« akzeptiere ich nicht. Ich sagte ihm: »Du musst doch für dich irgendetwas wollen.«

Nach meinem Auszug haben wir noch zweimal gemeinsam Weihnachten gefeiert, das war bedrückend. Alex signalisierte, wie schlecht es ihm geht und lehnte beim Kochen jede Hilfe ab. Seit letztem Jahr habe ich keinen Hausschlüssel mehr. Ich gab ihn meiner Tochter, nachdem sie ihren verloren hatte. Vorher konnte ich jederzeit in unser Haus gehen, ich konnte selbst aufschließen, war nicht auf Besuch, aber ich bin nie lange geblieben. Es war zu schmerzhaft. An dem Haus habe ich sehr gehangen, die alten Möbel habe ich gesammelt. Es steht alles noch so, wie ich es verlassen habe, Alex schläft auch auf der gleichen Seite des Bettes. Ich hätte schon deshalb alles umgestellt, damit ich nicht auf Schritt und Tritt an Vergangenes erinnert werde. Seitdem ich keinen Schlüssel mehr habe, war ich nicht mehr dort.

Dass meine Kinder meine Wohnung lange nicht sehen wollten, hat mich sehr geschmerzt. Sie sind für mich das Wichtigste auf der Welt. Es würde mich freuen, wenn sie meinen Freund kennenlernen würden, aber sie lehnen jede Begegnung ab. Nur meine Tochter hat ihn sozusagen einmal über sich ergehen lassen und bei einem zufälligen Zusammentreffen kurz mit ihm gesprochen. Ich habe die Kinder wissen lassen, dass sie jederzeit willkommen sind, mehr kann ich nicht tun, ich kann mir nicht dauernd Abfuhren holen. Zum ersten Mal waren alle drei am ersten Weihnachtstag hier, nachdem wir letztes Jahr beschlossen hatten, Heiligabend nicht mehr zu fünft zu feiern.

Aber es gibt inzwischen Stunden, in denen ich gern allein bin. Früher hatte ich überhaupt keine Freizeit. Jetzt muss ich nicht putzen, einkaufen, kochen, bevor ich zur Arbeit gehe. Wenn ich vormittags frei habe, kann ich ausschlafen, oder ich frühstücke im Bett und gucke mir dabei einen Film an.

Alex habe ich lange nicht gesehen. Als wir neulich telefonierten, lag in seiner Stimme wieder dieses Vorwurfsvolle. Ich wünschte, er würde jemanden kennenlernen und dadurch froher werden. Meine Tochter erzählt, dass er abends fast nur zu Hause sitzt. Ich habe ihm versprochen, mich in der nächsten Zeit nicht scheiden zu lassen. Zum einen aus finanziellen Gründen, zum anderen ist mir eine Scheidung nicht wichtig. Wichtig wäre für mich, dass zwischen uns finanziell einmal ein Abschluss gefunden wird, und ich nicht mehr Haushaltsgeld an die Familie zahlen muss, von dem auch der Baukredit abgestottert wird. Mit dem gemeinsamen Topf bleibt ja zwangsläufig eine Verbindung. Aber ich glaube, Alex will sich das Gefühl bewahren: Trotz allem gehören wir noch zusammen. Bis vor kurzem meldete er sich am Telefon mit den Worten: »Hier ist Alex, dein Ehemann.« Ich denke, Alex war glücklich mit unserem Leben wie es war. Aber wir sind zu verschieden, wahrscheinlich habe ich ihn nie so geliebt wie ich meinen Freund liebe.

Ich möchte einen Schlussstrich ziehen und treffe deshalb zur Zeit alte Freunde ungern. Die damit verknüpften Erinnerungen tun noch weh, auch die Fragen: »Wie geht es dir denn? Und wie geht es Alex?« Erstaunt über unsere Trennung waren die meisten nicht.

Wenn mein Freund und ich uns streiten, denke ich manchmal: Hat sich das Auseinanderbrechen unserer Familie gelohnt? Aber wenn ich über die erste Wut hinweg bin, rufe ich mir ins Gedächtnis, was mir in dieser Beziehung wichtig ist. Es ist für mich eine Offenbarung, dass wir uns stundenlang unterhalten können. Und wir können zusammen ausgelassen sein. Nach meinem Auszug von Zuhause legte sich mein Freund oft richtig ins Zeug, um mich aufzuheitern. Bevor er abends ins Bett kam, stellte er sich vor mich und brachte mich mit Faxen zum Lachen. Wenn seine Tochter auszieht, würde ich gern mit ihm zusammenziehen, aber er möchte ausprobieren, allein zu wohnen.

Dass nicht alles so funktioniert, wie ich es mir ausgemalt habe, ist logisch. Trotzdem ruft die Ungewissheit, wie es weitergeht, Ängste hervor. Es macht mir Angst, dass ich die Geborgenheit eines Familienverbundes nie wieder haben werde. Ganz allein zu sein, kann ich mir nicht vorstellen. Mit Beruf und Fortbildung komme ich jedoch gar nicht so zum Grübeln. Wenn ich abgelenkt bin, geht es mir besser. Singen ist für mich Therapie, ich koche gern, mache Sport. Manchmal rumort das Gefühl, dass ich gescheitert bin. Aber vermutlich ist es ein normaler Schritt, dass einer irgendwann sagt: »Ich will nicht mehr. Ich wähle nun einen anderen Weg.« Bisweilen denke ich auch: Ich sehe so viele Menschen sterben. Vielleicht brauche ich deshalb doppelt so viel Leben.

Die Verlassenen: »Warum tust du mir das an?«

Trennungsschock

Rückblickend sind die Vorboten der Trennung zu erkennen: Spannungen, Probleme, Differenzen, stumm erduldet oder wortreich ausgetragen. Doch die Streitigkeiten hatten sich immer wieder beigelegt, der Alltag hat manche Unstimmigkeit überdeckt. Und in welcher Ehe flogen nicht ab und zu die Fetzen? Dass ihr Mann/ihr Freund, ihre Frau/ihre Freundin sie verließ, traf die meisten meiner GesprächspartnerInnen wie ein Keulenschlag. Mit diesem Schritt hatten sie nicht gerechnet. Gerade in allerjüngster Zeit, erzählen einige, waren Momente der Innigkeit wieder aufgeflammt; sie hatten Pläne geschmiedet; indem einer dem andern nachzog, beugten sie den Klippen einer Fernbeziehung vor. Auch jene, die die letzte Etappe ihrer Lebensgemeinschaft als eine Abfolge von Krisen schildern, beschreiben den Weggang ihres Partners häufig wie eine über sie hereinbrechende Naturkatastrophe. Wie »vom Donner gerührt« waren sie, als der »große Knall erfolgte«: Ihr Mann, ihre Frau machte sich aus dem Staub, suchte woanders das Glück, koppelte sich einfach vom gemeinsamen Leben ab.

Ein Schock. Je nach Umständen, Alter und Naturell reicht er vom bittersüßen Liebeskummer bis zur unüberwindlichen Erschütterung. Während für junge Liebende der Traum von ihrer unzerstörbaren Einheit platzt, wird in mittleren Jahren ein Lebensentwurf durchkreuzt. Für Menschen im höheren Alter verengt sich die Chance auf einen Neuanfang. Zwar greifen die über 50-Jährigen auf mehr Erfahrungen zurück. Diese können jedoch oft nicht das Gefühl dämpfen, auf ganzer Linie gescheitert zu sein, wenn mit dem Weggang des Partners das jahrzehntelang gültige Lebensmodell zusammenbricht.

Wer sich von wem getrennt hat, steht nicht immer eindeutig fest. War der Seitensprung nur eine Reaktion darauf, dass der andere sich längst innerlich entfernt hatte und im Bett nichts als Nachtruhe herrschte? Selbst nachprüfbare Daten stimmen in der Erinnerung der Paare mitunter nicht überein: Zog zuerst er oder sie aus der gemeinsamen Wohnung aus?

Mit dem Vorbehalt, dass Gefühle keinem Regelwerk folgen, teilen Psychologen den Trennungsprozess gleichwohl in typische Phasen ein. Werden Partner verlassen, durchlaufen sie mehrere Stadien, bis sie den Verlust bewältigt haben. Wenn sie nicht steckenbleiben in Hader und Hass, folgt nach dem Trennungsschock eine Phase des Protests und Leugnens, dann Verzweiflung, schließlich heilsame Trauer, Akzeptanz und Neubeginn.

Wie tiefgehend der unfreiwillige Abschied vom Partner ist, hängt von der Dauer und Intensität der Beziehung ab. Das Ende einer langen Ehe zehrt mehr an der Substanz als eine kurze und oberflächliche Liaison. Doch auch wenn es mit der Liebe und Treue schon lange haperte, bewirkt das endgültige Aus einen Aufruhr von Gefühlen. »Ich schwankte zwischen Ungläubigkeit, Fassungslosigkeit und Wut«, beschreiben etliche Frauen ein Gefühlsgemisch, in dem die Frage »Warum bloß?« quälend in den Mittelpunkt rückt, falls der Partner ein Gespräch über die Trennungsgründe verweigert. Manchmal sucht der einst so nahe Mensch völlig wortlos das Weite. Wildwüchsigen Vermutungen preisgegeben, stochern die Verlassenen im Dunkeln.

Protest und Leugnung

Die häufige Klage von Verlassenen, dass der Partner ohne jede Ankündigung ging, wird bei genauerem Bedenken oft dahingehend relativiert, dass vermutlich Warnungen überhört und Andeutungen zu wenig ernst genommen wurden. »Ich dachte immer, wenn einer untreu ist, dann bin ich das. Ich bin diejenige, die ihn irgendwann verlassen wird«, bringt eine 46-Jährige auf den Punkt, dass Paare, besonders Eheleute, dazu neigen, die potentielle Eigenständigkeit des anderen zu unterschätzen. Während Männer tendenziell blind sind für die Entwicklung ihrer Partnerin, trauen Frauen ihrem Mann oft nicht zu, aus dem Abwärts in ihrer Beziehung Konsequenzen zu ziehen.

Gegen den Zusammenbruch des vermeintlich sicheren Gefüges schützen sich viele Verlassene, indem sie den Schritt des Partners als vorübergehende Abstandsbewegung verharmlosen. Er/sie wird sich besinnen und über kurz oder lang zurückkommen! Und weil dem so ist, wird Bewährtes bewahrt, wird nichts in der Wohnung umgestellt, im Kühlschrank stapeln sich weiterhin Vorräte für zwei. Darauf geeicht, Verhaltensweisen zu verstehen, auszulegen und vorauszusehen, klammern sich vor allem Frauen an die Hoffnung, ihren Mann besser zu kennen als er sich selbst und verlängern mit immer neuen Fristen die auferlegte Wartezeit: Es wird ihm bald dämmern, was er sich einbrockt, ihr Geburtstag wird der Anlass sein, sich zu melden, spätestens Weihnachten wird er sehnsüchtig nach Hause zurückstreben.

Solange Verlassene ihre Situation verleugnen, brauchen sie sich keine neue Lebensperspektive aufzubauen, erklären Psychologen die für Außenstehende oft leicht erkennbare Illusion, die auch eine Maßnahme ist, Unerträgliches in homöopathischen Dosen zu bewältigen. Die Selbstüberlistung bringt Wut und Ängste jedoch nicht vollends zum Schweigen. Im anstrengenden Wechselbad der Gefühle schlingern Verlassene zwischen der Beschwichtigung: »Nie würde er/sie das machen«, und dem Aufschrei: »Wie kann er/sie mir das nur antun?« Mal reden sie sich beruhigend zu, dann wieder laufen sie innerlich Amok.

Den Protest gegen Faktisches bezeichnen Psychologen als die dramatischste Phase nach der Trennung. Man schreit, tobt, wütet, zerstört, und doch drücken all die Verwünschungen und Unterstellungen den flehentlichen Appell aus: »Bleib bei mir! Komm zurück!« Die blindwütige Raserei, die Wucht elementarer Regungen führt der bekannte Psychoanalytiker Horst Petri auf frühkindliche Trennungstraumata zurück, als Auflehnung gegen absolute Hilflosigkeit und Ohnmacht. Die Abtrünnigkeit werde als Verrat erlebt, und zwar umso quälender, je mehr der Partner die Funktion erfüllen soll, das narzisstische und somit brüchige Selbstwertgefühl zu nähren. Dass er/sie es wagt, sich Ansprüchen zu widersetzen, entfessele Trotz und Verzweiflung, Vernichtungs- und Rachefantasien sollen die erlittene Kränkung vergelten. Denn der illoyale, treulose Partner tritt nicht nur das gemeinsame Glück mit Füßen. Seine Fahnenflucht stellt den/die Verlassene(n) auch vor anderen bloß: Man ist ein Versager, eine Person, mit der man nicht leben kann. Nun weiß es alle Welt![1]

Mehr als Männer verknüpfen Frauen ihr Wohl und Wehe mit Beziehungen. Den Trennungsentschluss ihres Partners verstehen sie deshalb oft als feindseligen Sabotageakt, durch sein Ausscheren aus dem gemeinsamen Lebensentwurf fühlen sie sich in ihren Grundfesten bedroht. Zwar benutzen geschiedene Männer noch häufiger als geschiedene Frauen das Possessivpronomen »mein« (»meine Frau«/»mein Mann«) – ein Hinweis auf tief sitzende Besitzansprüche. Und auch sie trifft es bis ins Mark, wenn sie verschmäht, ausgetauscht, ad acta gelegt werden. In der Regel aber fassen Männer die Abtrünnigkeit der Partnerin als kränkende Ablehnung und Ehrverletzung ihrer selbst auf. Wohingegen Frauen oft nicht nur ihre eigene Person in Frage gestellt sehen, sondern den Zerfall ihrer gesamten Lebenswelt beklagen. Anders ausgedrückt: Während Männer ihren Wundschmerz lokalisieren und eingrenzen können, fühlen Frauen sich nach dem Weggang ihres Partners oft wie amputiert. »Man ist wie ein getrennter Zwilling. Die Hälfte einer Ehe.« Diese Formulierung käme einem Mann wohl nicht in den Sinn. In tief versteckten Seelenwinkeln noch immer die Chimäre des beschützenden Ritters hütend, beruflich oft weniger verankert und jäh der Familienstruktur und gewohnter Familienaufgaben beraubt, sprechen Frauen kurz nach der Trennung oft von ihrer Angst, ins Bodenlose zu stürzen. Je furchterregender die Fallhöhe ist, desto größer ist in der Protestphase die Gegenwehr.

Manche GesprächspartnerInnen äußern sich beschämt über die Verwilderung ihrer Verhaltensweisen. Wie ferngesteuert agierten sie ihre Wut aus, sanken immer tiefer im Niveau. Anderen verschaffte die Eruption von Gefühlen Erleichterung. Endlich hatten sie ihrem Herzen Luft gemacht. »Als mein Partner mir völlig unerwartet eröffnete, dass er sich von mir trennen möchte, habe ich mich nicht wieder erkannt. Ich hätte nie gedacht, mich jemals so hilflos, verlassen und verzweifelt zu fühlen«[2], erinnert die renommierte Psychoanalytikerin Doris Wolf die Konfrontation mit unbewussten Abhängigkeiten, die ihrem Selbstbild erhebliche Kratzer verpasste.

Die Provokation schlummernder Kräfte ist die gefährlichste Etappe im Trennungsprozess. Die meisten Suizide und Suizidversuche werden durch Trennungen ausgelöst, sich selbst auszulöschen ist die radikalste Form des Protestes.[3] Beziehungsmorde begehen vor allem Männer, die meisten Frauen werden aufgrund ihrer Trennungsabsicht getötet.[4] Keineswegs nur in fundamentalistisch patriarchalischen Gesellschaften handeln Täter nach der Devise: Besser sie ist tot, als dass ein anderer sie bekommt.

Taktiken des Rückgewinnens

Noch allerdings siegt die Hoffnung. Noch triumphiert der Wunsch, der Partner werde den Wert des Bestehenden erkennen, im Grunde wisse er, wo er hingehört, die unschönen Vorkommnisse haben die Liebe nicht vollends begraben. Die Verlassenen umschleichen das Telefon, warten auf den Briefträger, checken im Stundentakt ihre Mails und lauschen, ob es an der Wohnungstür klingelt oder ob diese aufgeschlossen wird. »Plötzlich drehte sich mein Fühlen und Denken nur noch um diesen Mann«, beschreibt eine 34-Jährige die typische Zentrierung auf den beziehungsmüden Partner.

Dass Verlustängste ungeahnte Verführungskünste anstacheln, ist bekannt. Unter dem Damoklesschwert des endgültigen Abschieds flammt die Leidenschaft wieder auf, gar nicht so selten landen frisch geschiedene Paare miteinander im Bett. Der seelische Ausnahmezustand weckt große Emotionen, die drohende Distanz regt den Hunger aufeinander wieder an, ausgehebelte Besitzansprüche fördern die Bereitschaft, sich hinzugeben. Gierig nach Zärtlichkeit, Geborgenheit, Frieden tanken Verlassene beim entschwindenden Partner nochmals auf. Ihre unverbrüchliche Liebe soll ihn läutern. Und manchmal fällt ihre Umwerbung auch wirklich auf fruchtbaren Boden. Gelabt von Gunstbeweisen und dem Vorsatz, Fehler zu korrigieren, findet der abgefallene Partner sich fürs erste wieder ein.

Oft aber hat das Bemühen, den anderen zurückzuerobern, verzweifelte Züge. Die Lock- und Druckmittel sind schicht- und milieuabhängig. Unterschiedlich verpackt, rangieren sie jedoch in allen Gesellschaftsetagen von Erpressung und Machtmissbrauch bis zu Unterwerfung und Selbstaufgabe. Die extremste Art, die Angst vor Vereinsamung nicht zuzulassen, ist Männern vorbehalten. Mit Vergewaltigung und Gewalt(androhung) wollen sie Zugehörigkeit erzwingen. Aber auch Frauen setzen ein stattliches Waffenarsenal ein, um den anderen festzunageln. Dass der Wegstrebende selbst mitunter zweitrangig ist, geben Männer wie Frauen zu. »Ich möchte ihn nicht zurückhaben, aber mir fehlt unser Familienleben«, relativiert eine zweifache Mutter die Rettungsversuche ihrer Ehe, die mehr ihrem Lebensentwurf als ihrem Ehemann galten.

Auch sich selbst verlieren Verlassene oft aus dem Blick. Um es ihrem Noch-Partner ja recht zu machen, behandeln sie ihn wie ein rohes Ei, lesen ihm jeden Wunsch von den Lippen ab. »Mein Mann hat nie im Haushalt mitgeholfen. Als ich ihm von meiner neuen Liebe erzählte, hängte er plötzlich Wäsche auf und putzte, was das Zeug hält«, schildert eine geschiedene Frau dessen panische Versuche, es ihr recht zu machen. Vor allem verlassene Frauen rätseln über tief sitzende Verletzungen und schädliche Beeinflussungen ihres Partners, um ihn zu entlasten: Er weiß nicht, was er tut, wird manipuliert, sein Verhalten ist wider sein Naturell.

Absorbiert von dem abwesenden Partner, ergehen sie sich in Mutmaßungen, rufen diesen (unter Vorwänden) an, um wenigstens einen Rest an Nähe herzustellen oder um ihn in seinem Liebesnest zu stören. Die trotz allem vertraute Stimme verscheucht für eine kurze Zeit die inneren Gespenster, dann wieder schürt der neue fremde Ton diffuse Ängste. Von der Unberechenbarkeit ihres Partners aus dem Gleichgewicht gebracht, schwanken Verlassene zwischen dessen Verklärung und Verteufelung. Mal überbewerten sie Zeichen der Zuwendung, mal werten sie Gutgemeintes ab, mal werden Erinnerungsstücke verbannt, dann wieder werden sie sentimental überfrachtet. Pausenlos um die Frage kreisend: »Was wird aus uns?«, kümmern sie sich nicht mehr um eigene Interessen. Ihr Selbstvertrauen ist am Tiefpunkt angelangt, nämlich bei der Annahme: »Als Teil des anderen bin ich allein nichts wert.«

Verzweiflung

Irgendwann ist die Kraft zum Kampf verbraucht, man lehnt sich nicht mehr gegen das Unabänderliche auf. Die Hoffnung, das Ruder noch mal rumzureißen, versiegt, auch weil man eigene Anteile schärfer erkennt. Körperlich drückt sich der Zustand unter anderem in Schlaflosigkeit, chronischer Erschöpfung, quälender Unruhe und Essstörungen aus. Oft helfen Suchtmittel, das Gefühl von Sinnlosigkeit zu betäuben; Exzesse, schneller Sex und Shopping sollen den Rausch des Vergessens bringen und das angeschlagene Ego wieder aufrichten. Man ist gescheitert, hat versagt, steht mit leeren Händen da. Der brennende Schmerz wird manchmal dadurch gelindert, dass man den scheidenden Partner zum Vertrauten des Abnabelungsprozesses, zum Zuhörer, Adressaten von Briefen und Gedichten macht.[5] Oder die Verlassenen demonstrieren mit geschönten Siegesmeldungen, wie prächtig sie allein auskommen.

Besonders Menschen, die feststellen, dass ihr Partner seit langem ein Doppelleben führte, fühlen sich in dieser Trennungsphase unbeeinflussbaren Mächten ausgeliefert. Der Schock, dass sie seit langem betrogen, belogen oder getäuscht wurden, erschüttert das Vertrauen in die eigene Wahrnehmung. Alles war falsch! Und sie haben es nicht gemerkt! Frauen, die entdecken, dass ihr Mann homosexuelle Neigungen hat, fallen angesichts der aussichtslosen Perspektive oft in ein tiefes Loch. Sie stehen vor einem Scherbenhaufen: Nicht nur der Zentralpunkt ihres Lebens erweist sich als Trugbild, sein Identitätswechsel bringt auch das eigene Selbstbild ins Wanken: Was war echt, was nur vorgespielt? Doch an der Forderung eines klärenden Gesprächs beißen sich viele Frauen die Zähne aus.

In dieser Phase der Verzweiflung suchen Verlassene oft den Kontakt zu Verwandten. Wenigstens ihre Herkunftsfamilie ist unauflösbar. Andere erheben Freunde zur Ersatzfamilie, Männer aktivieren oft Bekanntschaften, die sie zuvor wenig pflegten. Vertraute bieten einen Schutzraum, können den Einschnitt am besten ermessen, sollen als Verbündete gemeinsam Front gegen den Partner machen.

Andere wiederum gehen alten Freunden aus dem Weg. Die Begegnung ruft schmerzliche Erinnerungen wach. Falls Freunde die Partei des Partners ergreifen, werden sie als »Gegner« eingestuft. Frisch Getrennte machen zudem die Erfahrung, dass Dritte nur begrenzt als Kummerkasten zur Verfügung stehen und irgendwann das Trennungsdrama nicht mehr hören können. Während der Solo-Status Männer tendenziell zu begehrten Gästen kürt, bekommen weibliche Singles zu spüren, dass sie im Kreis von Paaren »die Tischordnung stören«. Oder sie fühlen sich selbst unbehaglich in der Gesellschaft von Eheleuten »als fünftes Rad am Wagen«, wohingegen sich andere unter Alleinstehenden wie ein Fremdkörper vorkommen. »Ich will mich nicht einreihen in die Gruppe von Singles«, begründet eine Mittvierzigerin, weshalb sie die Vorschläge zu gemeinsamen Unternehmungen von ledigen und geschiedenen Frauen nach dem Auszug ihres Mannes nicht aufgriff. Auch die Option, nach jahrelanger Zweisamkeit ohne Begleitung auszugehen, empfinden konservativ geprägte Frauen zunächst oft wie einen Spießrutenlauf. Sich über Blicke hinwegzusetzen, koste sie beträchtliche Überwindung, erzählt eine Hamburgerin: »Tags läuft man als Business-Frau herum, aber abends ist es furchtbar. Selbst in größeren Städten wurde ich von Kellnern gefragt, ob ich auf jemanden warte.«

So igeln sich Verlassene in dieser Phase häufig ein. Weil nach ihrer – überempfindlichen – Lesart ihre Umwelt Neugier, Mitleid, Abschätzigkeit und Ablehnung signalisiert, verkriechen sie sich und ziehen zunehmend emotionale Energie von der Außenwelt ab. »Man kann nicht nur an der Lieblosigkeit verhungern, sondern auch an der Liebe ersticken, die man nicht geben darf«, erklärt Horst Petri die sich einnistende Betrübnis, die nach der Losung »alles oder nichts« positive Erlebnisse aufsaugt. In sich selbst erfüllender Prophezeiung verringern Antriebsschwäche und Mutlosigkeit auch tatsächlich die Aussicht auf erfreuliche Erfahrungen, da Unglückliche ihre pessimistische Weltsicht ausstrahlen. Statt zu trösten und aufzumuntern, bringen sich andere vor den massiven Problemen lieber in Sicherheit.

Auch wenn Männer privat häufiger in ein Vakuum stürzen, falls sie nicht von einer neuen Partnerin weich gebettet werden – in dieser (Vorscheidungs-)phase leiden Frauen generell stärker unter den Abschiedswehen der Liebe. So untersuchten an der Universität Tübingen Mediziner das Gehirn von Frauen, die vor kurzem verlassen worden waren und stellten fest, dass die Trennung Spuren hinterlassen hatte. Normalerweise aktive Hirnareale lagen fast brach, der Mandelkern, der Gefühle und Motivation steuert, hatte sein neuronales Licht einfach ausgeknipst. Bei Männern war ein zehnmal kleineres Gehirnareal betroffen.[6] Paartherapeuten und Scheidungsexperten stimmen darin überein, dass Frauen sich dem Umbruch bewusster aussetzen und stellen. Ob Männer und Frauen gleich leiden, wollte auch eine Wiener Psychologin herausfinden. Für ihre Promotion interviewte Gerti Senger 30 Männer und 30 Frauen, deren Beziehung gescheitert war. Ihr Befund: Sie leiden ähnlich, aber zu unterschiedlicher Zeit. Frauen litten häufiger, bevor das Ende endgültig besiegelt sei. Der größte Unterschied zeigte sich in der Bereitschaft, über den eigenen Zustand zu reden. Fast alle betroffenen Frauen, aber nur ein Drittel der Männer vertrauten ihr Leid jemandem an.[7]

Opferrolle

Ob eine Trennung tatsächlich das Lebensfundament untergräbt, hängt in erster Linie von den Umständen ab. Wer alt, krank und finanziell abhängig ist, wird durch die entzogene Gunst und Solidarität des Partners mehr geschwächt als Menschen, die auf eigenen Füßen stehen können. Doch auch wenn ältere Frauen sich noch immer auf einen männlichen Ernährer verlassen, fußt ihr Gefühl, auf ihn komplett angewiesen zu sein, ebenso wenig auf Fakten wie die Schutzbehauptung von Männern, im Haushalt zwei linke Hände zu haben. Die überstrapazierte Abhängigkeit ist quälend, sie beschert aber auch Vorteile. »Ich kann nicht, weil ...« wird zur Tageslosung, die Verlassenen richten sich ein in der Opferrolle. Indem sie ihr Leiden wirkungsvoll in Szene setzen, appellieren sie an die Schuldgefühle des Verursachers und spannen andere als Richter ein, um dessen miesen Charakter zu verurteilen. Manchmal ist das Kreisen um die eigene Befindlichkeit ein vorübergehender Zustand. Mal schicksalsergeben, dann wieder voller Auftrieb nach Vergeltung trachtend, lecken die Verlassenen ihre Wunden und gönnen sich eine Auszeit von den Anforderungen des Alltags. Sie haben Anrecht auf Schonung. Bedenklich wird es, wenn Verlassene jedwede Verbesserung ihrer Situation abwehren, weil diese ihr triumphales Martyrium gefährden würde. Nur eines brächte Heilung: Ihr Partner, ihre Partnerin käme reumütig und bußbereit heim.

Trauerprozess

Nach aufreibenden Gefühlsturbulenzen lichtet sich langsam das Chaos. Obwohl Verlassene die Folgen der Trennung nicht überblicken können, bekommt der Lebenseinschnitt schärfere Konturen, sie können klarer abschätzen, was bleibt und was vorbei ist. »In der Fähigkeit zu Trauer entscheidet sich, ob eine Veränderung gelingt«, unterstreicht Horst Petri die unerlässliche Verarbeitung der Lebenswende.

Wer selbst eine Trennung erlebte, weiß allerdings, dass die emotionale Bewältigung die Kluft zwischen Ex-Partnern noch vergrößern kann, wie sich am tragischsten bei verwaisten Eltern zeigt. Statt einander beizustehen, trennen Paare sich nicht selten nach dem Tod ihres Kindes, weil ihre unterschiedliche Form zu trauern sie einander entfremdete. Aus welchem Stoff Menschen gemacht sind und aus welchen Ressourcen sie schöpfen, bildet sich in der Not am deutlichsten heraus. Doch nicht allein die persönliche Substanz, auch Rollenmuster beeinflussen unsere Bewältigungsstrategien.

Von außen betrachtet, müssen verlassene Männer und Frauen zwar mit dem gleichen Lebenseinbruch fertig werden. Nun, da bildlich gesprochen ihre Liebe verblutet, suchen Verlassene diese nach frühen Verwundungen ab; andere wiederum rätseln, welcher Bazillus ihre Ehe jäh befiel. Doch selbst im Fall einer einvernehmlichen Trennung tragen Mann und Frau offenbar nicht dasselbe zu Grabe. Im Zeichen des Abschieds tut sich zwischen ihnen ein Graben auf, der vorher zugedeckt, überbrückt oder sogar »zugewachsen« war. In ihrer geschlechtlichen Prägung nicht mehr abgeschliffen durch all die Angleichungen, die ein Leben zu zweit erfordert, kehren Partner sozusagen in ihr seelisches Stammland zurück. Während Frauen die Gefühlsarmut von Männern beklagen, schütteln Männer oft den Kopf über weibliche Gemütsaufwallungen und bringen sich gegebenenfalls vor dieser Zumutung in Sicherheit, wohingegen Frauen gegen das Empathiedefizit nichts ausrichten können.

Auch der Psychoanalytiker Horst Petri räumt ein, dass viele Männer den Eindruck erweckten, die Trauerphase zu überspringen. Obwohl die Beherrschung von Gefühlen nicht mehr als männliche Tugend gelte und Männer ihrer verflossenen Liebe ebenfalls nachweinten, hakten Männer oft mit erstaunlicher Nonchalance das vergangene Lebenskapitel ab und wendeten sich tatkräftig Neuem zu. Ja nicht ins Grübeln verfallen! Bloß nicht quälende Gefühle an sich rankommen lassen! Doch, nimmt Petri das starke Geschlecht in Schutz, was Frauen als Dickhäutigkeit oder Hartherzigkeit auslegten, sei im Grunde der verschleierte Schmerz über eine »seelische Katastrophe«. Unabhängig davon, ob Männer verlassen wurden oder selbst die Trennung wünschten, müssten sie mit dem Wegfall der sozialen Anerkennung als Familienvater fertig werden. Väter träten zwar oft freiwillig die Erziehung kleiner Kinder an Mütter ab. Gleichwohl sei der Statusverlust eine furchtbare Kränkung, auf die sie mit »Gegenangriff, Flucht oder Totstellreflex« reagierten. Auf die Funktion des Zahlvaters reduziert, beantworteten nicht wenige Männer die Entmachtung mit bekannten Verweigerungstaktiken: Sie tauchen ab in andere Städte, drücken sich vor Unterhaltszahlungen, nehmen ihre Besuchsrechte nicht wahr und kaum mehr am Leben ihrer Kinder teil. »Die Gesellschaft sieht darin nur das Ausscheren aus Verpflichtungen, nicht den Trauerprozess«, verteidigt Petri die vermeintlich Verantwortungslosen.[8] Auch hinter dem Tempo, mit dem verlassene Männer eine neue Beziehung eingingen, stecke die heillose Angst, in ein Tief zu fallen. Doch ihr hektisches Bestreben, Herr im eigenen Haus zu bleiben, wird über kurz oder lang zum Bumerang. Denn Menschen, die versuchen, Krisen auszublenden, machen die Erfahrung, dass Gefühle sich nicht wegschicken lassen. Vom bewussten Zugang abgeschnitten, führt Verdrängtes ein störendes Eigenleben, mittels psychosomatischer Symptome meldet es sich zurück.

Die häufige Selbsteinschätzung von Frauen, dass sie nicht nur bewusster, sondern umfassender trauern, trifft meinen Beobachtungen zufolge zu. Während meine männlichen Gesprächspartner ihren Schmerz auf real Fehlendes begrenzen und sie unter der Durchkreuzung konkreter Zukunftsperspektiven leiden, schließen Frauen in ihre Trauer häufig Potentielles mit ein. Weit mehr als Männer malen sie sich die versperrten Entwicklungsmöglichkeiten ihrer Beziehung aus, sei es, weil sie diese vergolden, sei es, weil sie gern Versäumnisse nachholen und Fehler korrigieren würden.

Manchmal allerdings gilt die Trauer auch der fehlinvestierten Liebe. Frauen, die zugunsten der Familie ihre Berufstätigkeit hintanstellten oder auf Wunsch ihres Partners kinderlos blieben, bereuen oft ihre Überanpassung, vor allem dann, wenn ihr Mann mit einer Jüngeren das Kontrastmodell zu ihrer Ehe wählt und lebt. Im Auseinanderfallen des für unverwundbar gehaltenen Wir sieht Petri die Ursache für die Unsicherheit und Traurigkeit, die manchmal von geschiedenen Frauen ausgeht: »Je mehr das eigene Selbstbewusstsein nur ein vom Mann geliehenes war, umso tiefer reicht jetzt die Selbstentwertung, die die Trauer zusätzlich vertieft.«[9]

Auch Männer trauern, ihre Gaben im Dienst der Familie vernachlässigt zu haben. Mehr und mehr übernahmen sie den Part des reibungslos funktionierenden Machers oder opferten ihre Lebendigkeit zugunsten von Karriere, Machtstreben und Arbeitswut. Nun, da niemand mehr für ein warmes Nest sorgt, breitet sich nach Berufsschluss oft beklemmende Stille aus. »Ich bin nicht gut darin, mir allein ein gesellschaftliches Leben zu organisieren«, beschreibt ein Interviewpartner die zuhause wartende Einsamkeit.

Ohne den Austausch mit anderen aber fehle eine wichtige Hilfe für die Trauerarbeit, wissen Psychologen. Das von Männern oft belächelte Redebedürfnis von Frauen sei ein Weg, Vergangenes nochmals zu durchleben und so mit Gewesenem abzuschließen. Nicht immer wandern Erinnerungen vornehm ins Ablagefach, doch das steigert mitunter sogar die kathartische Wirkung. Nach dem Auszug seiner Partnerin, erzählt ein Berliner Reiseleiter, sei er zu seinem Freund gegangen und habe »schwer vom Leder gezogen«: »Ich habe meine Freundin schlechtgemacht, bis die Schwarte krachte. Ich finde das sehr erleichternd, sofern es in einem kleinen Zirkel bleibt. Rachegedanken hatte ich nicht, denn ich weiß, dass ich auch oft versagt habe. Ich wollte nur mal Schimpfworte loswerden, die man öffentlich nicht benutzt. Und mein Freund ist natürlich voll eingestiegen. Wir waren eine richtige Therapiegemeinschaft.«

Akzeptanz und Neubeginn

Oft dauert es Jahre, bis die seelischen Verletzungen überwunden sind, manchmal frisst sich die erlittene Demütigung zeitlebens ein. Ohne sonstigen Halt stürzen Verlassene ab in Lethargie, Depression und Armut und finden sich nie mehr zurecht. Aber selbst wenn Verlassene erfolgreich und wieder liiert sind, erinnern sie ihre damalige Verfassung mit einer Detailgenauigkeit, die verrät, dass die Wunde noch schwelt. »Wenn man mit Menschen über ihre Trennung spricht, hat man oft den Eindruck, als ob man eine Leitung anbohrt«, bilanziert der Berliner Psychotherapeut Wolfgang Krüger. »Ich hatte mal eine 60-jährige Patientin, die sprach über ihre Trennung, als sei sie gestern gewesen. Auf meine Nachfrage, wie lange die her sei, sagte sie: ›40 Jahre.‹ All das Neue, was hinzukam, hat diese Kränkung nicht relativieren können. In der Regel überdecken mit der Zeit andere Erinnerungen die Ex-Beziehung. Doch sie ist wie der Felsblock, den eine Düne überlagert. Auch wenn er nicht mehr sichtbar ist, bleibt er bestehen.«

Die Frage, ob sie sich über die Rückkehr ihres Partners freuen würden, wird in meinen Gesprächen gleichwohl von keinem der Verlassenen vorbehaltlos bejaht. Obwohl viele von Rückschlägen berichten, in denen sie zurückrutschen in Wehmut und Mutlosigkeit, wird ein möglicher Zweitversuch an Bedingungen geknüpft. In die Sehnsucht nach Zugehörigkeit und einer heilen Familie mischt sich unüberhörbar Skepsis gegenüber der wünschenswerten Fortsetzung des einstigen Beziehungsmodells. Zu viel sei passiert, was zwischen ihnen stünde, nicht alle Veränderungen seien von Nachteil, hinsichtlich ihrer gewachsenen Selbständigkeit würden sie keine Abstriche mehr machen. Die Annahme, auf die Unterstützung des Partners angewiesen zu sein, weicht im Laufe des ersten Jahres meist der Erfahrung, den Alltag ohne dessen Einmischung überraschend gut und sogar besser zu schaffen. Der berühmte Streifen am Horizont widerlegt die Prognose, nie mehr glücklich zu werden, die kurz nach der Trennung mitunter fast wie ein Vorsatz klingt. Nun, da sie allein Entscheidungen fällen müssen, verblasst das Gefühl, Spielball eines übermächtigen Gegners zu sein, lösen Verlassene sich aus der Rolle des Nachlassverwalters, starren sie nicht mehr auf den schäbigen Rest, sondern strecken neugierig ihre Fühler aus. Die Lebenswende steht nicht mehr unter dem Signum des Abwärts.

Barbara S.: »Als ich nach Hause kam, war sein Schreibtisch leer geräumt.«

Von Ferne erlebe ich Barbaras Trennungsprozess. Das Gespräch mit der 57-jährigen Wissenschaftlerin, die im Bereich von Forschung und Entwicklung in der Frauenförderung arbeitet, führen wir im Garten ihres Hauses anderthalb Jahre, nachdem ihr Mann ausgezogen ist. Ihre Stimme ist traurig, aber immer wieder blitzt durch die zeitweilige Schwere ein pointierter Witz. Pendelnd zwischen Emotionen und Reflexion, strahlt sie ebenso Zaghaftigkeit wie kraftvollen Lebenspragmatismus aus.

»Ich bin wie gespalten. Die eine Hälfte kriegt alles ganz gut hin. Die andere ist wie tot, da lagert all das, was ich nicht aushalte«, erzählt Barbara, inzwischen geschieden, ein Jahr nach unserem Gespräch. »Das wirkt zerstörerisch auf mein Vertrauen in mich und andere.« Dass ihr Mann seit kurzem eine neue Beziehung habe, wecke in ihr keine Eifersucht, doch es sei bitter, nun »definitiv ausgetauscht« zu sein. Natürlich habe sie das Foto seiner Freundin gegoogelt. »Ich vermisse mein altes Leben. Nicht Jens, so wie er sich mir durch die Trennung gezeigt hat. Aber es trifft mich zutiefst, dass ich ihm nicht einmal ein Gespräch wert bin, dass bei ihm keinerlei Schmerz erkennbar wird«, skizziert die Hamburgerin das »Nichtverhältnis«, das sich nur noch um die Frage ranke, wann sie Jens' Besitzanteil auszahle. Zu ihren damaligen Interviewaussagen empfinde sie eine Distanz, die sie noch nicht genau erklären könne.

Das Verschwinden meines Mannes war ein abrupter Einbruch. Unsere Beziehung war in der letzten Zeit nicht gut, doch nach 36 Jahren denkt man: Wir haben so viel durchgestanden, was soll uns noch trennen? Ich habe im Traum nicht daran gedacht, dass Jens mich verlassen könnte. Unsere Trennung war kein schleichender Prozess, sondern ist datierbar auf den 20. November 2007. Ich hatte an diesem Tag eine ärztliche Kontrolluntersuchung. Jens hatte mich zur U-Bahn-Station gefahren, um die ich danach monatelang einen Bogen machte. Als ich nach Hause kam, war sein Schreibtisch leer geräumt. Auf meinem PC lag ein Zettel: »Ich will nicht mehr, ich kann nicht mehr. Ich bin in Bonn, da habe ich ein Arbeitsprojekt. Ich brauche Abstand.« An diesen Satz habe ich mich lange geklammert. Er drückt ja das Zeitweilige aus. Den Wunsch, mal Distanz zwischen uns zu legen, hatte ich selber häufiger. Aber dann folgte ein Satz, der mich wie eine Keule traf: »Was bleibt sind schöne Erinnerungen und ein lieber Sohn.« Das klang nach Abschiedsbrief. Ziemlich bald rief mich unser 25-jähriger Sohn an: »Mama, was ist passiert? Papa hat mich angerufen, dass er dich verlassen hat. Ich komme morgen zu dir.« Als er hinzufügte, dass er abends Jens treffe, hoffte ich: Das Kind wird schon die Familie zusammenhalten. Aber klar denkt man in diesem Moment gar nicht. Es ist alles durcheinander, ein großes Knäuel. Meine Freundin, die ich gleich anrief, beruhigte mich: »Der kommt wieder!« Ich überlegte dann pragmatisch: Ich brauche sofort ein Auto, bis Jens zu Weihnachten zurückkommt. Abends fuhr ich damit zum Spanischkurs. Als ich nach dem Kurs ins Auto stieg, fühlte ich mich hundeelend, auf dem Handy rief ich eine Freundin an. Sie riet mir: »Bedränge ihn nicht!« Inzwischen war es im Auto eiskalt, beim Starten machte es einen Satz vorwärts, ich schob zwei Wagen vor mir zusammen. Es war ein völlig durchgedrehter Tag. Den Tag darauf kam unser Sohn und sagte: »Mama, es ist endgültig.«

Ich habe Jens per Mail gebeten, dass wir uns Hilfe holen und er über Weihnachten kommt. Nach einigen Tagen kam seine Absage: »Für Hilfe ist es zu spät.« Ich schwankte zwischen Nichtglaubenwollen, Verstörung und riesiger Angst, dass alles vorbei ist. Im Januar teilte Jens mir mit, er habe sich aus Hamburg abgemeldet. Ich fand heraus, dass Jens seinen Absprung von langer Hand geplant hatte, es war also keine Affekthandlung. Unsere letzten vierzehn Tage waren ja auch besonders schön und innig gewesen. Wir machten lange Spaziergänge, Jens erzählte viel, fragte auch bei mir präzise nach. Es war wohl sein inneres Abschiednehmen. Damals ordnete ich das ein: Es geht doch wieder. Denn vorausgegangen war unsere größte Krise.

Ich hatte Jens vorgeworfen, dass er lieblos mit mir umgeht, ich forderte mehr Verständnis und Zuwendung. Über uns konnte ich nie mit ihm reden. Heute bereue ich, dass ich oft genörgelt, gezetert, kritisiert habe. Jens wartete ab, bis das Gewitter vorüber war. Deshalb beschloss ich: Ich schweige mal – vielleicht spricht er dann von sich aus. Fünf Tage lang haben wir stumm nebeneinander her gelebt, bis ich sagte: »Wir haben lange genug geschwiegen.« Da ist Jens zum ersten Mal explodiert. Komischerweise hat mir sein Gebrüll nicht viel ausgemacht. Ein Wutausbruch liegt mir näher als abzuwarten, dass ein Konflikt vorbeizieht.

In den Wochen nach seinem Auszug breitete sich in mir eine Grundverlassenheit aus. Ich war fassungslos, dass Jens, der es nicht mal fertigbrachte, mich am Telefon zu verleugnen, mit mir sein Geburtstagsfest geplant hatte im Wissen, dass er gar nicht mehr da sein werde. Das Vertrauen in ihn war ebenso erschüttert wie das Vertrauen in mich, weil ich diese Seite an ihm nie wahrgenommen habe. Der Schmerz, da lässt dich jemand einfach fallen, hat mich überrollt. Nachts habe ich mir zugeredet: »Du hast Arbeit, Freunde, es ist nicht alles weg«, aber eine Riesenangst schnürte mich körperlich zu. Es war ein Ring um die Brust, um die Schultern, um den Hals. Wenn ich spürte, dass er immer enger wurde, habe ich oft als Mantra vor mich hin gesungen: »Let it be … .« Du kannst an der Situation ja nichts ändern, wobei einen zusätzlich jede Menge Fragen quälen: Hat er mich je geliebt? Warum hat er mir nie zu verstehen gegeben, was ihn stört? Nächstes Jahr hätten wir Silberhochzeit. Und plötzlich brechen alle Lebenspläne zusammen.

Sehr gefreut hat mich, dass mein Sohn sofort von sich aus kam. Seine Besuche sind ein großer Trost. Lange konnte ich die gespenstische Stille im Haus nicht ertragen: Ich unternahm jeden Abend etwas, schlafen konnte ich nur mit Schlaftabletten, eine Freundin zog für ein paar Wochen zu mir. Reden ist für mich eine Form des Verarbeitens. Dass viele Freunde weiterhin Kontakt zu Jens halten, schmerzt mich. Aber ich kann damit umgehen, sofern sie eine eindeutige Haltung haben. Schwierig wird es, wenn ich nicht weiß, woran ich bin. Eine Freundin sagte: »Wer wünscht sich das nicht? Einfach ins Auto zu steigen und irgendwo ein neues Leben anzufangen.« Kurz darauf trennte sie sich tatsächlich von ihrem Partner. Von einem Freund bekam ich eine Mail mit der Betreffzeile »Harte Zeiten«. Und die Wahrheit war unheimlich hart. Eine Gestalttherapeutin sagte mir: »Jemand, der so geht, kommt nicht wieder.«

Kurz vor Weihnachten haben Jens und ich nach Intervention unseres Sohnes das erste Mal telefoniert. Ich hatte schon vorher versucht, ihn anzurufen, aber er nahm nicht ab. Einmal hatte ich ihn ausgetrickst, indem ich von einer fremden Telefonnummer anrief. Er hatte eine ganz liebe Stimme, sagte aber nur, er werde mir mailen. Ich hatte ihm auch zum Geburtstag geschrieben, sein Dankesbrief war voller Floskeln. Es klang keine Trauer an, keine Verzweiflung, kein Ringen um unsere Beziehung, nichts Persönliches. Für unser Telefonat hatten wir eine Uhrzeit vereinbart. Nachdem ich eine halbe Stunde um das Telefon gekreist war, rief ich an, unser Gespräch war unendlich mühsam. Ich habe jedes Wort auf die Goldwaage gelegt, war danach schweißgebadet. Inhaltlich sagte ich: »Du hast nie zu erkennen gegeben, was in dir vorgeht, was dich stört. Lass uns anfangen, darüber zu reden.« Da hat er schon gemauert.

Einige Wochen später trafen wir uns in einem Café. Sonst verspäte ich mich eher, diesmal war ich zu früh. Aber ich wollte nicht vor ihm da sein und ging noch auf und ab. Als ich sein geparktes Auto sah, dachte ich: Der läuft auch noch um den Block! Wir betraten das Café fast gleichzeitig. Unsere insgesamt vier Treffen verliefen jedes Mal gleich. Jens küsste mich zur Begrüßung auf den Mund und plauderte, als ob nichts wäre. Sobald ich fragte: »Und was ist mit uns?«, verfinsterte sich seine Miene, er machte die Schotten dicht. Vor unserem letzten Treffen hatten ihn Freunde bearbeitet. Nach dem Motto: Trennen ist o. k., doch es ginge nicht, wie er es mache. Jens bat mich daraufhin, einen therapeutischen Begleiter zu suchen, obwohl er mir meine Dominanz oft angekreidet hatte. Wenige Tage später erhielt ich einen Dreizeiler, dass er die Scheidung einreicht. Da habe ich nicht mehr reagiert.

Wie nicht berufstätige Frauen so etwas durchstehen ist mir ein Rätsel. Ich war heilfroh, dass ich morgens ins Büro fliehen konnte. Zuhause bin ich manchmal das heulende Elend, im Beruf muss ich den Hebel umstellen, ich bin jemand, der was leistet. Aber das Private zieht viel Energie ab. Es treffen mich ja dauernd irgendwelche Tiefschläge, die Ungewissheit, wo und wie ich leben werde, absorbiert viel Kraft. Allein die Frage, mit wem mache ich Urlaub? fordert mehr Einsatz als früher. Eigentlich wollte ich ab 60 Zeit haben, um mit Jens zu reisen. Jetzt würde ich gern bis 65 arbeiten.

Ich habe Jens geliebt. Jetzt kann ich ihn nicht mehr lieben. Ich glaube, sein knallhartes Vorgehen bezweckt: Die soll mich hassen! Und kapieren, dass es aus ist. Vielleicht hat es ihn irritiert, dass ich keinen Terror, keinen Aufstand gemacht habe. Und nun will er mir den Schwarzen Peter zuspielen und provozieren, dass ich böse reagiere. Ich sehe in seinem Handeln eine Mischung aus Brutalität und Erbärmlichkeit. Seine lapidare Scheidungsmitteilung ist die Entwertung pur. Jetzt bleibt nichts mehr, nur noch die Anwaltssprache.

Inzwischen halte ich es besser aus, abends mal zuhause zu sein, ohne mich ans Telefon zu hängen. Ich versuche, mein Bedürfnis nach Gesellschaft in sinnvolle Tätigkeiten, in Malkurse und Schreibworkshops umzuleiten und mich nicht in hektische Betäubungsaktivitäten zu stürzen. Aber es geht mir nicht so schnell besser wie Freunde das offenbar erwarten. Ich höre oft: »Du siehst gut aus. Du machst das schon.« Es wird mir signalisiert: »Mute mir nur nicht länger deinen Kummer zu.« Ich würde gern mal hören: »Du Arme.« Bei Trennungen gibt es auch Voyeurismus. Leute, die uns vorher kaum besuchten, pilgerten plötzlich zu Jens. Ich hatte das Gefühl, da bricht eine grenzenlose Neugier aus.

Manchmal wünsche ich mir, dass Jens mich wegen einer anderen verlassen hätte. So kann ich den Grund nur bei mir suchen. Jens wurde mal mit einer anderen Frau gesehen, küssend, aber ich weiß, dass sie in Bonn in einer festen Beziehung lebt. Ich denke, sie war für Jens nur eine Ausstiegshilfe. Kluge Menschen raten mir, sein Verhalten nicht enträtseln zu wollen. Aber wenn man so viel Ohnmacht erlebt, ist das vielleicht die normale Reaktion.

Übermorgen kommt Jens, um seine Sachen abzuholen. Zwischen uns ist die Stimmung eisig. Früher habe ich zu Freunden gesagt: »Wir haben uns im Leben schon über alles gestritten. Aber nie über Geld.« Nun eskalieren unsere Differenzen, was den Verkauf des Hauses betrifft. Ich habe Angst, an den Postkasten zu gehen, meine Mails zu öffnen. Ich habe Angst vor unserer Begegnung, fände es aber feige, zu verschwinden, ich will mich nicht vertreiben lassen. Es klingt merkwürdig, aber ich fände es leichter, wenn Jens gestorben wäre. Ich wünsche ihm nicht den Tod, aber wenn jemand stirbt, behältst du deine Liebe für ihn. Eine Trennung bringt so viel Zerstörerisches. In meiner katholischen Familie bin ich die einzige, die geschieden sein wird. Das macht mir etwas aus. Zudem bin ich nicht frei von der Furcht, dass Leute denken: Die muss ja schlimm sein, wenn der Mann sie verlassen hat!

Rachegefühle habe ich nicht. Als unser Sohn einmal abfällig über seinen Vater redete und äußerte, mit ihm zu brechen, empfand ich erst eine gewisse Genugtuung. Das wäre die gerechte Strafe! Aber dann dachte ich: Nein. Er braucht seinen Vater, er soll ihn nicht verachten. Ich bereue auch den letzten Brief meiner Anwältin, gern würde ich einige scharfe Formulierungen zurücknehmen. Oft geht mir das »Vaterunser« durch den Kopf: »Und vergib uns unsere Schuld wie auch wir vergeben unseren Schuldigern.« Ich bin ja nicht schuldlos an der Entwicklung. Grausam ist, dass es keine Möglichkeit gibt, Fehler wiedergutzumachen.

Meine Unruhe ist inzwischen der Resignation gewichen. Wenn es knüppeldick kommt, gelingt mir bisweilen ein Mechanismus, den ich früher gut beherrschte. Ich nenne ihn das

Scarlett-O`Hara-Prinzip. Ich habe »Vom Winde verweht« x-mal gelesen und sehe in der Romanfigur vieles von mir selbst. Scarlett O`Hara liebt unentwegt die falschen Männer. Denjenigen, der sie wirklich liebt, verschmäht sie, er ist ihr zu ähnlich. Als nach ständigem Wechsel alle Männer weg sind, kriecht sie ins Bett, zieht die Decke über den Kopf und sagt: »Morgen ist auch noch ein Tag.« Das ist der wunderbare Schlusssatz.

Die Verlassenden: »Nenne mich bloß nicht mehr Schatz!«

Laut einer Forsa-Umfrage haben rund drei Millionen Deutsche ihre Beziehung mit dem Partner schon einmal mit einer SMS beendet, bei den 14- bis 19-Jährigen ist es jeder Siebte. Auch zwei Prozent der über 60-Jährigen hätten sich schon einmal elektronisch verabschiedet. In einer Titelgeschichte »Orte zum Schlussmachen« gab das Berliner Stadtmagazin *Zitty* ironisch Tipps, wo und wie es am leichtesten ist, dem Partner den Laufpass zu geben. Beispielsweise den, ihm/ihr an der Supermarktkasse zu eröffnen: »Ab jetzt brauchst du nur noch die Hälfte.«[10] Ganz ohne Worte machen sich Legionen von Partnern »vom Acker«. Unter den jährlich etwa 20 000 Menschen, die in Deutschland länger als ein Jahr oder dauerhaft vermisst bleiben, flüchten viele vor Ehe und Familie. Die meisten Trennungen erfolgen immer noch persönlich. 61 Prozent der Befragten in der Forsa-Studie suchten das Gespräch, jeder zehnte schrieb einen Brief. Und auch wenn aus Sicht der Verlassenen der Schritt oft schockierend unerwartet erfolgt, beruht er nur selten auf einem spontanen und schon gar nicht auf einem leichtfertigen Entschluss. Fast immer ziehe der Initiator die Konsequenz aus einer langen Krise. Die Diagnose von Therapeuten wird auch vom Berliner Rechtsanwalt Axel Huep bestätigt: »Es ist ein schleichender Prozess, den Paare gar nicht so mitbekommen. Doch irgendwann fragen sie sich: ›Was wollten wir einmal? Und wo sind wir gelandet? Wie fühle ich mich? Und wie siehst du unsere Ehe?‹ Diese Fragen stellen Frauen wesentlich häufiger als Männer und erwarten darauf oft vergeblich Antworten. Irgendwann beschließt ein Partner: Das passt nicht mehr.«

Bleiben oder gehen?

Der Konflikt »Bleiben oder gehen?« zieht sich oft über Jahre hin. Typischerweise, berichten Fachleute, sei die Vorscheidungsphase (mit und ohne Trauschein) geprägt von höchst ambivalenten Gefühlen, innerer Zerrissenheit und ständigem Schwanken zwischen Resignation und Hoffnung. Manchmal wägen Paare gemeinsam das Pro und Contra ihrer Beziehung ab. Oder sie halten sich mit Trennungsandrohungen wechselseitig in Schach. Nach Meinung des amerikanischen Therapeuten Michael Vincent Miller sind viele Paare verwickelt in einen »Beziehungsterror«, dessen Motor die Furcht vor Vereinnahmung sei und die gleichzeitige Angst, verlassen zu werden. Erst lebe ein Paar relativ ruhig vor sich hin, doch dann begänne das Pingpong von Abwenden und Klammern, »mit Affären, Beichten und Versöhnungen, Weinkrämpfen und Aschenbecherschleudern«. Zwar fänden Paare phasenweise wieder zurück in die Gemeinsamkeit. Aber diese gerinne immer mehr zum Parallelleben im Grundton von Verbitterung und Verzweiflung »und häufigen Tagen, da niemand ein Wort sagt, weil Wut oder Resignation sie verstummen lässt«.[11] Irgendwann kündigt ein Partner die Beziehung auf, zunächst im Stillen, denn einer radikalen Lebenswende fühlt er sich nicht gewachsen.

Zu Recht schrecken Hausfrauen und gering verdienende Partner vor dem Kampf um Unterhalt zurück. Nicht Erwerbstätige sind oft ungeübt, allein Entscheidungen zu treffen und meinen, juristische Regelungen nicht durchschauen zu können. Dass sie Unterhaltsleistung verordnet bekommen, ist für Männer oft eine unerträgliche Vorstellung, nicht nur, weil ihr Lebensstandard sinkt, sondern weil sie sich dem Gerichtsurteil fügen müssen, ohne Kontrolle, was mit dem von ihnen verdienten Geld geschieht. Selbst wenn die Kinder schon flügge sind, befürchten Eltern, dass sie unter der zerbrochenen Familie leiden und ihnen Vorwürfe machen. Für ältere Frauen besteht eher geringe Aussicht, nochmals einen Partner zu finden. Man weiß: Oft spaltet sich der Freundeskreis. Die Meinung anderer wird ebenso erwogen wie berufliche Nachteile. In meinen Gesprächen überraschte mich die häufig religiöse Gewissensfrage. Auch aus Furcht vor Rache bleiben Partner zunächst bei der Stange. Oder der Vergleich mit anderen Paaren mildert die Negativbilanz: Schneidet man vielleicht gar nicht so schlecht ab? Selbst wenn das Heim nur noch die Hölle ist, zögern viele den Umbruch gewohnter Lebensbahnen beschwichtigend hinaus: Man muss nicht alles auf die Goldwaage legen. Der Wunsch, gemeinsam alt zu werden, besiegt die trübe Gegenwart. Paare wählen Unternehmungen, die wenig Verbundenheit verlangen; das geringe Interesse aneinander wird durch Reisen, Shopping, Essen und Wellness abgemildert und übertüncht.

Manche schotten sich in der Vorscheidungsphase ab. Vor allem Männer halten sich anderen gegenüber bedeckt. Was hilft es, Privates aufzutischen? Frauen hingegen erleichtert es, Freundinnen in Probleme einzuweihen. Deren Mitgefühl ist Balsam für die Wunden, Gespräche helfen, den Gefühlsdschungel zu lichten, auch Kinder werden mitunter als Bündnispartner eingespannt – und damit überfordert. Zu diesem Zeitpunkt ist die innere Trennung oft weiter vorangeschritten, als den Verlassenden bewusst ist. Wie ein mürbes Gewebe irgendwann keine einzige Reibung mehr verträgt und reißt, reicht oft ein kleiner Anlass, um zu beschließen: Keinen einzigen Tag mehr wie diesen!

Trennungsgründe

»Ich fühlte mich in meinem eigenen Haus wie ein Gefangener.« »Ich hatte nur noch die Funktion des Praktischen.« »Ich fühlte mich ständig unter Druck. Und wir haben nie gemeinsam gelacht.« Die Begründungen, warum Partner gehen, beginnen fast immer mit »Ich«. Nicht, weil sie so egozentrisch sind. Sondern weil sie ihre Person wieder herauslösen aus einem Verbund, in dem sie aus ihrer Sicht auf zu viel verzichten mussten. »In einer gestörten Beziehung stellen sich die Partner wie zwei Armeen auf. Die eine hält eine Standarte hoch, verziert mit den Buchstaben ›wir‹, die andere schwenkt, ebenso militant, die

Buchstaben ›ich‹. Früher stand es fest. Das Emblem der Frau war das ›Wir‹, das Abzeichen des Mannes das ›Ich‹«, beschreibt M. V. Miller die Aufrüstung an der Beziehungsfront.[12]

Berufsbedingt haben Scheidungsanwälte nur mit unglücklichen Ehen zu tun. Doch obwohl ich einen Anwalt und zwei Anwältinnen befragte, deren Mandanten sich sozial und regional unterscheiden, zählen sie übereinstimmend folgende Scheidungsgründe auf: Entfremdung und wachsende Gleichgültigkeit, Respektlosigkeit und Gewalt in allen Facetten, Streit über Geld und Kindererziehung, Untreue, Sucht in allen Ausprägungen. Unzuverlässigkeit und Langeweile sind ebenfalls Viren, an denen Beziehungen unheilbar erkranken. Mitunter, berichtet Axel Huep, fliehen Frauen vor der zunehmenden Altersgebrechlichkeit ihres Mannes, während Väter sich nach der Geburt eines behinderten Kindes verdrückten. Am trostlosesten empfinde sie die Ehen, in denen Partner schweigend und ohne Achtung voreinander nebeneinanderher lebten, bilanziert die Hamburger Rechtsanwältin Hildegard Cramer: »Da ist nur noch Lieblosigkeit. Wenn die gemeinsame Aufgabe als Eltern erfüllt ist, folgt die totale Leere. Im höheren Alter bauen die Partner dazu noch ab. Sie haben keine Ideen, keine Pläne mehr und ziehen sich gegenseitig runter.«

Gar nicht so selten erzählen Paare, dass sie in den Augen anderer ein Traumpaar waren. Psychologen allerdings warnen vor dem rundum harmonischen Miteinander. Denn was die wohltemperierte Balance gefährden könnte, werde eliminiert. Extreme Gefühle würden gekappt, mit der Folge, dass zwischen Partnern keine erotische Spannung mehr sei. Während geborgen aufgewachsene Menschen erfuhren, dass gelegentliche Distanz nicht Abkehr bedeute, legten Menschen, die als Kind um Zuwendung buhlen mussten, den gelegentlichen Alleingang ihres Partners als bedrohliches Sich-Entfernen aus.

Manche Menschen verhindern, dass überhaupt Nähe entsteht, weil sie fürchten, in Abhängigkeit und Verpflichtungen zu geraten. Häufig vermuten Männer Bevormundungen, wo keine sind. Sie übertrügen, so meinen Psychologen, die einstige Ohnmacht gegenüber ihrer überbehütenden, gängelnden

Mutter auf ihre Partnerin und reagierten dementsprechend allergisch. Frauen projizierten auf ihren Partner oft die unerfüllte Sehnsucht nach einem beschützenden Vater. Menschen, die durch das ständige Wechselbad von Zuwendung und Desinteresse in ihrer Kindheit unsicher gebunden sind, dürsten zwar nach Liebe. Doch aus Furcht vor Zurückweisung lassen sie sich nur bedingt auf andere ein. Um dem Schicksal des Verlassenwerdens zuvorzukommen, verlassen sie selbst.

Warum Frauen sich trennen

Frauen erzählen oft, dass sie sich an der Seite ihres Partners nicht weiterentwickeln konnten. Entweder habe die Stagnation des Partners sie ausgebremst. Oder sie hätten es nicht geschafft, im familiären Perpetuum mobile eigene Prioritäten zu setzen. Auch durch die abfälligen Bemerkungen ihres Partners schrumpfte ihr Selbstvertrauen.

Als Rechtsanwältin im Westerwald tätig, gehören zu den Mandanten von Katharina Hellwig viele Minijobber und Hartz-IV-Empfänger. Nach ihrer Erfahrung arrangieren sich Frauen lange mit einer Ehe, die keine mehr sei. »Bevor Frauen zu mir kommen, schwelen oft jahrelang Konflikte, auf die sie oft psychosomatisch reagieren. In meiner Klientel sind Frauen oft finanziell abhängig von ihrem Mann, der ihnen nicht sagt, was er verdient, sie kurzhält und sie spüren lässt, dass er sie nicht als gleichberechtigt ansieht. Eine Mutter von fünf Kindern erzählte: ›Mein Mann nennt mich nur noch: Du Doofi.‹ Frauen vermissen Nähe, sie sagen, dass ihr Mann nicht auf sie eingehe und sich wenig um die Belange der Kinder kümmere. Sehr viele Paare haben keine sexuelle Beziehung mehr.«

Beruflich erfolgreiche Frauen rufen bei ihrem Partner oft Konkurrenzgefühle hervor. Entweder, erzählen sie, habe er ihre Karriere wenig beachtet, oder er habe jeden Fehler, jeden Irrtum genüsslich ausgeschlachtet, wie zum Beweis, dass sie ihn nicht überflügelten. Die Erkenntnis, sich ihre schlechte Ehe mildernd zurechtgebogen zu haben, bringt in Patricia

Evans' Buch »Worte, die wie Schläge sind« eine Frau auf den Punkt: »Früher dachte ich: Wenn er mich liebt, wie kann er so feindselig sein? Jetzt denke ich: Wenn er so feindselig ist, wie kann er mich dann lieben?«[13]

Die Hamburger Anwältin Hildegard Cramer nennt als Hauptscheidungsgrund einen anderen Partner. Männer gingen etwas häufiger fremd, da sie beruflich mehr Kontakte knüpfen und Affären hinter Geschäftsterminen verstecken könnten: »Wenn Frauen die Betrogenen sind, sind sie in der Regel duldsamer, leidensfähiger als Männer, sie warten länger ab in der Hoffnung, dass ihre Ehe sich wieder einrenkt. Oft ziehen sie mit der Scheidung die Konsequenz, dass ihr Mann seit langer Zeit eine Freundin hat und sein eigenes Leben führt.«

Aber auch erstickende Nähe bringt Frauen wie Männer in Atemnot. Zwar träumen Frauen anfangs häufiger von romantischer Verschmelzung. (Oft beobachte ich auf Bahnsteigen junge Frauen, die zur Begrüßung oder zum Abschied minutenlang am Hals ihres Freundes hängen, ohne dessen ergebenen Blick zu sehen. Dann beschleicht mich der Gedanke: Ob er derweil wohl zählt?) Doch mit der Zeit korrigieren Frauen ihre Harmonievorstellungen. Im Gefühl, selbst zu kurz zu kommen, beherzigen sie die Warnung von Psychologen: Der Anspruch in symbiotischen Beziehungen, einander ein und alles zu sein, lasse zu wenig Raum, um sich selbst zu begegnen.

Frauen verlassen ihren Partner, weil sie dessen emotionale Schmalspurigkeit in zwischenmenschlichen Bereichen nicht mehr kompensieren wollen. Wenn der Mann im Ruhestand ist, halten viele Frauen dessen ganztägigen Anschluss an sie kaum aus. »In der Regel sind Frauen agiler, haben noch Wünsche«, erläutert Hildegard Cramer. »Auch 70-Jährige sagen: ›Ich will diesen Mann nicht mehr, der mich runterdrückt und mein Leben so begrenzt.‹ Die Männer reagieren oft völlig überrascht: ›Was habe ich denn falsch gemacht?‹ Sie sehen ihren Anteil nicht, haben oft keinen Funken Selbstkritik. Bei Alkoholabhängigkeit ihres Mannes reichen Frauen die Scheidung oft erst nach langer Leidenszeit ein, fast immer mit einer Art Entschuldigung: ›Ich kann nicht mehr.‹«

Manche Frauen verübeln ihrem Partner, dass er ihre hochgesteckten Erwartungen nicht erfüllt. Die gute Partie stellt sich als Mittelklasse heraus; im Prinzen steckt doch nur ein Frosch. Während Männer sich oft mit der Schönheit und Jugend ihrer Partnerin schmücken, werten Frauen sich eher über den Status ihres Partners auf. Und lassen ihn gegebenenfalls hinter sich, falls ein anderer mehr Prestige und Wohlstand bietet.

Anders als verlassende Männer, die zunächst den Blick stur nach vorne richten, trauern die meisten verlassenden Frauen lange um das gescheiterte Familienmodell. Doch auch im höheren Alter tritt bisweilen noch der Märchenprinz ins so dahin plätschernde Leben. »Letztes Jahr kam eine Mandantin zu mir«, erzählt Katharina Hellwig. »Sie sagte: ›Wir waren 30 Jahre verheiratet. Mein Mann war nie meine große Liebe, aber wir sind zusammen durch Höhen und Tiefen gegangen und haben ganz viel zusammen gemacht. Letzte Woche treffe ich im Nachbarort einen Schulfreund, den ich damals schon angehimmelt habe. Wir haben uns gesehen, und am nächsten Tag bin ich ausgezogen.‹«

Warum Männer sich trennen

»Männer beschreiben oft spiegelbildlich die Vorwürfe der Frauen. Sie sagen: ›Meine Frau ist nur noch für die Kinder da, sie teilt nicht meine Interessen, wir leben nebeneinander her.‹ Paare, die die Phase des Hausbaus und der Kindererziehung abgeschlossen haben, stellen sich die Sinnfrage: War das alles? Da ist oft ein großes Nachholbedürfnis.« Nach Erfahrung von Katharina Hellwig leiden Paare oft unter den gleichen Defiziten. Doch beider verfestigte Sicht auf die Ursachen ihres Unglücks verhindern die Verständigung. Nicht selten machen Männer gar nicht erst die Probe aufs Exempel. »Wir haben über uns selbst nicht geredet aus Bequemlichkeit und aus Angst, etwas in Frage zu stellen«, schildert ein Interviewpartner das Vermeiden heikler Themen. Die Erwartung, dass durch Gespräche über Konflikte wieder Nähe entstehen könnte, ist vielen Männern fremd. »In der Regel tauche ich nicht ein in die Frage: ›Warum ist alles so gekommen?‹ Denn wozu wäre das gut?« Mit Sätzen wie diesen verkürzen sie das Nachdenken, woran ihre Beziehung scheiterte.

Ohne die Dominanz ihrer Partnerin zur Causa der Trennung zuzuspitzen, bekunden gleichwohl etliche Interviewpartner ihren wachsenden Widerwillen und Widerstand gegen die Übergriffe und Einmischungen ihrer Frau, bis sie sich schließlich verweigerten. Keine Vorschriften, keine Anpassung mehr! Schon gar nicht seien sie bereit gewesen, sich den Auflagen zu unterwerfen, die ihre Partnerin an eine Versöhnung knüpfte. Trotz seiner Gewissensbisse, als sein Seitensprung aufflog, berichtet ein Mann, wäre sein Kotau vor ihren Vorgaben ein verheerendes Signal gewesen: »Ich habe immer klargestellt, dass mein Platz in der Familie ist. Und was ist das für eine Beziehung, die auf Bedingungen basiert?«

Oft stellen untreue Männer selbst Regeln auf. »Männer machen sich den Weg frei«, bringt ein 44-Jähriger treffend das rabiate Verhalten auf den Punkt, mit dem sie eine Schneise durch das bisherige gemeinsame Leben schlagen. Unter der Überschrift: »Ich bin ein freier Mensch« verlangen sie ihrer Frau ein Zugeständnis nach dem anderen ab. Häufig verwundert, wie tragisch sie »diese Bettgeschichte« nimmt, fühlen sich Männer durch die unvorteilhafte Metamorphose ihrer Partnerin zusätzlich legitimiert, die Fesseln einer nur noch anstrengenden Beziehung abzustreifen. Manche Männer scheren aus, weil sie es müde sind, für ihre Partnerin die starke Schulter zu sein. Deren Anlehnungsbedürfnis überfordert sie; die Rolle des alleinigen Familienernährers zwängt sie ein in ein Hamsterrad, in dem ihre eigenen Wünsche auf der Strecke bleiben. Aber auch die häufig erforderlichen Fernbeziehungen von Doppelverdienern sind keine Dauerlösung, der Stress ruiniert à la longue Nähe und Vertrautheit.

Immer mehr Trennungen fädelt das Internet ein. Denn jenseits der 40 machen sich viele aus purer Neugier auf die Suche nach ihrer alten Liebe. Bloß mal googeln, wo und ob sie/er noch lebt. Davon weiß Katharina Hellwig zu berichten: »Eine

Mandantin wurde von ihrem Ex-Mann nach über 30 Jahren verlassen. Seine Jugendliebe aus Schweden hatte ihn ausfindig gemacht und ihn eingeladen. Er bot seiner Frau an mitzukommen. Sie lehnte ab. Er kam zurück und sagte: ›Ich will sie. Und sie will mich.‹«

Das Finale

Im Unterschied zu Verlassenen können Verlassende die Trennung meist nicht genau datieren. Der Übergang zwischen innerer Lossagung und räumlicher Trennung ist fließend. Wann war für sie die Schmerzgrenze erreicht?

Zunächst wird die Trennungsabsicht oft nur als Druckmittel eingesetzt, um die Dringlichkeit der Veränderung zu unterstreichen. Oft wird der Partner für die Verschlechterung der Beziehung verantwortlich gemacht, doch statt Einsicht erreichen Ultimaten das Gegenteil: Konträre Standpunkte verfestigen sich. Die Reaktionen aufeinander sind so festgefahren, dass schon ein falsches Wort eine Lawine lostritt. Trotzdem stechen Partner immer wieder in Wunden hinein. »Bei länger dauernden Beziehungen lässt sich beobachten, dass Menschen gerade in gegenseitiger Entfremdung mit selbstzerstörerischer Hartnäckigkeit grundsätzliche Fragen der Partnerschaft angehen und diskutieren und dadurch den Graben noch vertiefen. Oder sie suchen vergeblich Halt in allgemeinen Feststellungen, z. B. in der, dass sie sich ›trotzdem lieben‹«[14], skizziert der Psychotherapeut Peter Schellenbaum die Dynamik. Während Frauen ihren Partner mit Beschuldigungen bombardieren, benutzen Männer oft Sachlichkeit als Schutzschild gegen so viel Überspanntheit. Empört über seine Panzerung, schleudert sie ihm ihren Unmut noch aufgebrachter ins Gesicht.

Als Ökonom vertraut mit Diadochenkämpfen, dröselt Friedrich Glasl die typischen Etappen der Konflikteskalation auf. Sein Stufenmodell lässt sich auch auf eheliche Kriegsschauplätze übertragen:

- Verhärtung: Standpunkte verhärten sich und prallen aufeinander. Trotzdem sind die Partner (Kontrahenten) optimistisch, dass Konflikte gelöst werden können.

- Debatte: Das Denken, Fühlen und Wollen polarisiert sich. Es kristallisiert sich ein Schwarz-Weiß-Denken heraus, die Partner denken in Kategorien von Überlegenheit und Unterlegenheit.
- Aktionen: Aufgrund der Überzeugung, dass Reden nichts mehr bringt, verfolgen Partner die Strategie, vollendete Tatsachen zu schaffen. Die Empathie mit dem anderen schwindet, die Gefahr von Fehlinterpretationen wächst.
- Images/Koalitionen: Mit Klischees stempeln Partner sich gegenseitig ab. Das Negativimage dient auch der Werbung von Anhängern.
- Gesichtsverlust: Angriffe zielen auf den Gesichtsverlust des anderen.
- Drohstrategien nehmen zu.
- Begrenzte Vernichtungsschläge werden als »passende« Antwort durchgeführt.
- Zersplitterung: Die Zerstörung und Auflösung des bisherigen, nunmehr als feindselig erlebten Systems wird verfolgt.
- Gemeinsam in den Abgrund: Es kommt zur totalen Konfrontation ohne einen Weg zurück. Mitunter wird für die Vernichtung des Gegners die eigene Selbstvernichtung in Kauf genommen (beispielsweise bei Amokläufen).[15]

Die Endrunde wird mit dem Vorsatz eingeläutet: »Ich bleibe, wie ich bin.« Im Unterschied zu Verlassenen werden Verlassende oft von Aufbruchstimmung erfasst. Pendelnd zwischen Verlustängsten und Gewinnerwartungen, blitzen ein stärkeres Körpergefühl und frische Neugier auf. Nichterwerbstätige Frauen beginnen oft mit einer Berufsausbildung oder suchen eine Stelle. Männer erobern sich im Haushalt unbekannte Bereiche und wärmen soziale Kontakte auf, um die sie sich schon lange nicht mehr gekümmert hatten.

Befreiung oder Reue?

Nur wenigen Verlassenden, die ich sprach, sind Schuldgefühle fremd. Besonders Frauen werden oft umgetrieben von Gewissensbissen, gegenüber den Kindern und auch gegenüber dem Ex-Partner, falls dieser nicht mehr richtig auf die Beine kommt. Auch Männer bedauern, dass sie ihre Partnerin verletzt haben. Doch während Frauen ihre Entscheidung immer wieder umkreisen und in Frage stellen, ersparen es sich Männer, sich mit Selbstvorwürfen und Spekulationen zu zerfleischen. Sie können das Geschehene ohnehin nicht mehr ändern, ihr Entschluss zu gehen war die logische Folge eines unhaltbaren Zustands. Vor allem bereue er, sagt ein Interviewpartner, dass er seine Liebschaft nicht geschickter verbarg: »Natürlich hatte ich Schuldgefühle, ich machte mir Vorwürfe: Du Idiot, warum hinterlässt du Spuren? Als ich später eine Therapie begann, erklärte mir der Therapeut, dass so ein Fauxpas geschieht, weil man unbewusst dem Partner signalisieren will, dass in der Beziehung etwas nicht stimmt.«

Viele meiner Interviewpartner machten nach der Trennung eine Therapie, um wieder festeren Boden unter die Füße zu bekommen. Während Verlassene sich langsam aus der Opferrolle befreien, indem sie ihren eigenen Part erkennen, haftet Verlassenden die Täterrolle an, auch wenn sie diese begütigend unter das Motto stellen: »Wohl brach ich die Ehe, aber zuerst brach die Ehe mich.« Nun da ihr Blick nicht mehr eingeengt ist auf die Schattenseiten ihrer Beziehung, erkennen sie oft, auf welche guten Eigenschaften und Unterstützungsleistungen sie künftig verzichten müssen. Die ersehnte Freiheit entpuppt sich mitunter als Heimatlosigkeit. Die einst verpönten Gewohnheiten boten auch einen verlässlichen Rahmen, manche stürzen in eine Identitätskrise. Eltern, zumeist Väter, die ihre Familie verlassen, ringen mit dem Alleinsein und ihrer Rolle als Besuchsvater, Frauen vermissen die Geborgenheit der Familie. Mitunter werden Verlassende von ihrer neuen Partnerin, ihrem Partner selbst verlassen oder leben in der Furcht, dass ihnen dieses widerfährt.

Rückblickend bereuen einige Frauen, ihrem untreuen Partner die Pistole auf die Brust gesetzt zu haben. So rigoros würden sie heute nicht mehr auf ein »Entweder-oder« dringen. Es war ein Fehler zu fordern: Die oder ich! Männer bedauern mitunter ihre mangelnde Umsicht und ihr fehlendes Gespür. Irgendwann war die Abwärtsfahrt nicht mehr zu bremsen.

Andere fühlen sich befreit. Wie gut, dass sie nicht länger versuchten, Zerschlissenes zu flicken und die Erfahrung beherzigten: »Wenn`s mal reißt, reißt es immer an der gleichen Stelle.«

Saskia R.: »Ich habe gebrüllt, geheult, getobt.«
Pari L.: »Ich kann ihren Schmerz nicht heilen.«

Freunde erzählen mir, dass Saskia vor einem guten Jahr von ihrem Lebensgefährten Pari verlassen wurde. Die 48-jährige Österreicherin wohnt in einem mecklenburgischen Dorf, dessen Mittelpunkt ein von Sannyasins geführtes Bio-Wellnesshotel ist. Ohne Wegbeschreibung hätte ich das kleine Häuschen nicht gefunden, dessen Verputz noch von grauer DDR-Tristesse kündet. Der sparsam eingerichteten Parterrewohnung hat Saskia mit indischen Tüchern und Plakaten kräftige Farbtupfer verliehen. Erleichtert stelle ich fest, dass die brünette, etwas rundliche Körpertherapeutin meinen Vorbehalten gegen Esoterikerinnen nicht entspricht. Nur die Anglizismen, die sie widerspruchslos ersetzt, wenn ich sie darum bitte, gehören zum Duktus spiritueller Gemeinschaften. Als Saskia sprudelnd meine Fragen beantwortet, verstärkt sich ihre sinnliche Ausstrahlung. Von ihren Erinnerungen sichtlich aufgeputscht, unterbricht sie nach zwei Stunden ihren Erzählstrom: »Ich muss mal eine Pause machen und mich ein bisschen beruhigen.« Doch schon nach zehn Minuten kommt sie mit neuem Teeaufguss und einer Tafel Schokolade zurück. »Die brauche ich jetzt.«

Saskia R.:
Mich zogen immer etwas verrückte Männer an. Außergewöhnliche Männer mit einem ungewöhnlichen Lebenslauf, interessant und oft schwierig im Zusammenleben. Auch mein Ehemann war Sannyasin. Eigentlich war bei unserer Hochzeit unsere Beziehung schon zu Ende. Ich hatte ihn in einem Klammerreflex vor die Wahl gestellt: »Entweder wir heiraten, oder wir beenden unsere Beziehung.« Es waren wilde Zeiten. Mein Mann nahm Drogen, ich hoffte, dass ich ihn durch meine Liebe retten könnte. Kinder wollte ich nicht, mein Leben war nie so, dass ich ihnen einen Rahmen hätte bieten können. Und Osho (Baghwan) sagte in den 80ern: »Hört auf, Kinder zu kriegen. Der Planet ist übervölkert.« Für mich war damals der Bezug zur Spiritualität, zum großen Ganzen wichtiger als mein kleines Privatleben. Trotzdem habe ich alle Beziehungs- und Trennungsdramen genauso durchlitten wie andere Frauen.

Pari und ich lernten uns im Ashram in Poona kennen: Er war damals 50 und geschieden, ich 36. Als Mann interessierte er mich zunächst nicht, aber man konnte mit ihm sehr gut etwas auf die Beine stellen. Das war auch ein wichtiger Bestandteil unserer elfjährigen Beziehung. Aufmerksam auf ihn wurde ich in einer Gruppenübung drei Tage vor seiner Abreise, kurz darauf lud Pari mich zu einem Griechenland-Urlaub ein. Es waren drei tolle Wochen. Deshalb konnte ich es nicht fassen, als er sich am Ende des Urlaubs von mir offenbar für immer verabschiedete. Er fuhr nach Thüringen, wo er nach der Wende von seinen Eltern ein Haus geerbt hatte, ich fuhr nach Wien. Zwei Wochen später rief er an: »Wo bist du? Das Bett neben mir ist leer.« Ich bin sofort zu ihm gefahren, so ging es 1998 los.

Auf einer griechischen Insel kauften wir mit Paris Geld eine Villa und bauten ein Osho-Zentrum auf, wo Leute Urlaub machen und meditieren konnten. Wir haben beide sehr viel gearbeitet, nach zwei Jahren wollte Pari weiterziehen. Er ist ein Mensch, der etwas kreieren will. Wenn es fertig ist und er sich entspannen könnte, verliert er das Interesse und sucht neue Herausforderungen, aus kreativer Unruhe, aber, so sehe ich es heute, auch aus Bindungslosigkeit. Er kann oder will sich nicht richtig einlassen. Damals faszinierte mich seine Freiheitsliebe. Ich hatte das Gefühl: Er hat ein großes Herz und wird mich nie bei irgendetwas behindern.

Im sechsten Jahr unserer Beziehung hatte ich eine Affäre. Vor Pari hatte ich in Poona eine heftige Begegnung mit einem Mann gehabt, der aber fest liiert war. Dieser Mann hat in mir eine ganz andere Seite angesprochen. Er war romantischer als Pari, zärtlich und einfühlsam. Hinzu kam: Meine erotischen Fantasien mit ihm hatten sich noch nicht erfüllt. Unsere gelegentlichen Treffen habe ich vor Pari nie geheim gehalten. Er machte mir keine Vorwürfe, aber er fragte oft nach, ob da weiterhin was sei. Auch Paris Ex-Freundinnen geisterten in den ersten Jahren noch in unserer Beziehung herum. Ich hatte das Gefühl, mir meinen Raum erkämpfen zu müssen und habe versucht, sie alle wegzubeißen. Dass es nicht geklappt hat, weiß ich erst jetzt.

Als Pari wieder einmal in Deutschland war, lud ich diesen Mann nach Griechenland ein, in das Haus von Pari, was ich im Rückblick nicht mehr o. k. finde. Ich war über beide Ohren verliebt, aber ich war auch zwiespältig. Die freundschaftliche, spirituelle und damals auch noch sexuelle Beziehung zu Pari hatte ja ebenfalls Substanz, am liebsten hätte ich beide Männer in einer Person vereint. Pari war sehr betroffen, als ich ihm nach seiner Rückkehr von dem Besuch erzählte. Er machte dann etwas Merkwürdiges: Er hat mich einfach genommen, damit die Sache klar war. Kurz darauf lernte er eine andere Frau kennen. Obwohl ich ja selbst untreu war, flippte ich total aus. Das war sechs Jahre, bevor wir uns tatsächlich trennten.

Wir sind dann zusammen nach Indien gereist, wo Pari einen Arbeitsauftrag hatte. In dieser Zeit traf ich meine Wahl: Ich wollte den anderen Mann und fuhr zu ihm nach Poona, aber er hatte bereits eine Neue. Am Boden zerstört, rief ich Pari an, nach einer Erkrankung war seine Stimme weich und schwach. Ich dachte: Ich Idiot, warum bin ich nicht bei ihm? Wir näherten uns vorsichtig wieder an. Jedes Zusammensein war freiwillig, nichts war selbstverständlich, es entstand eine ganz luftige Nähe. Auch die andere Frau verschwand in der Versenkung. Nach diesem Chaos beschloss ich: Ich bleibe bei Pari, ich nehme ihn jetzt als meinen Mann, egal, wie es ist.

Im Jahr darauf verkauften wir das Haus in Griechenland und zogen ins Allgäu. Auch ich hatte mich in Griechenland allmählich auf verlorenem Posten gefühlt. In Mecklenburg begann ich als Körpertherapeutin in diesem Hotel zu arbeiten und pendelte. Schließlich beschlossen wir, dass wir beide nach MeckPomm ziehen. Doch es war wie verhext: Fünf Mal ging die Vertragsunterzeichnung für ein Haus in letzter Minute schief.

Und dann kam aus heiterem Himmel der große Knall. Es war am 31. August letzten Jahres. Wir hatten gerade die Koffer gepackt, um in Griechenland Urlaub zu machen, als das Telefon klingelte. Pari nahm ab und war von einer Minute zur anderen wie ausgewechselt. Als mir klar wurde, wer am anderen Ende der Leitung war, brannten bei mir die Sicherungen durch. Es war Radka, die schönste Frau Poonas, die im Ruf stand, ihre große Anziehungskraft auf Männer auszunutzen. Pari war vor langer Zeit einmal kurz mit ihr liiert gewesen; sie hatte ihn sitzenlassen. Schon einmal, im ersten Jahr unserer Beziehung, hatte sie eine Mail geschickt. Sie war damals wieder Single und hatte vorgeschlagen, bei uns mitzuarbeiten. Ich hatte ihr damals geantwortet, wie unverschämt ich es fand, dass sie in unser Leben eindringen wollte und hatte Pari gefragt: »Wie ist denn dein Verhältnis zu ihr?« Seine Antwort: »Ich würde sie gern mal wieder spüren«, hatte ich verdrängt. Bis sich diese Frau nun wieder meldete. Nach elf Jahren! Absurderweise musste ich gleich nach ihrem Anruf zu einem Lach-Seminar, das ich leitete. Irgendwie habe ich das gedeichselt, obwohl ich ständig daran dachte, dass Pari währenddessen mit ihr telefonierte.

In unserem Urlaub sprach ich den Anruf nicht mehr an, ich wollte keine schlafenden Hunde wecken. Sexuell war in unserer Beziehung nichts mehr los. Wenn ich das Thema anschnitt, fasste Pari das als Beschwerde auf. Ich sagte mir: »Wir werden eben älter, er wird schon 60, Hauptsache, wir lieben uns.« Von außen gesehen waren wir ein Vorzeigepärchen, auch für unsere Freunde gehörten wir fest zusammen. Auf dieser Reise taten wir, was wir immer tun: Wir schauten uns Immobilien an und fanden tatsächlich ein Grundstück, das uns begeisterte. Mich hielt ja eigentlich nichts in diesem gottverlassenen Meck-Pomm. Pari war sehr freundlich zu mir, rückblickend würde ich sagen, er war glatt, ein Teil von ihm war schon weg. Ich glaube, er wollte mir noch einmal einen guten gemeinsamen Urlaub bescheren. Heute frage ich mich, warum ich nicht gesagt habe: »Hör mal, wir haben echt Redebedarf.«

Als Pari kurz darauf allein nach Griechenland fuhr, um den Kaufvertrag zu unterschreiben, fühlte ich mich seltsam leer und traurig, ich war unzufrieden mit mir selbst, zu allem Überfluss hatte mir der Friseur auch noch die Haare verschnitten. Wenn Pari und ich telefonierten, spürte ich einen diffusen Zorn, weil er mich ständig beauftragte, etwas für ihn zu erledigen. Eines Nachts schreckte ich hoch mit dem Gedanken: Radka ist bei ihm! Aber ich kenne meine Eifersucht und beruhigte mich: »Du siehst mal wieder Gespenster.«

Am 1. Dezember kam Pari aus Griechenland zurück. Ich musste arbeiten und hatte für ihn Essen warm gestellt, auf dem leeren Teller hatte ich aus Kürbiskern-Öl ein Herz gemalt. Als ich nach Hause kam, stand der Teller noch unberührt da, das Herz war zerflossen. Als Pari mich zur Begrüßung in den Arm nahm, erschrak ich, wie dünn er geworden war. Er war für mich immer ein großer, starker Mann zum Anlehnen gewesen. Nun erschien er mir alt und energielos. Auf meine Nachfrage, warum er nichts gegessen habe, antwortete er: »Ich wusste ja nicht, dass es für mich ist.« Mich durchzuckte es: Warum fremdelt er so?

Beim Abendessen sagte er: »Ich muss dir etwas sagen und das fällt mir schwer: Radka war in Griechenland.« Damit er Raum habe, sie zu treffen, wolle er zurück in sein Elternhaus in Thüringen ziehen. Ich war außer mir. Ich habe gebrüllt, geheult, getobt. Und ihm prophezeit: »Das wirst du bereuen.« Er stellte dann die etwas therapeutische Frage, wovor ich denn solche Angst habe. Ich antwortete: »Vorm Alleinsein und vorm Altwerden.« Aber eigentlich befürchtete ich, dass ich gleich den Wasserkrug auf seinem Kopf zerdeppere. Ich hatte das Gefühl, ich drehe durch und bin dann in Sturm und Regen die Dorfstraße entlang gestürmt, um mit einer Freundin zu reden, doch die war nicht da. Es war grauenhaft: Stockdunkel, die Straße war aufgerissen, überall waren dünne Schnüre gespannt, über die ich ständig stolperte. Ich fühlte mich herausgefallen aus allem. Während Pari im Wohnzimmer auf der Couch schlief, schluchzte ich die ganze Nacht in mein Kissen.

Am nächsten Tag gab ich fünf Sessions, ich sprach mit fremden Menschen über deren Probleme und Verletzungen. Zu meinem großen Erstaunen ging das wunderbar, ich war voller Verständnis und hatte keine professionelle Schutzschicht mehr.

Gekämpft habe ich um Pari nicht. Mein Muster ist es zusammenzubrechen. Ich lag eingekringelt auf dem Sofa, wimmerte vor mich hin und suchte Halt bei anderen. Ständig fiel ich jemandem weinend in den Arm. Dass Freunde mir ohne Bewertungen zuhörten, war in dem ganzen Desaster eine tröstliche Erfahrung.

Paris Auszug im Dezember war wie im Gruselfilm. Draußen war es feucht und düster, zwei Tage lang hat er den großen Lastwagen vor der Tür beladen. Ich habe mich geweigert, ihm zu helfen, aber plötzlich bekam ich einen Rappel und stopfte alle noch herumliegenden Sachen in Kartons. Nur weg damit! Am letzten Morgen kam Pari zu mir ins Schlafzimmer und sagte: »Ich fahre jetzt.« Und dann legte er sich zu mir ins Bett und nahm mich in den Arm. In dem Moment habe ich gesagt: »Danke für die elf Jahre.« Auch am Vorabend gab es einen Moment, der mich sehr berührte. Pari, der nie weinte, sagte mit Tränen in den Augen: »Ich möchte, dass du weißt, dass mir alles sehr leid tut.« Vor der Abfahrt kam er x-mal zurück, weil er was vergessen hatte. Irgendwann sagte ich: »Hau endlich ab.«

Danach habe ich nur noch geheult. Ich hatte mir das Rauchen abgewöhnt, doch nun waren Zigaretten mein Rettungsanker. In der ersten Zeit redete ich ununterbrochen mit Freundinnen über unsere Trennung. Ich habe mich und andere immer wieder gefragt, wie ich denn erkennen könne, ob es diesmal wirklich vorbei sei. Ich rief auch ständig Pari an. Das war ein Zwang, ich musste seine Stimme hören und wollte, dass er meinen Schmerz mitbekommt. Ich denke, der räumliche Abstand erleichterte es ihm, auf mich einzugehen. Er sagte: »Ich weiß, wie du dich fühlst. Aber ich weiß nicht, wie ich dir helfen kann. Vertraue darauf: Irgendwann ist es vorbei.« Immer wenn ich nach Hause kam, stürzte ich wie eine Besessene zum Anrufbeantworter, in der Hoffnung auf eine Nachricht von ihm. Ich ging auch zu einer Kartenlegerin, die mir prophezeite, es würde eh nichts mit der Neuen, zwischen mir und Pari sei eine tiefe Verbindung, wir würden gute Freunde bleiben, es würde für mich bald auch andere Liebhaber geben. Hinterher habe ich gedacht: Na, die hat wohl meine Wünsche gelesen.

Und ich habe drei Wochen lang mit einer Freundin »die Dynamische« gemacht, eine Meditation von Osho mit fünf Phasen. In der ersten Phase atmet man viel und chaotisch und pumpt sich richtig mit Energie auf. In der zweiten Katharsisphase lässt man zu, was kommt, und da kam natürlich die Wut, da konnte ich in einem sicheren Rahmen ungehemmt Dampf ablassen, in meiner Fantasie habe ich die beiden erschlagen oder mich sonst wie gerächt. In der dritten Phase sagt man laut mit erhobenen Armen das Mantra: »Hu, Hu«, und nach dem Stopp bleibt man still stehen. Das ist die Meditationsphase, man merkt, wie Energie aufsteigt und der Verstand zur Ruhe kommt, zum Schluss tanzt man.

Im Januar rief Pari an, er sei von seinem Besuch bei Radka zurück. Wir haben danach häufig telefoniert, ich wollte ihn unbedingt wiedersehen und schlug ihm vor, gemeinsam ein paar Tage Skiurlaub zu machen in einem Hotel, das wir uns nie geleistet hatten. Pari lehnte ab: »Das ist ein Risiko. Ich bin noch mit Radka zusammen.« Aber ich ließ nicht locker und habe ihn stattdessen in Thüringen besucht. Meine Reise war mir auch deshalb wichtig, weil ich herausfinden wollte: Wie fühle ich mich mit diesem Mann, will ich ihn überhaupt noch? Wieder erschrak ich, wie elend er aussah. Da es nur ein Bett gab, haben wir es uns geteilt, wir haben auch gekuschelt, doch sobald ich ein bisschen näher rückte, wehrte Pari ab. Alles Normale,

Vertraute zwischen uns war wie weggeblasen. Ein Hoffnungsschimmer in diesen furchtbaren Wochen war mein Vorhaben, nach Indien zu fahren. Ich hatte gelesen, dass eine Therapeutin die Meditation »Mystic Rose« anbietet, in der man sich Schicht um Schicht zu den tiefsten Gefühlen durcharbeitet.

Meine Indienreise im März war unglaublich heilsam. Ich habe in der Meditationshalle, die Pari mit gebaut hatte, meinen Frust und meine Sehnsucht rausgetrommelt, bis mir die Finger wehtaten. Mir wurde bewusst: Im Grunde war ich schon fünf Jahre allein gewesen. Wir hatten zwar eine Beziehung, aber lovers waren wir schon lange nicht mehr, wie oft hatte er zu mir gesagt: »Saskia, ich bin nicht der Richtige für dich.« Zwei Stunden vor meiner Heimreise hatte ich noch eine sehr schöne Begegnung mit einem jüngeren Mann. Ich flog zurück im Gefühl, dass das Schlimmste hinter mir lag und freute mich zum ersten Mal auf meine Freiheit. Im April habe ich mir nach 25 Jahren wieder ein eigenes Auto gekauft.

Wenn ich in den folgenden Wochen mit Pari telefonierte, war es zwischen uns sehr locker. Als er erzählte, dass er demnächst in der Nähe sei, sagte ich entspannt: »Dann komm doch vorbei.« Sein Besuch war fröhlich und unkompliziert. Wir schliefen in einem Bett, hielten Händchen, gingen essen, ich fühlte mich toll und schön, alles war in Butter. Auf einer Reise im Mai machte ich bei Pari für einen Tag Station. Er war in einem bejammernswerten Zustand. Er beklagte sich, wie unberechenbar Radka sei, aber es gäbe Momente mit ihr, für die es sich lohnte zu leiden. Mit ihr hatte er offenbar Höhenflüge, die wir nicht gehabt hatten. Radka ist acht Jahre älter als ich, aber sie ist immer noch die Beauty, die Männer betört. Nun hatte ich die Rolle der Trösterin, ich habe Pari an meinen großen Busen genommen, mit ihm geschmust. Als ich wegfuhr, hatte ich das Gefühl: Wir schaffen das. Danach aber tauchte Pari wieder völlig ab. Als mir Freunde steckten, dass er mit Radka in Griechenland war, überkam mich die alte Verzweiflung. Ich schlief die ganze Nacht nicht, am nächsten Morgen mailte ich ihm einen bitterbösen Brief, in dem ich ihm vorwarf, dass er unsere Beziehung Stück für Stück kaputtgemacht habe: erst unsere sexuelle Beziehung, dann unser Zusammenleben und jetzt unsere Freundschaft, die ich ihm hiermit aufkündigte. Nach drei Wochen rief Pari völlig ahnungslos an. Er hatte seine Mails noch gar nicht gecheckt.

Nach einer langen Funkstille telefonieren wir inzwischen wieder miteinander. Ich war gerade vier Wochen in Griechenland und hatte dort eine leidenschaftliche Liebesaffäre. Ich habe nie vorher erlebt, dass ein Mann derart auf mich abfährt. Er hat mich begehrt, verehrt, mich auf Händen getragen. Ich fühlte mich wie im siebten Himmel. Er ist Schiffskoch und fährt demnächst sechs Monate zur See. Für ein Zusammenleben bin ich im Moment ohnehin nicht zu haben, aber ich kann mir vorstellen, dass wir ab und zu zusammen verreisen. Als Pari gleich nach meinem Urlaub anrief, war ich erleichtert, welchen Abstand ich hatte.

Ich liebe Pari immer noch, als Mensch, als Freund, als mein Kind, nur nicht mehr als Mann. Wahrscheinlich waren wir auf einer tiefen Mann-Frau-Ebene nie zusammen, unbewusst hatte ich das immer gespürt, doch von mir aus hätte ich ihn nie verlassen. Ich hätte Affären gehabt, aber ich wäre bei ihm geblieben, nicht zuletzt, um ihn im Alter nicht im Stich zu lassen. Ich denke, Radkas Anruf damals war »a blessing in disguise« – ein versteckter Segen. Seit unserer endgültigen Trennung sind meine chronischen Hautausschläge weg. Mein Wunsch wäre, dass er sich von Radka löst und eine andere Freundin findet. Radka gönne ich Pari nicht, ich wünsche ihr immer noch den Teufel an den Hals. Die Art, wie sie ihn mir ausgespannt hat, war einfach fies.

Merkwürdigerweise kommen in letzter Zeit ständig Frauen in Trennungssituationen zu mir in die Therapiestunde. Frauen jenseits der 50 sind oft davon überzeugt, dass sie niemanden mehr finden. Hier auf dem Land kommt ohnehin kein Traummann vorbei. Hätte ich gewusst, dass ich einmal allein sein würde, wäre ich nie aufs Dorf gezogen. Aber Frauen bleiben auch Single, weil sie glauben, dass niemand sie mehr will. Ich habe eine 67-jährige Freundin, die ständig Liebhaber hat. Sie ist auch nicht schöner als andere, aber sie ist anders drauf.

Manchmal hat Pari scherzhaft gesagt: »Nicht wahr, Saskia, du beneidest sie?« Doch inzwischen genieße ich es, allein zu leben. Ich habe mehr Energie für meinen Beruf, ich reise viel, ich habe wieder begonnen zu reiten und bin glücklich über mein tibetisches Patenkind, das ich finanziell unterstütze und das ich inzwischen einmal besuchte. Ohne Pari ist mein Leben ungemütlich, aber es ist auch spannender.

Pari L.:

Den Kontakt zu Pari vermittelt mir Saskia. Es dauert, bis unser Treffen zustande kommt. Ständig unterwegs, verspricht der 63-Jährige mit einnehmend sanfter Stimme sich zu melden, sobald er mal wieder in Deutschland sei und hält seine Zusage gewissenhaft ein, als er auf der Durchreise nach Griechenland in Thüringen Freunde besucht. Als mich der große Mann, dessen gegerbtes Gesicht unter verstrubbelten Haaren fast bäuerliche Züge hat, nach unserem Gespräch mit seinem VW-Bus zum Bahnhof zurückbringt, sagt er: »Jetzt ist Saskia wieder sehr nahe.« Sie habe gerade ein Haus in Österreich geerbt. Vielleicht baue er es für sie einmal aus. Bei einem Telefonat Monate später lässt Pari durchblicken, dass ihn Radkas Capricen zunehmend belasten.

Die Vorstellung einer lebenslangen Partnerschaft hatte ich nie. Mit Anfang 20 hatte ich zwar geheiratet, weil meine Freundin schwanger war. Sie sagte: »Wenn du mich nicht heiratest, wirst du mich und dein Kind nie wiedersehen.« Unser zweites Kind war ein Wunschkind, weil ich diese Frau sehr gemocht und geliebt habe. Doch Liebe ist für mich ein schwieriges Wort. Zusammen gelebt haben wir sieben Jahre, verheiratet waren wir doppelt so lange.

Nach Poona bin ich gegangen, weil ich auf der Suche war nach einem Lösungsansatz für meinen Wunsch, freier zu leben und vertiefend zu erfahren, wer ich bin. Unsere Gesellschaft bietet mir nicht genügend Raum für meine wirklichen Bedürfnisse, es geht mehr oder weniger ums Haben. Für mich strahlen Sannyasins mehr Gelassenheit und Klarheit aus und ein tieferes Verständnis für Menschen. Ich habe im Ashram nicht meine letzte Wahrheit gefunden, aber ich habe die Richtung gefunden, wie ich leben will und in Osho meinen Meister.

In Poona hatte ich eine kurze, intensive Affäre. Als diese Frau, Radka, zu ihrem Freund zurückging, war das schmerzhaft. Saskia lernte ich drei Monate später kennen. Geklingelt bei mir hat es in einer Gruppenübung mit geschlossenen Augen. Ohne zu wissen, wer neben mir stand, spürte ich eine starke erotische Spannung, es hat richtig geknistert.

Die Details unserer ersten gemeinsamen Reise erinnere ich nicht mehr genau. Viele Nebensächlichkeiten aus der Vergangenheit sind in ihrer Bedeutung gelindert, abgefallen oder gar vergessen. Am Ende der Reise habe ich mich verabschiedet, ohne eine Verabredung zu treffen, weil ich wusste: Wenn die Energie zwischen uns stark genug ist, werden wir wieder zusammenkommen. Wenn ich mich aus Abhängigkeiten löse, entsteht eine schöne Freiheit. In Abhängigkeiten klammert man und versucht, den anderen festzuhalten oder zu dominieren. Ich glaube nicht an ein forever, denn alles ist ständig im Wandel. Für neue Möglichkeiten offen zu sein heißt aber nicht, Beziehungen nur oberflächlich zu leben.

Das gilt für mich auch im Beruf. Ich bin Diplomingenieur, seit meiner Flucht aus der DDR arbeitete ich hauptsächlich als Architekt, Dozent und Unternehmer. Ich schiebe gern Projekte an, wenn etwas läuft, geht meine Energie woanders hin. Ich habe solche Veränderungen und Schnitte nie als Ausreißen vor etwas, nie als Flucht empfunden, es ist ein Spiel mit den Elementen. Flucht hat etwas mit Druck zu tun, sie findet im Geheimen statt. Wenn eine Beziehung mir nicht guttut, wenn sie mir nicht in meiner Entwicklung hilft oder mich überfordert, verabschiede ich mich.

Als Saskia und ich zusammenzogen, irritierte mich am Anfang, dass sie so wenig redete, aber wir hatten eine sehr intensive sexuelle Beziehung, wir konnten gut zusammen arbeiten und haben uns in unserer spirituellen Entwicklung gegenseitig unterstützt oder an die Hand genommen auf dem Weg raus aus der Gesellschaft, der ja nicht ohne Schwierigkeiten ist. Dass Saskia mit anderen Männern Geschichten hatte, war mir nicht egal, doch ich billigte ihr das Recht zu, ihre Wünsche zu leben, auch wenn ich mit keiner anderen Frau ein Verhältnis hatte. Ich denke, wir reagieren mit Eifersucht, weil wir uns nicht komplett fühlen und ein Loch in uns spüren. Wir holen uns von außen, was uns innen fehlt. Wird das wieder weggenommen, ist es so, als ob ein Anker rausgezogen wird, und das tut weh. Von Osho habe ich gelernt, dass wir selbst verantwortlich sind für Gefühle, die andere in uns auslösen. Seitdem ich mein Leben mit vielen angenehmen Erlebnissen und Reisen bereichere, habe ich Frauen gegenüber nicht mehr eine so possessive Haltung. Der Verlust einer Frau ist für mich nicht mehr die Hölle, weil ich einige dieser Löcher in mir angefüllt habe. Wichtig ist, dass Menschen lernen, sich selbst Liebe zu geben.

Nach ein paar Jahren stand in unserer Beziehung Sexualität auch nicht mehr so im Vordergrund. Ich glaube, die sexuelle Energie macht eine Transformation durch und steigt auf in andere Energiezentren. Mit Sicherheit hat mich auch einiges an Saskia gestört. Gefetzt haben wir uns selten, es gab keinen unlösbaren Konflikt, keinen Riss. Unsere Trennung erfolgte, weil in meinem Leben etwas Neues auftauchte, das mich stark magnetisierte.

Als Radka nach Jahren anrief, merkte ich: Hoppla, hier lauert Gefahr, aber Gefahr ist auch ein Reiz. Radka hatte mir früher schon mehrmals geschrieben. Aus Selbstschutz hatte ich nicht reagiert. Als Saskia fragte, mit wem ich telefoniere, hatte ich im Hals sofort Verspannungen, ich spürte, es wird eng. Wir lebten schon so lange zusammen, wir planten mit Freunden ein Ökodorf, in unserer Gemeinschaft in Mecklenburg hatte ich viele positive Erfahrungen gemacht. Durch Radkas Stimme kam lang Verschüttetes wieder hoch. Da war etwas nicht gelebt, was mich herausforderte. Nach unserer Wiederbegegnung in Griechenland wusste ich, ich kann nicht zweigleisig fahren, obwohl ich vom Sternzeichen Zwilling bin.

Saskia mitzuteilen, dass ich weggehen werde, war nicht einfach. Sie war geschockt, tagelang, wochenlang, und hat viel geweint. Ich hatte eine heftige Reaktion erwartet, aber dass es so dramatisch für sie war, hatte ich mir nicht vorstellen können.

Es hat mir leid getan, aber ich konnte mich nicht verbiegen und war nicht derjenige, der ihr den Schmerz abnehmen konnte. So wie ich für meine Schmerzen Verantwortung übernehme, muss es jeder Mensch für sich tun. Wenn es so ist, ist es so. Ich glaube, Saskia war deshalb so außer sich, weil ihre Bilder über eine gemeinsame Zukunft zerbrochen sind. Natürlich hatte sie Radka gegenüber Wut und Rachegefühle. Ich sagte ihr: »Projiziere nicht so viel auf diese Frau. Über sie herzuziehen soll deinen Schmerz lindern, aber es ist nur eine Ablenkung von deiner Verletzung, es ist keine Befreiung. In der Transformation liegt die Befreiung. Kümmere dich um dich selbst.« Weil ich sie in ihrer Verzweiflung ein bisschen begleiten wollte, bin ich noch ein paar Tage bei ihr geblieben. Ich wollte sie nicht in ein Loch fallen lassen, aber ich wusste auch: Ich kann sie nicht heilen. Ich kann ihr nur zeigen, dass ich sie verstehe. Ich glaube, dass sich Mann und Frau in ihrem energetischen Haushalt wesentlich unterscheiden. Emotionen finden ihre Kanalisierung über das zweite Chakra, in diesem Energiezentrum sind Frauen ausagierend und Männer sind rezeptiv gepolt. Männer fühlen sich oft hilflos oder »vergewaltigt«, wenn eine Frau sie mit der Wucht negativer Gefühle angreift. Im ersten Chakra, wo auch das Energiezentrum körperlicher Sexualität ist, sind hingegen Frauen rezeptiv und Männer gehen nach außen. Dort fühlen sich Frauen schnell attackiert, wenn ein Mann sie nicht sensibel genug behandelt.[16] Natürlich ist es ein Riesenunterschied, ob man verlässt oder verlassen wird. Bildlich gesprochen: Wenn ich freiwillig ausziehe aus meinem Haus, tue ich es, um mich zu verändern. Wenn mein Haus abbrennt, ist da nichts mehr. Ich weiß, wie einen dieses Gefühl verrückt machen kann.

Seither haben wir immer wieder mal miteinander telefoniert. Einmal, als ich mit Radka Schwierigkeiten hatte, besuchte Saskia mich in Thüringen. Es hat mich erleichtert, dass ich mich mit ihr über manche Probleme austauschen konnte und sie mir als guter Freund beistand. Saskia hat eine große Offenheit und sie hat ein wunderschönes Herz. In ihrer Stimme und Sprache ist eine kindliche Unschuld, die mich sehr berührt. Auf ihre

Vorschläge, zu zweit in den Skiurlaub zu fahren, bin ich nicht eingegangen. Ich wollte keine falschen Hoffnungen schüren.

Radka ist einige Jahre älter als Saskia. Sie hat etwas Rätselhaftes an sich, das mich fasziniert. Sie ist wie Kunst. Wirkliche Kunst ist für mich etwas, das mich immer wieder fesselt. Das ist auch, was Liebe ausmacht. Es wird nicht langweilig – solange die Liebe lebt. Radka ist nicht das erotische Idol für mich, wir haben auch nur wenig Sex. Mit ihr habe ich mehr Einbrüche und Streitigkeiten erlebt als mit jeder anderen Frau, trotzdem ist da eine ganz starke Anziehung, deren Mysterium ich nicht erklären kann.

Von Saskia habe ich seit zwei Monaten nichts gehört. Wenn ich unterwegs bin, können Wochen vergehen, bis ich meine Mails lese. Ich muss nicht jederzeit erreichbar sein. Doch obwohl Saskia nicht mehr in meiner Nähe ist und emotional und geistig woanders herumschwirrt, bleibt zwischen uns eine tiefe, substantielle Verbindung, aber sie reichte nicht aus für eine dauerhafte Beziehung. Ich habe ihr bei der Trennung gesagt: »Wenn der andere Mann mit dir hätte leben wollen, wärst du mit ihm gegangen. Du hast ihn doch mehr geliebt als mich.« Vielleicht erfuhr Saskia mit diesem Mann die Intensität, die ich mit Radka lebe. Die höchste Form von Liebe ist meines Erachtens Mitgefühl. Es ist ein reines Geben, ein bedingungsloses Ja zu dem, was ist, ich brauche nichts mehr, ich bin frei. Doch das ist eine Vision, an der ich bislang nur schnuppere. Zu deren Realisierung fehlt mir noch ein gehöriges Stück Reife.

Aber ich bin ruhiger, zentrierter geworden. Früher haben mich Missstände rasend gemacht, jetzt kann ich Gegebenes viel besser akzeptieren. Für das Alter schwebt mir vor, gemeinsam mit Freunden zu wohnen. Von Natur aus sind wir keine Einzelgänger.

Verklärung und Verketzerung

Der englische Dichter George Bernhard Shaw sagte einmal: »Der einzige kluge Mensch in meiner Umgebung ist mein Schneider. Jedes Mal, wenn ich zu ihm komme, nimmt er neu Maß an mir. Alle anderen bleiben bei ihren alten Maßen.« Wohl niemand anderes ist anfälliger, jemanden auf bestimmte Eigenschaften festzunageln als frisch getrennte Partner. Und es ist meist kein schmeichelhaftes Bild, das sie voneinander zeichnen. Als Mediatorin versucht Jutta Corona-Höch, zerstrittenen Paaren die wechselseitigen Zuschreibungen bewusst zu machen: »Der Grundtenor in den ersten Gesprächen ist oft: ›Guck mal, wie furchtbar der/die ist und wie gut ich bin.‹ Ich arbeite manchmal wie ein Löwendompteur, damit beide zu Wort kommen und wirklich hören, was der andere sagt.«

Die Untugend, den anderen festzulegen, beobachten Fachleute häufig bei langjährigen Paaren. Im Zusammenleben lernten sie das Fühlen und Denken des Partners nicht unbedingt besser kennen. Oft habe die Neugier an einem bestimmten Punkt Halt gemacht. Tendenziell verschlechtere sich die Kenntnis sogar. Während frisch verliebte Paare einander genau beobachteten und begierig seien, einander zu erfassen, nehme das Interesse mit der Zeit ab. Viele Fragen stellten Partner einander gar nicht mehr, weil sie meinten, die Antwort des anderen schon zu wissen.

Dementsprechend perplex sind Partner, wenn der andere im Zuge der Trennung Saiten aufzieht, die sie ihm niemals zugetraut hätten. Unter dem Eindruck des Bruchs wird allerdings oft der Befund ausgestellt, dass unfaire Verhaltensweisen »typisch« für den Ex-Partner seien. Waidwund und voller Groll klauben Partner heraus, was ihr Negativbild untermauert. Meist wird das apodiktische Urteil mit dem Wort »immer« bekräftigt. Schuldzuschreibungen erleichtern es Weggehenden, die Empathie aufzukündigen. Mit dem Vorwurf »Das ist ja hysterisch« wird der Schmerz des anderen abgekanzelt, seine heftige Reaktion rechtfertigt es, sich vor ihm in Sicherheit zu bringen. Verlassene kratzen in ihrem Schwarz-Weiß-Denken alle Verletzungen zusammen und schichten sie zu einem Berg auf, der jeden Ausblick versperrt. Während Verlassende den Tenor anschlagen: »Sieh, wohin du mich gebracht hast!«, stimmen sich Verlassene auf das Moll ein: »Sieh, was du mit mir gemacht hast!«

Dass dem/der Ex oft gerade die Gedanken, Absichten und Strategien unterstellt oder angekreidet werden, die meine Interviewpartner selbst ausbrüteten oder praktizierten, war ihren Schilderungen manchmal in Reinform zu entnehmen. Finanziell versucht der geschiedene Ehepartner sie auszutricksen. In aller Unschuld folgte ihrer Empörung die Auskunft, dass sie selbst Einkünfte verheimlichten, als habe das eine mit dem andern überhaupt nichts zu tun.

Unter der Überschrift »Schuld und Sühne« stempelten Eheleute meist den anderen zum Sündenbock ab, berichtet die Anwältin Katharina Hellwig. »In der Regel sehen Partner nicht, dass zum Scheitern einer Beziehung zwei gehören. Dass jemand sagt: ›Es liegt an mir oder *auch* an mir‹, kommt nicht vor. Wenn wir im Gerichtssaal sitzen, denke ich oft: Das kann doch nicht der gleiche Mensch sein, von dem mir die Frau, der Mann die ganze Zeit erzählt hat. Ich habe natürlich keinen Einblick: Gibt der Partner sich anders? Oder ist er anders?«

Nun, da er oder sie nicht mehr greifbar ist, dient der Ex-Partner auch als Projektionsfläche für unerfüllte Sehnsüchte. Vor allem Frauen greifen trauernd zum Weichzeichner. Wie viel schöner wäre eine Reise zu zweit! Warum nur hat sich ihr Mann um die Freude geprellt, an dem rauschenden Familienfest teilzunehmen? Dass die letzten gemeinsamen Reisen wegen ständigen Streits ein Fiasko waren und ihr Mann Familienfeste gern als Erster verließ, weicht in der Erinnerung der

Beschwörung eines verlorenen Glücks. Das nun wieder unbefleckte Idealbild trotzt der Realität, wenigstens virtuell soll die Liebe noch einmal walten.

Auch in intakten Beziehungen nehmen Menschen einander durch eine Brille wahr. Wirklichkeit sei immer interpretierte Wirklichkeit, betonen Psychologen und Philosophen. Wir erleben und beurteilen Menschen durch den Filter unserer Wertvorstellungen und Erfahrungen, die wiederum unser Verhältnis zu anderen prägen. Ob wir eine Bemerkung als lustig oder albern empfinden, hängt auch von unserer Gemütsverfassung ab. Und wir projizieren auf andere eigene unliebsame Eigenschaften und Taten und uneingestandene Konflikte, wie der Partywitz illustriert: »Schatz, hör auf zu trinken. Ich sehe dich schon ganz verschwommen.« Auch die Annahme, dass unser Gedächtnis Reales speichert und Erlebtes originalgetreu archiviert, wird von Hirnforschern widerlegt. Unser Gedächtnis hortet Erfahrungen nicht wie Museumsstücke, wir montieren vielmehr Vergangenes selektiv zusammen, gegebenenfalls in Form eines Indizienbeweises. Die Bedeutung, die wir Erlebtem verleihen, führt zur Klitterung unserer eigenen Geschichte.

Obwohl ihre Beziehung vorbei ist, fügen die Partner den anderen meist noch lange in ihr inneres Suchbild ein. Zum einen, indem sie ihn mit all dem Schändlichen ausstatten, das zu ihrem Feindbild passt. Da Mitleid und Zuwendung umso reichlicher gespendet werden, je unverdienter das Los als Opfer erscheint, legen Verlassene mit ständigen Schreckensnachrichten nach und halten so ihr Leid am köcheln. Zum anderen ist die Verklärung des Partners eine ständige Infusion für die eigene Untröstlichkeit.

Mit zeitlichem Abstand erkennen Ex-Partner oft klarer ihren Anteil an der gescheiterten Beziehung. Nicht mehr verhakt in Emotionen, können sie besser sortieren, was sie ihrem Partner zugeschoben haben. Auch ohne ihn läuft dies und jenes im Alltag schief, Missliches geht nicht mehr auf das Konto seiner Misswirtschaft. Peu à peu erobern sich die Getrennten jedoch auch Fähigkeiten zurück, die durch die einstige Rollenteilung verkümmerten. Nun, da ihr Selbstwertgefühl nicht mehr durch den anderen gestützt wird, entdecken sie, dass sie aus Bequemlichkeit oder mangels Selbstvertrauen und Ermutigung etliches an ihren Partner delegierten, was sie selbst vortrefflich meistern können.

Anne S.: »Ich hatte das Gefühl, die Gute zu sein.«
Konrad H.: »Brutto sind wir 17 Jahre zusammen, netto etwas weniger.«

Freunde geben mir die Adresse des Lübecker Paares. Von Stillstand sei diese Beziehung nie bedroht gewesen. »Ich bin ganz aufgeregt«, eröffnet die blonde, temperamentvolle 51-jährige Anne S. unser Gespräch, das wir in meiner Wohnung führen. Auf den ersten Blick wirkt Konrad H. ruhiger und gesetzter, als ich ihn mir nach der Schilderung seiner Frau vorgestellt habe. Sein Gesicht ist das eines Menschen, der lebt und leben lässt. Doch in der Nonchalance des 60-jährigen Notars und Unternehmers scheint immer wieder die Entschlossenheit durch, sich, wenn es hart auf hart kommt, von niemandem etwas vorschreiben zu lassen.

Anne S.:
Meine erste Ehe war von Beginn an ein Fehler, aber ich wurde streng katholisch erzogen, eine Trennung kam für mich nicht in Frage. Mein Mann hatte mir zur Hochzeit einen Blumenstrauß überreicht und gesagt: »Das ist der letzte, nun muss ich dir keine Blumen mehr schenken. Wir müssen auch nicht mehr ausgehen.« Jeder, auch ich, hatte das für einen Scherz gehalten, aber er meinte das ernst. Wir lebten nach dem konservativen Modell: Ehepartner treten stets zusammen auf und sind immer einer Meinung. Wobei ich mir vorwerfen muss, dass ich nie ernsthaft versucht habe, unser sparsames, spießbürgerliches Leben zu ändern.

Den Absprung schaffte ich durch meinen jetzigen Mann. Wir lernten uns vor 17 Jahren durch die Elternarbeit in der Schule kennen. Konrad war geschieden, unsere Söhne waren im selben Alter, er stellte mir Fragen, über die ich noch nie nachgedacht hatte. Als ich meinem ersten Ehemann mitteilte, dass ich ihn verlasse, fiel der aus allen Wolken. Er sagte: »Du bist unglücklich? Ach, du wolltest ja unbedingt ein Auto. Ich kaufe dir eins.« Nach unserer Scheidung heiratete er ruckzuck meine beste Freundin. Da ich Schuldgefühle hatte, war mir das nur recht.

Aus finanziellen Gründen zog ich gleich in Konrads Haus, allerdings mit getrennten Wohnungen. Eine reguläre Miete hätte ich gar nicht zahlen können. Ich war Hausfrau und Mutter gewesen, mein Mann saß auf dem Geld. Die ersten Jahre arbeitete ich in Konrads Grundstücksgesellschaft mit, dank seiner Ermutigung schloss ich mit 36 Jahren mein Volkswirtschaftsstudium ab. Doch mit dem Partner beruflich dauernd zusammen zu sein schafft Reibungspunkte. Wenn wir uns wegen unseres unterschiedlichen Erziehungsstils in die Wolle kriegten, wirkte sich das auch auf die Arbeit aus. Deshalb nahm ich 2001 eine Vollzeitstelle in einer Bank an, mit enormen Startschwierigkeiten.

Unsere erste Trennung erfolgte nach zehn Jahren, im März 2002. Ich spürte, dass Konrad eine andere Beziehung hatte. Wenn ich ihn berühren wollte, drehte er sich weg, wir hatten bis dahin immer wunderbaren Sex, plötzlich vermied er körperlichen Kontakt, auf Dienstreisen war er nur schwer zu erreichen. Schließlich verlangte ich: »Du weichst mir nicht mehr aus.« Da gab er seine Liebschaft zu. Ich habe ihn rausgeworfen, aus seinem eigenen Haus. Ich hatte inzwischen einen Mietvertrag und fühlte mich in der Position: Ich bin die Gute und habe das Recht auf meiner Seite. Durch berufliche Verträge waren wir juristisch verknüpft, mein gesamtes Geld steckte in seinem Unternehmen. Später erfuhr ich, dass Konrad hinter meinem Rücken Vollmachten widerrufen und geschäftliche Veränderungen eingetütet hatte, er hatte also den Ausstieg aus unserer Beziehung geplant.

Nach seinem Auszug nahm ich zehn Kilo ab, nachts tigerte ich durchs Haus und zertrümmerte Sachen, die ihm gehörten. Ich habe seine Wohnung regelrecht verwüstet. Nach diesen Wutattacken ging es mir besser, aber am nächsten Tag war es mir peinlich. Es ist schrecklich, welche üblen Dinge passierten.

Konrad besaß Pornohefte, das war auch geduldet, die legte ich mehrmals vor die Haustür seiner Tussi mit Konrads Adressaufkleber. Lübeck ist ein Dorf, ich fand ihre Adresse bald heraus. Ich hatte mehr Wut auf sie als auf Konrad. Sie war das Feindbild. Die Version, dass sie sich an ihn, das Opfer, rangemacht hatte, war für mich ja viel leichter zu ertragen. Als die beiden in der Türkei Urlaub machten, habe ich ständig versucht, Konrad anzurufen, auch nachts. Sein Handy war entweder besetzt, oder er ging nicht ran. Ich habe den Telefonterror dann auf ihrer Mobilnummer fortgeführt. Wenn sie sich meldete, legte ich auf, ich wollte die beiden nur stören, ich ertrug nicht, dass sie es schön hatten, während ich nicht schlafen konnte. Ich schickte Konrad auch ellenlange Briefe und ständig SMS. Ich habe ihn verwünscht, beschimpft, wir haben uns über den Wert meiner Betriebseinlagen gefetzt, dann wieder schrieb ich Jammerbriefe.

Einer der nachhaltigsten Konflikte betrifft seinen Sohn. Weil ich merkte, dass während Konrads Urlaub mit der Tussi jemand das Haus betreten hatte, wechselte ich das Türschloss aus. Außer der Putzfrau hatte nur noch sein Sohn einen Schlüssel. Der aber bestritt, da gewesen zu sein. Nachdem ich das Schloss ausgewechselt hatte, rief Konrads Sohn mich an, weil er seine Angelsachen abholen wollte. Als er zur verabredeten Zeit nicht erschien, stellte ich diese vor die Tür, am dritten Tag schmiss ich sie in die Mülltonne. Jahrelang hat sein Sohn deshalb nicht mit mir gesprochen. Das ist nach wie vor ein wunder Punkt, vor allem für meinen Mann. Wem soll er glauben? Sein Sohn macht die Sache zur Vertrauensfrage. Die Fantasiesumme, die er für seine Angelsachen forderte, hat Konrad schließlich bezahlt, weil er glaubte, die Gemüter beruhigen zu können. Seine Ex-Frau nahm den Vorfall zum Anlass, über mir einen Kübel voller Hass auszukippen. Auch mein Sohn hegte großen Groll gegen Konrad. Für ihn war klar: Mama weint und schuld daran ist er.

Eine Therapie half mir, meinen Anteil an unserer Trennung

zu sehen. Ich fühlte mich ja als Opfer und wartete in dem Riesenhaus, dass der Mann zurückkommt und mich wieder bewegt. In den Therapiegesprächen begriff ich, dass ich selbst handeln musste. Das hört sich einfach an, aber es war ein langer Prozess. Ich merkte allerdings schnell, dass ich raus muss aus Konrads Haus. Doch bei meinem Umzug in eine Wohnung waren Konrad und ich schon wieder ein Paar.

Die Versöhnung ging von ihm aus. Im April lud er mich zum Essen ein. Im Restaurant sagte er: »Ich komme mir vor wie ein Betrüger. Dass wir miteinander reden, darf sie nie erfahren.« Ich sagte: »Du machst also das Gleiche noch mal.« Aber Konrad war damals bereits entschlossen, sich von der Tussi zu trennen, nach weiteren Treffen bat er mich, nicht aus seinem Haus auszuziehen. Das war ein Triumph für mich, ich saß auf dem ganz hohen Ross und blieb bei meiner Entscheidung.

Die Wohnung war dann nicht so schön, wie ich sie mir vorgestellt hatte, aber ich wollte meinem Sohn keinen weiteren Umzug zumuten. Meist war Konrad bei mir. Wenn wir uns stritten, bestellte er ein Taxi. Das war zeitlebens sein Muster: Wenn es schwierig wurde, lief er weg. 2004 zogen wir zusammen in ein kleines Haus, weil wir merkten: Wir brauchen keine separaten Wohnungen mehr. Wir zoffen uns, aber wir kommen wieder ins Gespräch. Wir hatten durch die Trennung gelernt, wie hilfreich es ist, sich klar zu äußern. Als meine Berufsprobleme in der Bank ständig Thema gewesen waren, hatte Konrad sich vernachlässigt gefühlt, es aber nicht gesagt. Lange verstand ich auch nicht, warum er sich über meine Einmischungen aufregt. Denn andererseits erwartet er, dass ich mich um ihn kümmere. Er ruft in mir die Mama ab, aber wehe ich bin`s. Wenn er mich fragte: »Soll ich einen Pullover anziehen?« und meinen Rat nicht befolgte, ärgerte ich mich. Rückblickend erkenne ich die verpassten Möglichkeiten, unsere entgleitende Beziehung wieder einzufangen und zu fragen: »Wie geht es dir eigentlich mit mir?« Ich habe Konrad lange auf einen Sockel gestellt: Er war älter, erfolgreicher, intelligenter, gebildeter, vermögender. Und dann habe ich ihn vom Podest geschubst.

Unsere zweite Trennung erfolgte 2006. Der Anlass war ein

Familienfest, zu dem Konrad mit seiner Ex-Frau fuhr. Als Konrad mich anrief und mir mitteilte, dass sie gemeinsam noch eine Verwandte besuchen, habe ich aufgelegt. Dafür hatte ich kein Verständnis mehr, die anzügliche Vertrautheit seiner Ex mit Konrad irritierte mich schon lange. Nach diesem Familienausflug haben Konrad und ich vier Monate kein Wort miteinander geredet. Natürlich vermisste ich ihn, aber ich konnte die Funkstille diesmal viel besser ertragen. Ich hatte inzwischen einen eigenen Freundeskreis und war sehr unternehmungslustig. Auch die sinkenden Schulleistungen meines Sohnes haben mich gefordert.

Am 23. Dezember rief Konrad an und sagte, er möchte Weihnachten nicht erleben, ohne mit mir gesprochen zu haben. Als ich seine Stimme hörte, wusste ich sofort: Ich will wieder. Ich habe ihn verführt, ihm gar keine Wahl gelassen, es war wunderbar. Er sagt heute noch: »Du bist wie eine Lokomotive über mich gewalzt.«

Geheiratet haben wir letzten Sommer. Dass Konrad vor allen Gästen sagte: »Wir sind 17 Jahre zusammen, brutto. Netto etwas weniger. Und ich habe mich entschieden: Du bist die Frau«, hat mir gutgetan. Geheiratet haben wir vorrangig aus juristischen Gründen. Als Konrad 2007 einen Herzinfarkt hatte, stellte ich fest, dass ich weniger Recht auf Auskunft hatte als seine Ex-Frau. Auch finanziell habe ich nun weniger Zukunftsängste. Ich bin mir sicher: Konrad ist der Richtige, auch wenn es immer wieder knallt. Früher hatten wir den Wunsch, den anderen zu verändern und haben gelernt, dass das nicht geht. Aber Konrads Süchte – Rauchen, Alkohol, Süßigkeiten – nerven mich noch immer. Auch Kleinigkeiten ärgern mich nach wie vor, zum Beispiel, dass er beim Aufstehen seine Bettdecke voll auf meine Seite schmeißt, so dass ich mein Bett nicht lüften kann. Aber unsere Tonlage bei Konflikten hat sich verbessert, und Konrad läuft nicht mehr weg, wenn es schwierig wird. Auch unsere Söhne akzeptieren inzwischen unsere Familienverhältnisse. Sie erzählten, dass sie früher oft provozierten, weil beide hofften, dass wir mit unseren alten Ehepartnern wieder zusammenkommen.

Trotzdem bricht bei Konrad und mir immer wieder Trauer durch. Obwohl es uns miteinander viel besser geht als mit unseren Ex-Partnern, kommt regelmäßig an Heiligabend die Wehmut auf, dass wir eine heile Familie nicht geschafft haben. Unsere beiden Trennungen würde ich gern ungeschehen machen. Sie haben viel zerstört, auch Freundschaften, aber sie haben mich auch gestärkt, ich bin eigenständiger geworden. Komischerweise war es mir früher, als wir noch nicht verheiratet waren, wichtig, von »meinem Mann« zu sprechen. Jetzt muss ich aufpassen, dass ich nicht sage: »Mein Partner, mein Freund.« Ich bin gespannt, was Konrad über unsere Beziehung erzählt. Als wir über Ihre Interviewanfrage sprachen, waren wir sicher, dass unsere Beziehung eine unterschiedliche Sicht aushält. Die Differenz zeigte sich schon im Vorfeld. Konrad fragte: »Wir waren zweimal getrennt? Wann war denn das zweite Mal?«

Konrad H.:
Für mich haben unsere beiden Trennungen kein Gewicht mehr, doch ich weiß, dass es bei meiner Frau anders ist. Das erste Mal war eine andere Frau der äußere Anlass. Anne nennt sie nur die Tussi, ich habe das übernommen, vielleicht, um ihr zu signalisieren, dass wir uns in der Sicht auf diese Frau annähern. Der Grund unserer zweiten Trennung: Ich hatte ein freundschaftliches Verhältnis zur Mutter meines Sohnes und habe falsch eingeschätzt, wie bedrohlich Anne das fand. Es stellte sich heraus, dass meine Ex-Frau in der Tat gern wieder eine Beziehung aufgenommen hätte, nachdem sie erneut solo war. Geschieden wurde meine erste Ehe, weil wir als Paar im Alltag nicht klargekommen waren.

Anne und ihr damaliger Mann wohnten in der gleichen Straße. Sie hat eine direkte, unverbildete, frische, sympathische Art, von ihrem hübschen Äußeren mal abgesehen. Eingezogen ist sie bei mir, nachdem ihr Ehemann mit einem VW-Bus vorgefahren war und Annes sämtliche Sachen vor meiner Haustür abgeladen hatte. Erst als wir zusammenwohnten, zeigten sich die Unterschiede in unseren Interessen und Erfahrungswelten.

Wir haben eine andere Sozialisation. Anne ist in Lübeck und ihrer Familie stark verwurzelt, während ich immer wegstrebte von meiner Verwandtschaft und gern in einer Großstadt wohnen würde. Anne mag seichte Unterhaltung, während ich mich für Kunst und Literatur interessiere; ihre politischen Ansichten sind wesentlich konservativer als meine, wobei wir uns im Laufe der Jahre angenähert haben. Was Anne betrifft, war mir von Anfang an wichtig, dass sie in meinem Haus durch einen Mietvertrag geschützt ist. Im Streitfall hätte ich allerdings am längeren Hebel gesessen.

Der Hauptkonflikt in unserer Beziehung war, dass ihr geschiedener Mann ihren Sohn negativ beeinflusste. Er sollte mit mir nicht reden und mit meinem Sohn nichts gemeinsam unternehmen, wir kriegten lange keinen Draht zueinander. Anne und ich sind in die Patchworkfamilie hineingeschliddert und merkten, wie schwierig es ist, wenn die Ex-Partner hineinregieren. Obwohl wir uns bemühten, hat ein gemeinsames Familienleben einfach nicht funktioniert. Wir waren zu schwach, die Kinder zu stark, es gab viele Situationen, wo wir uns beleidigt voneinander abgewandt haben. Wenn unsere Kinder bei unseren Ex-Partnern waren, war unsere Beziehung entspannter.

Bei meinem Auszug kannte ich meine Freundin, also die »Tussi«, ein paar Monate. Immer sind Frauen auf mich zugegangen, ich bin da eher passiv. Da ich mich innerlich schon 35 Mal von Anne getrennt hatte, war ich latent allerdings schon auf der Suche. Ich denke, dass man neuen Liebschaften nur nachgibt, wenn die Beziehung nicht stimmt. Bei mir jedenfalls waren jedes Mal Zerrüttungen der Grund und nicht eine supertolle Frau, die im Alltag ja auch an Glanz verliert.

Als Anne von meiner Liebschaft wusste, hat sie randaliert. Es hört sich vielleicht brutal an, aber ich habe sie offen damit konfrontiert, dass ich mit meiner Freundin in den Urlaub fliege. Zu diesem Zeitpunkt gab es für mich schon keine Rückkehr mehr. Anne hatte mir auch keine Brücken gebaut. Sie sagte: »Entweder – oder!« Und: »Nie siehst du die wieder!« Aber wir hatten ja Konflikte, und bevormunden lasse ich mich schon gar nicht. Deshalb habe ich das auch durchgezogen. Dass sie mich telefonisch nicht erreichen konnte, ist blöd gelaufen. Ich hatte mein Handy einer Angestellten gegeben, da ich dummerweise mit der Angabe meiner Handynummer Anzeigen geschaltet hatte. Anne hielt es für eine abgekartete Geschichte. Das ist ein Wesenszug von ihr. Sie hat ständig Angst, beherrscht zu werden. Sie hatte auch große Angst, dass ich sie um ihr Darlehen betrügen würde. Obwohl ich in meinem Unternehmen einige Änderungen vornahm, um rechtlich von ihr unabhängiger zu sein, habe ich niemals daran gedacht, sie übers Ohr zu hauen. Ich hätte es auch nicht fertiggebracht, sie auf die Straße zu setzen. Dass sie nach meinem Auszug Sachen von mir zertrümmerte, hat mich nicht entrüstet. Ich kann durchaus wütend werden, aber ich sagte mir: Du musst ruhig bleiben und die Übersicht behalten. Materielles kann man ja ersetzen. Schlimm war, dass sie die Angelsachen meines Sohnes kaputtgemacht hatte, was sie lange bestritt.

Bei meinem Rückzug in mein Haus stellte ich fest, dass viele meiner Sachen fehlten. Immer wenn ich Anne in ihrer Wohnung besuchte, entdeckte ich etwas, was eigentlich mir gehörte. Es war irgendwie irre, dass sie alle Verletzungen in die Vermögensebene transponierte und sich quasi schadlos hielt. Verübelt habe ich ihr das nicht, sie war damals völlig aus der Bahn geschmissen, und ich habe mich für ihren derangierten Zustand schon mitverantwortlich gefühlt. Als wir uns im Restaurant trafen, hatte ich eigentlich nur vor, unsere finanzielle Auseinandersetzung auf eine rationale Ebene zu heben.

An meiner Freundin hatte ich schon länger Zweifel. Sie schüttete Unmengen Alkohol in sich hinein und rauchte Kette. Ich habe selbst eine gewisse Affinität zu Alkohol und merkte, das infiziert mich. Zudem war ihr Ex-Freund ständig am Telefon. Doch Sehnsucht nach Anne hatte ich höchstens in einer idealisierten Form, der sie gar nicht entsprach. Sie war ja zu dem Zeitpunkt eine wutschnaubende, an finanziellem Verfolgungswahn leidende Hyäne, die sich nicht dazu eignete, Sehnsucht nach ihr zu haben. Da musste ich schon weit in der Vergangenheit kramen. Aber wie das so ist: Man geht zusammen ins Bett, und dann sieht die Welt ganz anders aus. Anne war plötzlich wieder eine leidenschaftliche, hingebungsvolle Frau. Alle Verfestigungen waren wie weggeblasen. Vielleicht war das auch ein bisschen berechnend von ihr. Sie kennt mich und hätte unsere Annäherung viel früher haben können.

Zum zweiten Bruch zwischen uns kam es, weil Anne es nicht aushalten konnte, von dem Familienfest ausgeschlossen zu sein, zu dem ich mit meiner Ex-Gattin fuhr. Und in der Tat hatte meine Ex-Gattin gehofft, unsere Beziehung zurückzudrehen. Sie lehnt jeden Kontakt zu mir ab, seitdem ich wieder mit Anne zusammen bin.

Wie beim ersten Mal erfolgte die Versöhnung mit Anne durch sexuelle Überrumpelung. Ein Spruch von ihr ist: »Uns nimmt ja sowieso keiner mehr.« Da ist etwas dran. Ich sage mir: Wann wäre ich mit einer neuen Frau wieder auf so einem Level, dass ich mit ihr zusammenwohnen könnte? Man bringt nicht mehr die Energie auf, aus Vertrautem auszubrechen und Neues zu wagen. Anne und ich gehen mit Konflikten inzwischen auch anders um. Der Konfliktherd Kinder hat sich mit dem Auszug unserer Söhne erledigt, wir haben die Lehre gezogen, keine finanziellen Abhängigkeiten zu schaffen, und wir haben gelernt, unsere Schwächen und Macken auszuhalten.

Den Ausschlag zu heiraten gab eine Segeltour, die ich ohne Anne machte. Ich hatte das Gefühl, es wäre schön, wenn sie dabei wäre. Außerdem dachte ich mir, dass Anne die rechtliche Sicherheit und finanzielle Versorgung willkommen wären, auch wenn sie vorgab, nicht unbedingt heiraten zu wollen. Dieser Aspekt stand jedoch nicht im Vordergrund, als ich sie anrief und fragte: »Sollen wir heiraten?« Anne sagte, oh nein, sie möchte einen formgerechten Antrag haben. Den hat sie nicht gekriegt, aber wir haben uns ja trotzdem trauen lassen. Ich denke, wir können es dauerhaft miteinander aushalten, wenn wir jeden Tag ein bisschen daran arbeiten. Ich hatte einen Herzinfarkt, da überlegt man natürlich auch: Wie viel einfacher lässt sich vieles regeln, wenn wir verheiratet sind. Als ich auf dem Standesamt Ja sagte, habe ich hinzugefügt: »Und habe ich mit der Heirat automatisch den Anspruch auf Pflegestufe vier?«

Paarbeziehungen zerbrechen leise

Sie kommen auf leisen Sohlen. Doch die Untergangsboten einer Beziehung schleichen sich nicht inkognito ein. »Es ist kein unentwirrbares Knäuel von Problemen, woran die Liebe erkrankt, es sind konkrete, benennbare Dinge«, bilanziert die amerikanische Psychotherapeutin Mira Kirshenbaum[17] einen Erosionsprozess, dessen Ursprung eindeutig zu orten sei. Wie ein roter Faden durchzieht auch meine Interviews die Klage über drei hauptsächliche Defizite, die in fataler Kettenreaktion eine chronische Mangelsituation erzeugen und Partner für eine neue Liebe empfänglich machen: Entfremdung, fehlende Kommunikation und eine körperliche Beziehung, die die Bezeichnung sexuell kaum mehr verdient.

Entfremdung

Anfangs übertrifft der Wille zur Gemeinsamkeit die unübersehbaren Unterschiede. Doch flaut die Verliebtheit ab, baut sich Unterschiedliches immer häufiger zu Differenzen auf, immer schneller münden Differenzen in Dispute, immer öfter bewirken Diskussionen keine Annäherung, sondern vergrößern die Distanz. Eine Vielzahl irritierender und kränkender Vorfälle höhlen Liebe, Achtung, Vertrauen langsam aus. Der Temperaturabfall der Gefühle füreinander wird durch eine zunehmend selektive Wahrnehmung beschleunigt. In die Befürchtung, dass der Partner »wieder einmal« enttäuschen und versagen wird, mischt sich fatalerweise Genugtuung, wenn er/sie die negativen Annahmen bestätigt. Mehr und mehr auf Unzufriedenheit gepolt, werden Partner zunehmend blind für das, was ihre Skepsis widerlegt, ja sie verhindern mitunter (unbewusst) Veränderungen zum Positiven. Denn inzwischen sammeln sie Minuspunkte: Was haben sie eigentlich noch von dieser Beziehung? Kommen sie nicht chronisch zu kurz?

Auch äußere Umstände bewirken eine Entfremdung. Arbeitslosigkeit oder das Übergewicht des Berufes, der Eintritt in den Ruhestand, die Aufnahme pflegebedürftiger Eltern und chronische Krankheiten führen dazu, dass tägliche Anforderungen und langfristige Ziele auseinander driften und Partner sich an unterschiedlichen Werten orientieren. Nach der Geburt eines Kindes fühlen sich Väter häufig vernachlässigt und im Bett nicht mehr begehrt. Offenbar haben sie als Samenspender ihre Pflicht erfüllt. Auch wenn die Kinder ausgezogen sind, und keine Pflichten und Ausweichmöglichkeiten das Desinteresse aneinander überdecken, stellen Eheleute oft fest, dass sie einander nichts mehr zu sagen haben. Nun zeigt sich unverhohlen die längst erfolgte innere Trennung, erläutert der Psychotherapeut Wolfgang Krüger:

»Der Trennungsprozess beginnt, wenn Partner aufhören, in die Beziehung zu investieren. Ein Drittel aller Trennungen erfolgt nach Weihnachten, ein Drittel nach dem Urlaub und ein Drittel im sonstigen Jahr. Die größten Enttäuschungen finden statt, nachdem man die mittlere Ebene, wo es so lau daher geht, nochmals zu verbessern versuchte. Wenn das vergeblich ist, schaffen Partner sukzessiv Voraussetzungen für den Trennungsschritt. Sie sind oft durchaus freundlich zueinander, aber sie kappen innere Drähte, sie verringern das Maß an Nähe und Vertrauen und lockern die Abhängigkeit von der Partnerschaft, indem sie andere Bindungen verstärken und sich nach außen orientieren. Besonders Frauen intensivieren den Kontakt zu Freunden und Kollegen. Männer bleiben oft länger im Büro oder verziehen sich in den Hobbykeller. In dieser Phase der inneren Emigration wird das Familienleben noch aufrecht erhalten. Zum einen, weil Paare sich aus verschiedenen Gründen eine Trennung nicht vorstellen können, zum anderen, weil es auch in schlechten Beziehungen immer noch etwas Gemeinsames gibt. Bis etwas eintritt, was die Taue endgültig kappt.« Meist ist es ein Dritter. Während Frauen überwiegend die Entfremdung darauf zurückführen, dass sie von ihrem Partner nicht genügend wahrgenommen und abfällig behandelt wurden, entziehen sich Männer innerlich, weil sie der (vermeintlichen) Übergriffe ihrer Partnerin überdrüssig sind. Fast alle meine Interviewpartner monieren ihr häufiges Nörgeln.

In einem Streitgespräch in der Wochenzeitung *Die Zeit* führt die ehemalige Berliner Justizsenatorin Anne Klein, die als Anwältin etwa 10 000 Scheidungen begleitete, eine sich verbreiternde Kluft auch auf divergierende Bedürfnisse zwischen Männern und Frauen zurück: »Bei jeder zweiten Scheidung sagen die Frauen: Mein Mann redet nicht mit mir über seine Probleme. Und er hört nicht zu. Die Männer sagen: Ich komme nach Hause und werde überfrachtet. Ich habe keinen Freiraum, noch nicht einmal in meinem Arbeitszimmer. Ich muss immer da sein.«[18]

Schweigen

»Wir können über alles reden, nur nicht über uns.« In unzähligen Gesprächen, nicht nur mit Interviewpartnern, sondern auch mit Freunden und Bekannten, mit denen ich mich über mein Buchthema austauschte, wurde keine andere Aussage derart bestätigt wie die, dass Partner so gut wie nie über ihre Beziehung und das heißt über Gefühle sprechen. Unabhängig von Alter, Bildung und Temperament bekundeten fast alle Insiderkenntnis, wenn ich die grassierende Stummheit erwähnte. Oooh, ja! Auch wenn sich wenige den Paaren zuordneten, die man in Restaurants scharenweise wortlos kauend beobachten kann und denen Erich Kästner im Gedicht »Gewisse Ehepaare« ein bitterböses Denkmal setzte, bezweifelte fast niemand den statistischen Befund, dass Paare lediglich neun Minuten pro Tag über Persönliches reden. Urlaub inklusive, kämen sie über diesen Mittelwert kaum hinaus, es sei denn im Streit.

Nur ein Zwist durchbricht mitunter noch die Mauer des

Schweigens, hinter der Ehen epidemisch verkümmern und auch in jungen Jahren an Auszehrung sterben. In einer Erhebung der Zeitschrift *Freundin*, in der 1039 Frauen und Männer zwischen 30 und 35 Jahren nach Trennungsgründen befragt wurden, nannten 35 Prozent der Frauen und 18 Prozent der Männer dauerhaftes Anschweigen.[19] Um das Verstehen und Verstandenwerden ist es in Österreich offenbar noch schlechter bestellt. 94 Prozent der Geschiedenen beklagten in einer Umfrage die Sprachlosigkeit in ihrer Ehe.[20]

Besonders Frauen bemängeln die Wortfindungsschwierigkeiten ihres Partners, sobald ein Gespräch sich seelischen Regionen nähert. Während der Psychotherapeut Jürg Willi das grundlegende Missverständnis darin sieht, dass Männer ihre Liebe durch konkrete Sachhilfe und Ratschläge ausdrücken, wohingegen Frauen Liebe damit verbänden, dass ihr Partner ihnen zuhöre und auf sie eingehe,[21] entsteht für den Berliner Psychotherapeuten Wolfgang Krüger der Hunger nach Zuwendung aus einer tatsächlichen Unterversorgung: »Die klassische Ehe-Situation ist: Der Mann arbeitet ganztags, und seine Frau hält ihm zuhause den Rücken frei. Wenn er mit ihr ab und zu noch Erotik erlebt, ist der Mann mehr oder weniger zufrieden, aber seine Frau ist es nicht. Sie vermisst Gespräche, Innigkeit, sie möchte, dass er sich mehr kümmert. Oft beschließen Frauen, etwas grundsätzlich zu ändern, sobald die Kinder aus dem Gröbsten raus sind, ohne dass ihr Mann das unbedingt mitbekommt. Wenn es Paaren gelingt, über Beziehungsstörungen zu reden, entsteht häufig nochmals eine Nähe. Durch die Offenlegung entsteht Lebendigkeit, eine Last fällt ab, aber wenn die Probleme dann nicht aufgearbeitet werden, ist die Chance schnell wieder vorbei. Oft zucken beide regelrecht vor einem Gespräch zurück, weil sie sich dem andern nicht mehr ausliefern wollen. Die gegenseitigen Vorbehalte schaukeln sich allmählich hoch.«

Aber nicht nur Stummheit höhlt Ehen aus. Der Bestand oder Zerfall einer Beziehung hängt auch vom Kommunikationsstil ab, wie unter anderen der amerikanische Psychologieprofessor John Gottman belegt, der sein wissenschaftliches Leben damit verbrachte, Gespräche und Dispute von Paaren aufzuzeichnen und zu sezieren. Aufsehen erregte Gottman mit der Aussage, dass er fast absolut treffsicher voraussagen könne, ob eine Partnerschaft scheitern werde, nachdem er drei Stunden zugehört habe, wie Partner mit Meinungsverschiedenheiten umgehen. Klingeln gehört zum Handwerk. Doch minutiös untermauert Gottman mit seinen Kommunikationsanalysen, dass nicht Konflikte Partnerschaften sprengen, sondern die mangelnde Fähigkeit, sie auszuhandeln:

Im Vergleich zufriedener und unzufriedener Paare zeichnen sich die Gespräche zufriedener Paare aus durch mehr Empathie, Wärme und Aufmerksamkeit. Obwohl sie sich durchaus fetzen, gelingt es ihnen, Differenzen durch punktuelle Zustimmungen, Humor und Verbundenheitsgesten zu entschärfen, beispielsweise durch versöhnliches Lächeln oder körperliche Berührungen. Statt den anderen möglichst ins Unrecht zu setzen, bauen sie ihrem Partner Brücken und achten darauf, dass er nicht das Gesicht verliert. In festgefahrenen Debatten wechseln sie gegebenenfalls das Thema. Vor allem können sie unterscheiden, welche Probleme lösbar sind und welche nicht.

Unzufriedene Partner hingegen haben einen vorwurfsvollen Denkstil, der sie dazu verleitet, Gutgemeintes zu übersehen oder zu missdeuten. Sie interpretieren die Gefühle und Absichten des anderen häufig falsch und lassen sich von Wahrnehmungsfehlern leiten, die ihnen bei anderen nicht unterlaufen. Oft stecken sie schon zu Gesprächsbeginn mit kritischen Bemerkungen die Fronten ab und verhärten diese durch einen despektierlichen Unterton, Rechtfertigungen oder indem sie mauern. Auf einen Angriff folgt der Gegenangriff, Negatives wird mit Negativem vergolten. Gute Erinnerungen verblassen, negative Erfahrungen werden konserviert. Anders als zufriedene Paare beziehen sie die Bedürfnisse des Partners selten mit ein. Auseinandersetzungen bezwecken, die eigene Sicht durchzusetzen. Während zufriedene Paare verbal negative Äußerungen mit Signalen von Nähe und Zärtlichkeit ausgleichen, konterkarieren unzufriedene Paare verbal positive Botschaften durch lieblose Umgangsformen.

Insgesamt neigen unglückliche Paare stärker zu Desinteresse, Unaufmerksamkeit, Kritik, Sarkasmus, Einschüchterungen, Ausflüchten und Selbstverteidigung. Weil sie länger in Streitigkeiten verwickelt bleiben und weniger darauf vertrauen, Konflikte beheben zu können, vermeiden sie es oft, diese rechtzeitig auf den Tisch zu packen.[22]

Sexualität

So schwierig es ist, einer Fremden Einblick in die intimsten Dinge zu geben, fast alle GesprächspartnerInnen machten keinen Hehl daraus, dass mit ihrem Sexualleben einiges im Argen lag. Dass die Leidenschaft im Alltag abkühlt und Adonis und Venus sich nach den Flitterwochen als Karl und Ulrike entpuppen, ist wohl der Lauf der Dinge. »Am Anfang einer Beziehung hast du ein hormonelles Hoch. Du denkst, du wirst ständig übereinander herfallen. Anderthalb Jahre später merkst du: Ups, das lässt ja schon nach, nach drei Jahren: Kann es sein, dass wir lieber kuscheln?, nach vier Jahren stellst du fest: Komisch, wir haben nachts im Bett immer was an. Oder du guckst auf die Uhr und baust vor: ›Ich muss morgen früh aufstehen‹«, beschreibt eine Interviewpartnerin die libidinöse Fieberkurve, die nach Auskunft von Experten nach ein bis zwei Jahren nur eine Richtung kennt: abwärts. Nicht nur im Alter erschlafft die Lust durch Krankheiten, Gebrechen, Medikamente, welkende Schönheit und nachlassende Potenz. Nach Auskunft des Sexualforschers Gunter Schmidt ringe die jüngere Generation ebenso häufig mit sexuellen Problemen: »Etwa die Hälfte der 30- bis 45-Jährigen berichten, im letzten Jahr gelegentlich keine Lust auf Sex gehabt zu haben, sie klagen über Schmerzen beim Sex, über Erektions- und Orgasmusschwierigkeiten, 27 Prozent der 30-Jährigen berichten, dass sich der Alltag negativ auf ihre Beziehung auswirkt. Besonders Frauen erleben ihre sexuellen Wünsche als kontextabhängig. Belastungen durch Alltagsstress, Beruf und Kinder und ein generelles Gefühl von Zeitmangel dämpfen ihr Verlangen nach Sex und führen eher zu Lust auf

Zärtlichkeit.«[23] Auch Männer tummeln sich auf dem Liebeslager weniger siegessicher als gemeinhin angenommen wird. Schätzungen zufolge leidet jeder fünfte Mann zwischen 30 und 80 Jahren in Deutschland an Potenzstörungen.[24] (In mehreren Städten wurden Selbsthilfegruppen »Erektile Dysfunktion« gegründet.) Doch auch wenn in der viertausendsten gemeinsamen Nacht nicht mehr »die Post abgeht« und das Doppelbett in den meisten Ehen hauptsächlich dem Schlaf dient, bleibt nach Dafürhalten von Paar-Experten körperliche Intimität für eine intakte Partnerschaft unverzichtbar.

Nach Ansicht des Psychotherapeuten Wolfgang Krüger weist eine Beziehung ohne zärtliche Berührungen immer auf gravierende Störungen hin: »Wenn Sexualität völlig wegfällt, ist das Ausdruck, dass die Nähe zueinander gescheitert ist. Dass Partner im Laufe der Jahre seltener miteinander schlafen, ist klar, doch es ist kein normaler Prozess, wenn sie es gar nicht mehr tun. Manchmal besteht von Beginn an ein Bruder-Schwester-Verhältnis, oder eine starke Versorgungsmentalität erdrückt die Erotik, oft spielt Belastendes aus der Kindheit hinein, aber es finden immer auch gegenwärtig Enttäuschungen und Desillusionierungen statt. Oft versucht ein Partner nochmals zärtlich zu sein, doch der andere dreht ihm den Rücken zu. Irgendwann hat dann der Werbende die Schnauze voll und zieht sich zurück.« Oder Sexualität werde auf den rein biologischen Akt reduziert. »Partner vögeln noch miteinander, aber sie geben sich nicht mehr hin, sie küssen sich auch nicht mehr. Küssen ist ja viel intimer als Geschlechtsverkehr. Im Prozess der Entfremdung passiert auch das meist nicht mehr. Im Grunde ist es wie kalter Krieg. Da ist ein Stacheldraht, gelegentlich begegnen sie sich und können auch darüber diskutieren, ob sie den Stromanbieter wechseln, aber sie wollen keine körperliche Nähe mehr, sie brauchen eine Schutzzone. Viele meinen ja, dass der Alltag sich wie Mehltau auf eine erotische Beziehung legt. Aber für diesen Fall könnte man die Glut ja wieder mit schönen gemeinsamen Unternehmungen entfachen. Der Prozess ist viel dramatischer. Untergründig findet ein Kampf gegeneinander statt, ohne dass Paare sich darüber im Klaren sind. Sie führen die eingestellte Sexualität auf Gewöhnung und Abnutzung zurück. Das ist so, als ob Menschen in einer Wohnung leben, in der ständig das Licht ausfällt, und sie behaupten: Das ist völlig normal.«

Häufig weckt der drohende Verlust oder die Trennung wieder erloschene Begierde. Ein heftiger Streit soll oft unbewusst entbehrte Nähe und Intensität erzwingen. Erst wenn die lauwarmen Gefühle füreinander nochmals den Siedepunkt erreichen, spüren sich Partner wieder. Die entfesselte Wut durchbricht emotionale Verkrustungen und schafft bei Paaren mitunter die Voraussetzung, ihre Lust blockierende Selbstkontrolle zu lockern, die Einverleibung des Partners bannt für einen Moment die Furcht, sich seiner nicht mehr sicher sein zu können. Gemäß der saloppen Formel »Konkurrenz belebt das Geschäft« stimuliert besonders das Auftauchen einer Rivalin, eines Rivalen den Wunsch nach körperlicher Inbesitznahme. Aber auch ohne deren/dessen langen Schatten flammt im Zeichen des Abschieds die Sehnsucht nach Verschmelzung noch einmal auf. Frauen, deren Mann sein Coming-out hatte, schildern häufig, mit welcher Liebesaufwallung sie sich dem endgültigen Seitenwechsel entgegenstemmen.[25] Schon voller Wehmut, saugen Paare sich mit allen Sinnen voll mit der früheren Vertrautheit, bevor diese für immer entzogen wird.

Nur selten wird von Ex-Partnern geschildert, dass die erotische Beziehung andere Ehedefizite ausglich. Doch auch, wenn der Beischlaf nur noch bewilligt wurde, stellen vor allem Frauen oft fest, wie sehr sie die körperliche Präsenz ihres Partners vermissen. Die Kränkung, verlassen worden zu sein, wird mit einem »Übergangsobjekt« kompensiert, wobei die Suche nach neuen Amouren für ältere Frauen bedeutend schwerer als für Männer ist. Aber auch ein in vollen Zügen genossener Flirt und die Bestätigung, begehrenswert zu sein, lindern nicht unbedingt die Sehnsucht, endlich wieder zur Ruhe zu kommen in den Armen eines Menschen, zu dem man gehört.

Machtkämpfe

Partnerschaften scheitern oft an Machtkonflikten. Schon in den ersten Begegnungen zeichne sich die Weichenstellung der Beziehung ab, behaupten Psychologen. Auch im Stadium der Verliebtheit handelten Paare unterschwellig aus: Hat beider Meinung das gleiche Gewicht? Oder richtet sich einer von beiden stärker danach, was der andere wünscht, braucht und tut? »Liebe ist das Kind der Freiheit, niemals das der Herrschaft«, proklamierte Erich Fromm. Gleichwohl ist das Zusammenleben oft mehr von Dominanzansprüchen durchtränkt als Paaren bewusst ist. Kommentare, Bewertungen und das Maß an Zuwendung sollen den Partner beeinflussen und lenken. Auch durch Umgangsformen bürgert sich unmerklich ein Gefälle ein: Wer unterbricht wen? Wer lässt wen warten? Wer darf während seiner Arbeit nicht gestört werden?
Ob und wie Paare Machtinstrumente einsetzen, hängt von familiären Vorbildern, vom Charakter und von der realen Überlegenheit ab. Während allein- oder besserverdienende Männer den Hebel gern bei Materiellem ansetzen, verfügen Frauen emotional über ein größeres Register. Spitzt man geschlechtliche Unterschiede zu, so versuchen Frauen oft, ihren Mann in ihre Vorstellungen von Familie einzupassen. »Als Frau arbeitet man mächtig im Hintergrund«, formulierte eine Gesprächspartnerin das Bemühen, den Lebensgefährten mittels Rat, Hinweisen, Lob und Tadel zu dirigieren und zu formen.

Auch Männer wollen über ihre Partnerin bestimmen und tun das durch Anordnungen und Gewalt. Im Unterschied zu Frauen schützen sie erst gar nicht vor, gemeinsam auf einem Tandem zu sitzen. Während, bildlich gesprochen, Frauen ihrem Mann in die Lenkung greifen, positionieren sich Männer als Alleinfahrer und beziehen ihre Frau bei vielen Entscheidungen gar nicht ein. Obwohl Männer ihrer Partnerin im Management des Privatlebens das Ruder überlassen, hüten viele sich davor, mein und dein zu verwischen und zu vermengen. Der auffällige Krankheitsstand bei verwitweten und geschiedenen Männern zeigt zwar, dass sie gesundheitlich und seelisch ohne Partnerin schlechter zurechtkommen als Single-Frauen. Doch sofern ihre Basisbedürfnisse befriedigt sind, unterlaufen Männer oft eine einengende Zweisamkeit, indem sie sich hinter (beruflichen) Aufgaben verschanzen und Gespräche vermeiden, die ohne erkenntlichen Nutzen das Unterste nach oben kehren. Ihre Entschlossenheit, Eigenbereiche nicht unterpflügen zu lassen, verleiht desto mehr Macht, je verzweifelter und wütender die Partnerin verschlossene Türen aufstoßen will. Soll sie zetern! Sie beißt auf Granit.

Aber auch Kommunikationstaktiken bewirken und zementieren Ungleichheit. In ihrem Buch »Warum tust du mir das an?« erhellt die französische Familientherapeutin Marie-France Hirigoyen, welche Gesprächsmethoden die Selbständigkeit des anderen schwächen und verhindern sollen. Dies geschieht, wenn der Aggressor seinen Partner mit widersprüchlichen und diffusen Botschaften verwirrt. Auf präzise Fragen erfolgen keine oder ausweichende Antworten; statt Auskunft zu geben, ergeht sich der Machtstratege in vagen Andeutungen; im Tonfall schwingen Vorwürfe und verschleierte Drohungen mit, ohne dass diese konkretisiert werden. Mit zweideutigen Anspielungen, eingefädelten oder in Kauf genommenen Missverständnissen und gesäten Zweifeln werden Verlässlichkeiten untergraben. Je weniger der manipulierte Partner seiner Wahrnehmung und Eigenwahrnehmung vertraut, desto leichter kann er für die Ziele des anderen eingespannt werden.[26]

Dominanz soll aber nicht nur Vorteile sichern. Herrische Partner begegnen auch deshalb anderen nicht auf Augenhöhe, weil sie sich ohne Podest quälend klein fühlen. In pausenloser Selbstbeschönigung bekämpfen sie die Angst vor Kritik, denn diese kann ihr schütteres Selbstwertgefühl nicht verkraften. Besonders Narzissten erwarten von ihrem Partner rückhaltlose Bestätigung. Süchtig nach Aufmerksamkeit und Bewunderung und abhängig vom Beifall anderer, erleben sie Fehler oder Irrtümer als Niederlage, weshalb sie diese auch partout nicht eingestehen.

Die Frage, warum Partner sich überhaupt in Machtspiele verwickeln lassen, erklärt die amerikanische Kommunikationsexpertin Patricia Evans damit, dass ein Partner das ihm fremde hierarchische Denken des anderen nicht durchschaue. Während der eine Überlegenheit anstrebe und emotionale Offenheit als Schwäche empfinde, bezöge der andere Stärke aus dem Zugang zu Gefühlen und setze auf ein kreatives Zusammenwirken. Als Alarmzeichen, dass die Absichten des verbal misshandelnden Partners fruchten, nennt Evans:

- Verlust an Selbstvertrauen und Spontaneität
- schwindende Begeisterungsfähigkeit
- ein nervöses Auf-der-Hut-Sein, aus Unsicherheit, wie der Partner etwas auffasst
- das übermäßige Grübeln über Zwischenfälle
- die sich einnistende Sorge, dass etwas mit einem nicht stimmt und die Verinnerlichung kritischer Stimmen
- Fluchtgedanken
- die Tendenz, in der Zukunft zu leben in der Hoffnung »Alles wird gut, wenn ...«[27]

Gut wird nichts, solange Machtspiele eine wirkliche Beziehung verhindern. Mit voller Wucht schlägt Machtverhalten zu, wenn die Liebe sich zu verabschieden beginnt. Nun ist Angst das Bindungsmittel. »Solange sie noch die Furcht des anderen ausbeuten können, gehen Paare nicht auseinander«, erklärt der Paartherapeut Michael Vincent Miller einen »Zweier-Terrorismus«, dessen Nährboden das verzweifelte Bestreben ist, Entgleitendes festzuhalten und Unkontrollierbares zu kontrollieren.[28]

Süchte, die Schwefelsäure der Intimität

Welche Beziehungskatastrophen durch Suchtstrukturen ausgelöst werden, lässt sich unschwer erahnen. Nicht nur Drogen-, Spiel-, Kauf- und Sexsucht verätzen Beziehungen. Auch Arbeitssucht, Dauerstress und beständige Hetze verhindern Nähe und verschlechtern die Kommunikation. Die ruinöse Verhaltensweise von Süchtigen ist allerdings leichter zu erkennen als die Tatsache, dass der Partner in Co-Abhängigkeit am Zerstörungsprozess beteiligt ist.

Die Aufrechterhaltung der Beziehung erfolgt oft aus edlen Motiven. Partner halten sich an das Gelöbnis, ihrem Mann, ihrer Frau in guten wie in schlechten Tagen beizustehen. Viele bleiben bei der Stange, weil das unbekannte Neue mehr Angst macht als das vertraute Elend. Andere setzen auf den Sieg der Liebe und lassen das Prinzip Hoffnung walten. Sie verbieten sich, alles zu tragisch zu nehmen, schrauben Erwartungen herunter, finden Entschuldigungen und sind bei jeder kleinen Verbesserung willig, alles zu vergeben und zu vergessen. Mit anderen Worten: Sie stellen Durchhalteparolen auf, verinnerlichen den Glaubenssatz, dass keine Beziehung nur golden ist, und unterziehen sich permanent selbst einer Gehirnwäsche. Die Akklimatisierung an eine schädliche Beziehung gleicht allerdings jenem Experiment, das Psychologen oft zitieren: Wirft man einen Frosch in einen Topf mit heißem Wasser, springt er sofort hinaus. Wird das Wasser allmählich erhitzt, passt sich der Frosch Stufe für Stufe der Temperatur an, bis er stirbt. Nur wenn der co-abhängige Partner ernsthaft bereit ist zu gehen, besteht eine Chance auf Veränderung.

Gudrun G.: »In unserer Beziehung hatte sich ein Geschwür eingenistet.«
Rainer M.: »Ich fühlte mich wie ein Gefangener.«

»Stell dir bloß vor …« Von einer Freundin erfahre ich von den Eheturbulenzen in ihrer Nachbarschaft, Neuigkeiten, die sich wie ein Buschfeuer in dem kleinen Ort in Hessen ausbreiteten. Da wir uns lose kennen, stimmt Gudrun G. einem Gespräch zu. Die 46-jährige Unternehmensberaterin und Führungstrainerin macht den Eindruck einer robusten Frau, die so schnell nichts umpusten kann. Doch kurz nach unserem Interview wird sie für ein halbes Jahr krankgeschrieben. Sie sei zusammengeklappt und räume sich nun eine Ruhephase ein, mailt sie mir.

Gudrun G.:
Vor einem Jahr plus einem Tag, am 3. Januar 2009, bin ich mit unserer siebenjährigen Tochter aus unserem Haus ausgezogen in einen sechs Kilometer entfernten Ort. Der Bruch meiner Beziehung war ein halbes Jahr zuvor erfolgt. Am 16. Juni 2008 hatte ich eine anonyme Mail erhalten, darin stand sinngemäß: »Es tut mir leid, aber mein Gewissen sagt mir, dass ich es Ihnen mitteilen muss. Ich gehe davon aus, dass Ihr Mann mit Frau L. ein Verhältnis hat und dass daraus ein Kind hervorgegangen ist.« Nur langsam sickerte damals der Inhalt zu mir durch. Frau L. war seit vier Jahren unsere Nachbarin. Als sie, eine alleinerziehende Mutter von drei Kindern, in unseren Ort zog, erwartete sie ihr viertes Kind. Sie arbeitete in der Behörde, in der auch mein Mann Rainer angestellt war.

Insgesamt waren Rainer und ich 15 Jahre zusammen. Er hatte mich während unseres Studiums jahrelang im Auge, aber ich war mit anderen Männern beschäftigt. Er war für mich ein Mensch voller Überraschungen, aufgeschlossen, tolerant, gesprächig. Ich glaube, ihn interessierte die Abenteurerin. Ich war in der Welt herumgekommen, war ein Hansdampf in allen Gassen. Aus unserer Freundschaft wurde ein Liebesverhältnis, nachdem ich eine Abtreibung gehabt hatte. Nach einem One-Night-Stand mit einem anderen Mann war ich schwanger geworden. Als ich die Tagesklinik verließ, ging ich zu Rainer in seine WG, er hat mich tagelang gepflegt. Mit Rainer kam ich zum ersten Mal zur Ruhe. Heiraten wollte ich nicht. Die Ehe war für mich negativ besetzt, da meine Mutter unglücklich war. Und geprägt von der Frauenbewegung, wollte ich weder wirtschaftlich noch sonst abhängig sein. Als ich schwanger war, machte mir Rainer einmal einen Heiratsantrag, danach nicht mehr.

Im siebten Jahr unserer Beziehung zogen wir um in ein 3000-Seelen-Nest. Rückblickend war der Kauf unseres Fachwerkhauses ein Sargnagel unserer Beziehung, finanziert haben wir es mit Krediten und einer Finanzspritze von Rainers Eltern. Wir vereinbarten mündlich, dass ich Miete zahle und damit sukzessive einen Anteil am Haus erwerbe, doch schriftlich haben wir das nie fixiert, in diesem Punkt war ich sehr weiblich unterwegs, ich habe das Finanzierungsmodell komplett an Rainer delegiert in der Annahme, dass meine Interessen auch seine Interessen sind.

Mit 40 rutschte Rainer in eine Krise. Er war in einer Behörde angestellt, die sieben Jahre im öffentlichen Dienst hatten ihn sehr verändert. Aus dem fantasievollen, romantischen Typ war ein langweiliger, auf Sicherheit bedachter Angestellter geworden, sein geringer Ehrgeiz erstaunte mich. Oft beklagte er, nicht genügend erlebt zu haben. In dieser Zeit wurde unsere Kommunikation schwierig, ich hatte den Eindruck, ich komme nicht mehr an ihn ran. Auch ich hatte mich verändert: Ich hatte noch ein Supervisionsstudium und ein Managementtraining draufgesattelt und wechselte von der Landschaftsplanung in die Verwaltungsreform. Rainer erzählte, dass ein Kollege ihn damals fragte: »Macht es dir nichts aus, dass Gudrun an dir beruflich vorbeizieht?« Damals flaute unsere Sexualität ab. Ich war auf dem Höhepunkt meiner Karriere, war schwer beschäftigt. Rainer war nicht mehr mein Traumprinz. Doch gleichzeitig wollte ich ein Kind von ihm.

Als ich schwanger wurde, war er 42 und ich 39. Während der Schwangerschaft trug Rainer mich auf Händen, er hielt mir die Tür auf, half mir in den Mantel. Zunehmend hatten sich bei ihm Umgangsformen eingeschlichen, die ich als ungezogen empfand, wobei ich seine schlechten Manieren teilweise übernahm. Umso erfreuter war ich über den Gentleman an meiner Seite. Im Nachhinein glaube ich, Rainers Fürsorge galt nicht mir, sondern dem Kind. Nach der Geburt hatten wir plötzlich die klassische Rollenverteilung. Rainer ging arbeiten, ich saß zu Hause und erwartete, dass er sich abends um mich kümmert, aber er fühlte sich überfordert, wenn er zuhause auch noch das schreiende Baby herumtragen sollte. Wir litten beide darunter, zu kurz zu kommen.

Das Gefühl, dass etwas in der freundschaftlichen Beziehung zu unserer Nachbarin nicht stimmt, hatte ich schon länger. Es störte mich, dass sie so oft auf unserer Terrasse saß und ständig Werkzeug von Rainer auslieh, ich machte deutlich, dass ich dieses Hin und Her nicht mehr wolle. Bei der Geburt ihrer jüngsten Tochter hatte Rainer mich gebeten, sie ins Krankenhaus zu begleiten. Ich hatte in Afrika schon viele Babys zur Welt gebracht und war damals geschmeichelt, aber auch verwundert gewesen, dass Rainer auf meine Begleitung Wert legte. Dass die heute Fünfjährige manchmal zu ihm »Papa« sagte, tat Rainer als kindliche Wunschprojektion ab. Auch ich sagte mir: Er wäre doch nicht so weit gegangen, mich sozusagen zur Hebamme seines eigenen Kindes zu machen.

Als ich den Inhalt der Mail langsam begriff, schwankte ich zwischen Fassungslosigkeit und Wut. Rainer hatte mich all die Jahre an der Nase herumgeführt. Weil er sein Leben mit mir und mit ihr verbinden wollte, war seine Geliebte in die Nachbarschaft gezogen, unsere Töchter hatten die gleiche Tagesmutter. Diese Frau profitierte von der Infrastruktur, die ich aufgebaut hatte. Dass er die Chuzpe gehabt hatte, mich mit seiner Geliebten ins Krankenhaus zu schicken, war für mich der Verrat schlechthin. Heute glaube ich, ihm war damals gar nicht klar, wie er mich missbraucht und gedemütigt hat, er hat nur meine Kompetenz gesehen. Als er zu ihr mit einem Blumenstrauß ins Krankenhaus gefahren war, hatte ich das als nette Geste ausgelegt. Wenn ich über so viel Falschheit nachdenke, schüttelt es mich noch immer.

Auf die besagte Mail reagierte Rainer völlig hilflos, er war wie paralysiert. Er sagte nur: »Ja, es stimmt«, aber vielleicht war ich auch so mächtig und habe so viel geredet, dass er kein Wort dazwischen gekriegt hat. Später entschuldigte er seine Lügen damit, dass er Angst gehabt habe, mich zu verlieren, sein Doppelleben rechtfertigte er mit den Worten: »Ihr habt euch doch gut verstanden.« Wahrscheinlich heult man im Leben eine Badewanne voll, ich schaffte das allein in diesen Herbstmonaten 2008. An diesem Abend aber wurde ich plötzlich ganz klar. Ich habe Rainer das Messer auf die Brust gesetzt: Ich wollte einen Vaterschaftstest, er sollte sich sofort von dieser Frau trennen, aber falls er wirklich der Vater war, sollte er zu dem Kind stehen und wir mussten unsere Besitzverhältnisse endlich regeln.

Zehn Tage nach diesem Fiasko machte Rainer einen Vaterschaftstest, zehn weitere Tage später kam das Ergebnis: Er war nicht der Vater. Ich habe eine Flasche Sekt aufgemacht, weil ich hoffte: Rainer weiß jetzt, wohin er gehört, er kehrt in den Schoß der Familie zurück. Ich habe sozusagen eine Wandlung vom Saulus zum Paulus erwartet und habe ihm auch einmal gesagt: »Wenn wir das miteinander durchgestanden haben, bin ich bereit, dich zu heiraten.« Doch merkwürdigerweise empfand Rainer keine Wut gegenüber der Frau, die ihn hinters Licht geführt hatte, auch wenn er zunächst völlig fertig war, da er ein halbes Jahr zuvor die Vaterschaft anerkannt hatte. Auf meine Frage, wie er zu unserer Nachbarin stehe, antwortete er: »Unverändert freundschaftlich.« Trotz seiner Beteuerung, nur mich zu lieben, wurde mir bewusst: Er liebte nicht mich, sondern unser Leben. Um mich ging es schon lange nicht mehr.

Mit diesen Ereignissen bin ich relativ offen umgegangen. Ich hatte mir ja nichts vorzuwerfen und lief erhobenen Hauptes durchs Dorf. Wenn sich unsere Nachbarin zwischen den Autos vor mir versteckte, dachte ich: Soll sie machen. Sie kann ruhig knien vor mir. Wut ist für mich ein Energiespender. Einmal habe ich auf Rainer eingedroschen. Ich hatte ihm gesagt: »Ich möchte nicht, dass du mit dieser Frau und unserer Tochter etwas gemeinsam unternimmst.« Als er sich nicht daran hielt, ging ich mit Fäusten auf ihn los, er hat sich nicht gewehrt, am nächsten Tag wurde er wegen Schmerzen in ein Krankenhaus eingeliefert. Natürlich hatte ich Gewissensbisse und Angst, dass er mir die Polizei auf den Hals hetzt, aber es wurde eine Herz-Rhythmus-Störung diagnostiziert. Danach gingen wir uns aus dem Weg, ich übernachtete oft bei Freundinnen, vier Monate nach dem Vaterschaftstest zog ich aus. Ich musste weg, sonst würde ich eingehen wie eine Primel. Unsere Trennung haben wir unserer Tochter gemeinsam mitgeteilt. Ich glaube nicht, dass sie von unseren Problemen überrascht war, aber sie hatte wohl die Zuversicht, wir kriegen das hin.

Das letzte Jahr ist einerseits getragen von einem Gefühl der Befreiung. Vorher kam ich mir vor, wie jemand, der von Arzt zu Arzt rennt und fragt: »Warum geht es mir schlecht?« Bildlich gesprochen, bekam ich vor einem Jahr die Diagnose: »Es ist Krebs.« In unserer Beziehung hatte sich ein Geschwür eingenistet. Das Nichtwissen, woran unsere Beziehung krankte, war für mich schlimmer als die Trennung. Alle Freunde sagten: »Das hätten wir ja nie gedacht. Ihr wart doch ein Vorzeigepaar.« Nun gibt es keine Lügen und fadenscheinigen Ausreden mehr. Ich bin froh, dass ich die Fassade der heilen Familie nicht weiter aufrecht erhalte. Ich fühle mich auch entlastet, dass ich das Haus nicht mehr habe, sehe jetzt seine Nachteile: die niedrigen, dunklen Räume. Meine Wohnung ist hell, ordentlich, niemand geht mehr mit Dreckstiefeln durch die Zimmer.

Andererseits fühle ich mich gescheitert und trauere um die verlorene Perspektive, gemeinsam alt zu werden. Früher habe ich Störungen in unserer Beziehung hauptsächlich auf meine Defizite zurückgeführt, heute glaube ich: Ich wurde Rainer irgendwann zu stark. Unsere Nachbarin wirkte oft schwach und hilflos, mit ihr konnte er sein Bild vom Mannsein leben. Und er lebte mit ihr Sexuelles aus. Nach der Geburt unserer Tochter Lotte war ich nur noch Hausfrau und Mutter, ein Neutrum. Der größte Fehler ist sicher, dass wir nicht mehr miteinander redeten oder besser, dass Rainer aufhörte, mit mir zu reden. Am meisten aber schmerzt mich, dass wir unserer Tochter die Sicherheit einer intakten Familie nehmen. Ihre Lehrerin erzählte mir, dass sie in der Klasse über das Thema sprachen: »Wie ist es, wenn das Herz ganz dunkel ist?« Lotte habe erzählt, ihr Herz sei einmal ganz schwarz gewesen – als wir ihr unsere Trennung mitteilten.

Was sie angeht, ist das Verhältnis zwischen Rainer und mir sachlich-vernünftig. Eine Woche wohnt sie bei mir, eine Woche bei ihm. Freitagmorgens bringt sie einer von uns in die Schule und der andere holt sie ab. So vermieden wir anfangs, uns zu begegnen, denn unsere Beziehung ist noch sehr angespannt.

Kurz nach unserer Trennung dachte ich, ich hätte alles im Griff, während Rainer sein Leben gewiss nicht auf die Reihe bekäme. Aber er schafft alles allein, wofür er mich früher gebraucht hat, was mich ärgert. Auch Freundschaften pflegt er mehr, er schreibt sogar Weihnachtskarten. Die Ungewissheit, mit welcher Version er bei Freunden unterwegs ist, macht mir viel aus, aber ich will nicht nachkarten: Es war aber so und so. In unserem Ort wird er regelrecht betüttelt. Bei Trennungen solidarisieren sich ja Menschen meist mit dem Partner, mit dem sie zu tun haben. Von Rainers Ansehen im Dorf profitiert auch unsere Tochter. Ich merke, dass ich vieles mitmache, billige, aushalte, weil es zu ihrem Wohl ist.

Ob ich aufgehört habe, Rainer zu lieben, weiß ich nicht. Ich bin froh, dass er der Vater meiner Tochter ist, aber ich habe meinen Respekt vor ihm verloren, ich möchte nicht mehr mit ihm zusammenleben, ganz sicher bin ich mir jedoch nicht. Wenn er irgendwann geläutert sagen würde: »Was ich da gemacht habe, ist Mist«, würde ich ihn vermutlich in den Arm nehmen und sagen: »Lass es uns noch mal probieren.« Ich wünsche, dass er einsieht, dass sein Verhalten unter aller Kanone war. Seine Affäre mit der Nachbarin sehe ich inzwischen nicht mehr so eng. Ich denke: Mein Gott, ein Seitensprung. Was ich ihm verübele: Er hat nichts beigesteuert, um unsere Probleme zu lösen. Um Beziehungen muss man kämpfen, eine Krise ist die Aufforderung, etwas zu tun, zu retten, doch Rainer waren Auseinandersetzungen zu anstrengend.

Letztes Jahr hatte ich eine kurze Affäre mit einem Uralt-Freund. Ich genoss die Leichtigkeit, fühlte mich wieder begehrt, aber er wollte sich in mein Leben einmischen und meinte, dass ich meinen Alltag nicht geregelt kriege. Na holla! Jetzt bin ich offen für eine neue Partnerschaft, am liebsten wäre mir eine Wochenendbeziehung. Ich wünsche mir einen Mann für gemeinsame Unternehmungen, für guten Sex, aber ich habe keinen Bock mehr auf die Alltagsroutine.

Für die kommenden Monate plane ich, mir eine Werkstatt einzurichten, damit ich wieder bildhauern kann. Stein ist das richtige Material für mich, ich bin glücklich, wenn ich darauf rumhauen kann. Aber erst einmal beantrage ich eine Kur. Ich merke, dass meine Wut verraucht und ich in eine Depression rutsche. Ich habe zu vielem keine Lust mehr, muss meinen Akku wieder aufladen, ich brauche ein paar Wochen nur für mich, in denen ich Rückschau halten und Pläne machen kann. Wenn ich über unsere Partnerschaft nachdenke, wird das Schöne, das wir miteinander hatten, noch überlagert von den Jahren, in denen ich vieles ausgehalten habe. Natürlich war nicht alles schlecht, nur ein Teil war faul und modrig, ein Virus hat das Gute infiziert. Das Gegengift war zu gehen. Auf das Haus habe ich rechtlich keinen Anspruch. Das Einzige, was mir zusteht, ist die Küche, aber Rainer hat durch die gesunkenen Immobilienpreise auch einen enormen Verlust gemacht.

Rainer M.:
Es ist ein Interview auf Probe. Erst wenn er den Text gelesen habe, werde er über die Freigabe entscheiden, behält sich Rainer M. vor. Doch dann scheint der schlanke, sportliche 49-jährige Verwaltungsbeamte meine Anwesenheit fast zu vergessen. Immer mehr versinken das Wohnzimmer in dem gemütlichen Fachwerkhaus und die umherstreichende Katze im Dämmerlicht, während Rainer M. eintaucht in einen Erzählfluss, dessen Adressat offenbar in erster Linie er selbst ist.

Als Gudrun und ich uns kennenlernten, war ich nach einer achtjährigen Beziehung für anderthalb Jahre allein gewesen. Ich dachte: Das ist ja eine tolle Frau! Sie ist auch heute noch äußerst lebendig, humorvoll und kreativ und machte auf mich den Eindruck, als könne man mit ihr Pferde stehlen. Als Paar habe ich uns erst empfunden, als wir zusammenzogen. Einmal fragte mich Gudrun, ob wir heiraten. Die Ehe meiner Eltern ist superglücklich, aber ich sah keine Notwendigkeit, vor dem Staat und schon gar nicht vor der Kirche ein Versprechen abzugeben. Später fragte ich sie doch, aber da konnte sie sich nicht darauf einlassen. Und dann war die Luft raus. Jetzt wäre eine Scheidung vermutlich schwierig geworden.

Unser Hauskauf war eine rein gefühlsmäßige Entscheidung. Wir haben es angeschaut und gesagt: »Das ist es!« Jetzt würde ich es gern verkaufen. Ich möchte flexibler sein, 160 qm Wohnfläche übersteigen meine finanziellen Verhältnisse. Ich hatte schon Mitmietanfragen, aber im Moment möchte ich niemanden um mich haben. Es jetzt zu verkaufen würde einen Riesenverlust bedeuten. Es steckt auch viel Herzblut drin.

Nachdem wir beschlossen hatten, auseinander zu gehen, habe ich bei Freunden gewohnt, an Gudruns Umzugstag ging ich zurück. Es war mein Haus, ich wollte Präsenz zeigen. Ich wollte nichts beaufsichtigen, nichts kontrollieren, wichtig war mir, in dieser Situation aufrecht zu stehen und nicht zu flüchten. Als Gudrun darauf bestand, es sei abgesprochen gewesen, dass ich nicht auftauchte, vermied ich eine Auseinandersetzung und fuhr zu Freunden, anschließend irrte ich noch tagelang umher und besuchte Menschen, die ich kannte.

Als ich das Haus wieder betrat, war ich schockiert, wie ausgeräumt es war. Es fehlten keine großen Dinge, sondern die vielen Kleinigkeiten, die Wohnen ausmachen. All das, was man über Jahre angesammelt hat, Geschenke, Mitbringsel aus dem Urlaub. Auch das Alessi-Geschirr, das wir in Italien gekauft hatten, war weg. Ich hatte es bezahlt, da bin ich mir ganz sicher. Als Ersatz hatte Gudrun unser rostiges Campinggeschirr eingeräumt. Ich war wie vor den Kopf gestoßen. Es hätte mir nicht so einen Stich gegeben, wenn der Schrank leer gewesen wäre. Als ich mich wieder gefangen hatte, habe ich als Erstes das Türschloss ausgetauscht. Ich hätte kein einziges Utensil verändern können, wenn Gudrun in meiner Abwesenheit noch Zugang gehabt hätte.

Vier Tage später besuchte mich unsere Tochter Lotte. Ich wollte nicht, dass sie die Räume so unwohnlich leer sieht, deshalb habe ich in Windeseile einen Raubzug durch Ikea gemacht. Als sie kam, war ich aufgeregt wie ein frisch Verliebter, der das erste Mal Besuch von seiner Liebsten empfängt. Sie blieb in der Tür stehen, guckte sich um und sagte: »Papa, hier hat sich ja alles verändert.« Ich fragte: »Wie gefällt es dir denn?« Sie sagte: »Richtig toll, endlich Platz zum Spielen.«

Inzwischen strahlt das Haus für mich eine viel bessere Atmosphäre aus als in den letzten Jahren, in denen ich das Gefühl hatte, mich nicht mehr frei bewegen zu können. In der unteren Etage gab es jeden Abend ein fixes Programm: Wir aßen gemeinsam, brachten Lotte ins Bett, und dann ging der Fernseher an. Wenn ich nach oben ging, warf Gudrun mir vor: »Jetzt haben wir Zeit für uns, und du ziehst dich zurück.« Aber hier war keine Zeit für uns, hier war nur der Fernseher. Ich fühlte mich in meinem eigenen Haus wie ein Gefangener, konnte das aber nicht aufbrechen. Dass wir über Differenzen, die sich zunehmend einschlichen, nicht geredet haben, ist bedauerlich, aber ich schaue nicht zurück, um zu bewerten: »Das war gut, und das war schlecht.« Es war, wie es war.

Viele Jahre war unsere Beziehung ja auch harmonisch, wir haben super miteinander funktioniert. Beruflich versuchten wir, voneinander zu profitieren. Es gab Phasen, in denen ich auf Gudruns Know-how angewiesen war und umgekehrt. Im Nachhinein sehe ich allerdings, dass wir uns auch durch unsere berufliche Laufbahn auseinander entwickelt haben.

Meine Stelle im Regierungspräsidium habe ich mir unter drei Stellenangeboten ausgesucht, wobei ich mir zum Ziel setzte, mir innerhalb der Verwaltung alle fünf Jahre neue Aufgaben zu erschließen. Nach einem Aufbaustudium im Bereich Informationsmanagement machte ich zwar keine Gehaltssprünge, aber ich empfinde es als Luxus, dass ich beruflich mache, was ich will und nicht was ich muss. Gudrun hatte viele interessante Jobs, mit denen sie jedoch manchmal nicht wirklich Geld verdiente. Ihre jetzige Stelle ist ihr auf den Leib geschnitten, über die gesamte Zeit betrachtet, ist sie eine Springerin, die viel angefangen und letztlich immer wieder hingeschmissen hat. Wenn sie irgendwo reingeworfen wird, entfaltet sie ungeahnte Kräfte, aber es fällt ihr schwer durchzuhalten. Als sie noch Supervision studierte, ging sie durch einen Prozess der Selbstfindung und veränderte sich. Sie meinte, sie habe sich weiterentwickelt und ich mich nicht, wenngleich sie das positiv formulierte, indem sie mir anbot, mein berufliches Fortkommen zu stützen. In dieser Zeit haben wir etwas verloren miteinander.

Verloren haben wir unsere Beziehung, wie sie mal war. Früher war ich der Macher. Ich habe nicht bestimmt, wir haben immer alles abgesprochen, aber ich habe Dinge in Bewegung gesetzt. Nicht, dass Gudrun das nicht gekonnt hätte, aber sie war chaotisch. Sie hatte zwar viele Ideen, doch dem Ganzen einen Rahmen zu geben, einen festen Tagesablauf, war mein Part. Während wir vorher im Diskurs waren, tauschte sie sich in ihrem Aufbaustudium intensiv mit anderen aus und orientierte sich mehr und mehr nach außen. Sie erzählte nicht mehr viel von sich, und ich habe das auch nicht mehr getan, zwischen uns beiden war nicht mehr viel an Herzlichkeit und Liebe. Meine Funktion wurde die des Praktischen.

Auch unsere sexuelle Beziehung war in einem Tal angelangt. Im Jahre 2000 erfüllte ich mir einen Lebenstraum und durchquerte mit Gudrun Australien, das war toll, doch ich hätte die Reise auch mit jedem anderen guten Freund machen können. Gerade in Situationen, wenn alles stimmt, macht sich bemerkbar, dass das eine fehlt. Vielleicht war ich zu verständnisvoll. Ich habe Begründungen, warum es gerade nicht passt, miteinander zu schlafen, immer akzeptiert: »Ja, o. k., ist nicht so schlimm«, bis mir klar wurde: Da passiert etwas Grundsätzliches. Darüber gesprochen haben wir nicht, aber wir machten Anläufe, unsere Beziehung zu verbessern, indem wir geradezu professionell festlegten: Wir brauchen einen Abend pro Woche für uns. Und jeder braucht einen freien Abend für sich. Aber man kann eine Beziehung nicht planen, nicht in ein Schema pressen. Wenn ich am Dienstag frei hatte, dachte ich: Was machst du denn heute? Jetzt musst du dich verabreden. So etwas funktioniert nicht. Das Gegenteil kennen wir doch alle: Wenn wir verliebt sind, bedarf es keiner Vereinbarungen.

Als Gudrun schwanger war, waren wir wieder gut und liebevoll aufeinander bezogen, wir selbst waren wichtiger als das Berufliche, wir wurden wieder häuslich und schliefen auch häufiger miteinander. Gudrun bekam wieder meine Aufmerksamkeit, weil sie sich mir zuwandte. Die Nachbarn erzählten, am Tag nach Lottes Geburt sei ich über die Bürgersteige geschwebt. Um für die Familie da zu sein, habe ich meine Arbeitszeit erst halbiert und nach einem halben Jahr auf 30 Stunden reduziert.

Doch dann sackte unsere Beziehung noch mehr ab als vorher. Ich bin immer wieder auf Gudrun zugegangen, ich hatte ein Bedürfnis nach Nähe, doch Gudrun entzog sich, ich fühlte mich abgelehnt, regelrecht weggestoßen und war sehr enttäuscht über den Kontrast zwischen dem großen Glück, das nochmals entstanden war, und dem tiefen Fall. Als Gudrun mir sagte, sie hätte eine komische Mail bekommen, ahnte ich gleich, was drin steht, beim Lesen wurde mir heiß und kalt. Jetzt musste ich Farbe bekennen.

Gudrun glaubt, ich hätte sie über Jahre betrogen, aber das trifft nicht zu. Einige Monate nach Lottes Geburt hatte ich einen Abend mit einer Freundin zusammengesessen und mir meine Frustration von der Seele geredet. Ich hatte etwas getrunken und hatte mir ein paar Streicheleinheiten geholt, wir sind an diesem Abend auch intim geworden, aber am nächsten Tag war die Sache gegessen. Als diese Frau, Ina, mir mitteilte, dass sie schwanger sei, habe ich sie beglückwünscht, sie habe sich doch noch ein Kind gewünscht, bis sie sagte, das Kind sei von mir. Diesen Moment werde ich nie vergessen. Blitzschnell war mir klar: Wenn ich Gudrun das offenbare, schnappt sie unsere Tochter und geht. Weil ich um nichts in der Welt Lotte verlieren wollte und Gudrun auch nicht, konnte ich ihr das nicht sagen. Den Vorschlag, dass Ina in unseren Ort zieht, machte ich, weil unser Dorf das familienfreundlichste in der Region ist. Wir hätten lieber eine andere Lösung gefunden. Und dann war es ja auch die Zeit, in der Gudrun ständig unterwegs auf Fortbildungen war, während ich das Kind betreute. Obwohl Ina wahrlich nicht ihre Busenfreundin war, hat Gudrun ihre Dienste auch gern in Anspruch genommen. Wenn Lotte mal »störte«, hat sie sie rüber zu Ina geschoben.

Dass es mit der Geburt so gelaufen ist, war ein dummer Zufall. Ina rief abends an, und Gudrun ging ans Telefon. Als ich mitbekam, dass die Wehen eingesetzt hatten, hätte ich Gudrun am liebsten den Hörer aus der Hand gerissen, aber wie hätte ich das begründen sollen? Gudrun war auch ganz fix dabei, sie sagte: »Ich gehe mal schnell rüber.« Ich dachte, sie holt den Notarzt und kommt dann wieder. Dass sie im Krankenhaus gelandet ist und Ina mit entbunden hat, war eine unglückliche Verkettung, mit der ich nichts zu tun habe. Im Gegenteil, ich war entsetzt.

Als das Baby da war, haben Ina und ich gemeinsam die Kinderwagen durch die Landschaft geschoben. Es war durchaus nett mit ihr, ich mag sie sehr, sie mochte mich als Mann und als Vater ihres Kindes, für ihre Probleme war ich der einzige Ansprechpartner. Und ich glaubte ja, sie ist die Mutter meines Kindes, das irgendwann anfing, zu mir Papa zu sagen. Immer wenn ich mit Lotte etwas unternahm, hatte ich im Hinterkopf: »Das wirst du deiner zweiten Tochter nie bieten können. Sie darf noch nicht mal wissen, dass ich der Vater bin.« Ich habe mir ständig Fristen gesetzt, um Gudrun die Wahrheit zu sagen, aber wenn der Zeitpunkt näher kam, dachte ich: Nicht jetzt. Als Gudrun mir auf den Kopf zusagte: »Du hast was mit dieser Frau«, habe ich es verneint. Unsere Nachbarin war ja nicht meine Geliebte, ich habe kein Doppelleben geführt, ich habe immer klargestellt, dass mein Platz in der Familie ist. Das machte Ina auch zu schaffen. Dass ich ihr, der Mutter meines Kindes, bei uns Hausverbot erteilen musste, war schon eine harte Nummer. Lotte hat Ina immer abgöttisch geliebt, auch die Kinder waren gut miteinander, aber Lotte spürte genau, wie ablehnend Gudrun zu Ina stand. In Gudruns Begleitung guckte sie an Ina vorbei, wenn Gudrun nicht dabei war, ist sie wie ein Blitz auf Ina zugeschossen. Mir kommt die Galle hoch, dass Gudrun Lotte die ganze Geschichte erzählt hat.

Der Anlass für meine Vaterschaftsanerkennung war der jähe Tod eines Freundes. Was, wenn Ina etwas zustieß? Lieben durfte ich meine zweite Tochter ja nicht, aber ich war verantwortlich. Den Vaterschaftstest verlangte ich, nachdem Gudrun und ich versuchten, nochmals gemeinsam einen Weg zu finden. Ina zeigte Widerstand, aber wenn ich etwas will, setze ich mich durch.

Das Ergebnis wurde mir im Juni 2008 ins Büro gemailt, ich las: »Das Kind ist mit hundertprozentiger Sicherheit Ihr Kind.« Erst als ich den Mailausdruck nochmals las, realisierte ich, dass da steht: »… ist nicht Ihr Kind.« Ich rief Gudrun an: »Der Test ist da.« Als sie fragte: »Na, und?«, versagte meine Stimme, ich habe ihr das Ergebnis gemailt. Zuhause hatte Gudrun schon eine Flasche Sekt geköpft, es machte sich große Erleichterung breit, aber ich fragte mich: Was bedeutet das für die Beziehung zu Ina und ihrem Kind? Ich glaube bis heute nicht, dass sie mich bewusst getäuscht hat, sonst könnte ich unsere Freundschaft gar nicht aufrecht erhalten, wir arbeiten ja noch zusammen. Sie neigt dazu, Dinge auszublenden und hat die Nacht mit dem Typen, von dem ich annehme, dass er der Vater ist, einfach verdrängt.

Zum Zeitpunkt des Vaterschaftstestes hatte sie schon länger einen anderen Partner, mit dem sie seit dem Herbst 2009 auch verheiratet ist. Außerdem wohnt sie nicht mehr hier im Ort. Ich bin mir nicht sicher, ob ich Gudrun das erzählt habe. Gudrun hatte mir einen Katalog von Bedingungen diktiert, die ich erfüllen sollte, damit sie mit mir zusammenbleibt: Unsere Nachbarin sollte wegziehen, ich sollte dafür sorgen, dass sie ihren Job verliert und sollte Gudrun die Hälfte des Hauses überschreiben. Als ich sagte: »Das mache ich nicht«, meinte sie, dann hätte ich mich ja entschieden. Nein, ich hatte mich nicht entschieden, ich hätte sie nie des Platzes verwiesen. Sie stellte Forderungen, die es ihr ermöglichten zu sagen: »Jetzt reicht`s.« Aber was ist das für eine Beziehung, die auf Bedingungen basiert?

Mag sein, Gudrun hat viel in das Haus investiert, aber die Kohle stammt Cent für Cent von mir. Wir hatten immer vor, eine schriftliche Vereinbarung zu treffen, die beiderseitigen Ansprüchen gerecht wird, haben das jedoch nie gemacht. Ich glaube, im Trennungsprozess kam viel von dem hoch, was bei uns nicht stimmte. Wir hatten immer den Anspruch, Ausgaben fifty-fifty zu teilen und haben auf Reisen säuberlich aufgelistet, wer was ausgibt, doch bezeichnenderweise haben wir nie abgerechnet. Nach Urlauben fragte ich mich oft: Ist es für mich in Ordnung, dass ich mehr bezahlte? Meine Antwort: Ja, ich hatte eine schöne Reise mit der Frau, die ich liebe, da geht es nicht ums Geld. Unbewusst haben wir wohl geahnt, dass wir uns an dieser Stelle in die Haare kriegen.

Insgesamt möchte ich nichts von unserem gemeinsamen Leben missen. Wenn ich in Erinnerungsstücken krame, Briefe entdecke, trauere ich um das, was verloren ist. Ich ahne, wie belogen und betrogen Gudrun sich fühlen muss. Aber ich kann Geschehenes nicht ändern. Und mein Teil war auch nicht schön und glücklich. Ich hoffe, dass wir es friedlich hinkriegen mit unserer Tochter. Ich habe Angst, da könnte noch was aufflammen.

Das letzte Jahr war eines der spannendsten, alle Beziehungen ordnen sich neu. Ich habe Freundschaften verloren, was mir zu schaffen machte, aber ich beginne gerade loszulassen. Während ich früher anderen wenig preisgab, war ich in unserem Trennungsprozess so am Ende, dass ich das Gefühl hatte: Ich brauche jemanden, mit dem ich ehrlich reden kann, ich will mich nicht mehr verstecken. Das ging bis in die Jobsituation. Wenn man morgens tränenüberströmt am Schreibtisch sitzt, kann man das vor Kollegen nicht mehr verbergen. Ich differenziere schon, wem ich was erzähle, aber dass schonungslos offene Gespräche überhaupt möglich sind, ist ein neues positives Lebensgefühl. In der Bandbreite von Reaktionen akzeptiere ich auch die heftigen. Ich hoffe, dass ich nicht wieder in eine ängstliche Abhängigkeit komme: »Mag der oder die mich denn noch, wenn ich das sage?« Als ich in der Trennung nicht mehr wusste, wohin mit mir, war es das Allerwichtigste, auf ein paar Personen zurückgreifen zu können, die mich lange kennen und mich nicht nur aufgrund der aktuellen Ereignisse beurteilen. Diese Freundschaften hätte ich mit Gudrun nie erlebt, ich habe auch zwei neue Frauenfreundschaften. Da ist kein Sex, aber eine tiefe Verständigungsebene, ich fühle mich aufgehoben. Mein Wunsch ist, dass es Gudrun gutgeht, wie und mit wem, das geht mich nichts mehr an. Unsere Zweier- und Liebesbeziehung war schön, nun hat sie geendet. Da bleibt kein Rest an Negativem. Nur unsere finanzielle Auseinandersetzung hinterlässt einen schalen Nachgeschmack.

Liebe versus Alltag

Sinkende Heiratszahlen – Steigende Scheidungsquoten

»Die Ehe ist die wichtigste Entdeckungsreise, die der Mensch unternehmen kann«, sinnierte der Philosoph Sören Kierkegaard, der selbst zeitlebens ledig blieb. Doch immer seltener wagen Paare dieses Abenteuer, jedes dritte Ehepaar in Deutschland bricht irgendwann die gemeinsame Entdeckungsfahrt ab. 2008 endeten 192 000 Ehen vor dem Scheidungsrichter. Am häufigsten scheiterten Ehen in Hamburg, gefolgt von Berlin und Bremen. Von den Bundesländern sind Schleswig-Holstein und das Saarland die Hochburgen der Scheidungswilligen, am stabilsten sind Ehen in Sachsen und Thüringen.

In den letzten 20 Jahren erfolgten die meisten Scheidungen im Jahre 2003, auf den Tiefstand sank die Scheidungsrate 1977/78 in Westdeutschland und 1991/92 in Ostdeutschland. Der erste Einbruch fiel zusammen mit der Aufhebung des Schuldprinzips im Scheidungsrecht. Der zweite Einbruch erfolgte mit der Wiedervereinigung und der Annullierung des FGB (Familiengesetzbuch der DDR) zugunsten des BGB (Bürgerliches Gesetzbuch). In gesellschaftlichen Krisen- und Umbruchzeiten scheuen Paare nicht nur Unsicherheiten im Privatleben, Umfragen zufolge erhöht sich auch die Zufriedenheit mit der bestehenden Partnerschaft, wiewohl offenbar nur vorübergehend. Denn bald begann die Aufholjagd. 1993 ließen sich in den neuen Bundesländern fast doppelt so viel Paare scheiden wie im Vorjahr, auch in den alten Bundesländern setzte ein Scheidungsboom ein. Nachdem die Scheidungsrate zwischen 2003 und 2007 kontinuierlich fiel, kehrt sich seit 2008 der Trend wieder um.

Es sind überwiegend Frauen, die die Konsequenz aus der erloschenen oder niemals entflammten Liebe ziehen. 2008 beantragten Frauen zu 54 Prozent die Scheidung, in Ostdeutschland etwas häufiger als in Westdeutschland. In 93 Prozent der Fälle stimmte der Ehemann der Scheidung zu. Ohne dessen Einwilligung wurden sieben Prozent aller Scheidungen von Frauen in die Wege geleitet.

Auf Wunsch und Initiative der Männer erfolgt nur ein Drittel der Scheidungen. Doch zwischen 2008 und 2009 holten Männer um einige Prozente auf. Die meisten Ehefrauen (ebenfalls 93 Prozent) unterschrieben das Scheidungsbegehren ihres Mannes. Neun Prozent der Eheleute reichten gemeinsam die Scheidung ein.

Längst ist der Bund fürs Leben eine Lebensabschnittsbegleitung. 2008 betrug die durchschnittliche Ehedauer bei der Scheidung 14,1 Jahre. 2007 waren Eheleute im Schnitt 13,9 Jahre verheiratet gewesen und 1990 lediglich 11,5 Jahre. Somit setzt sich die Tendenz zum offiziell längeren Miteinander fort, was auch damit zusammenhängt, dass Paare weniger schnell das Gericht einschalten. Zudem zieht sich das Scheidungsverfahren oft lange hin. Andererseits schnellt die Scheidungsquote in die Höhe durch Menschen, die in serieller Monogamie mehrfach einer oder einem anderen das Jawort geben und somit die durchschnittliche Scheidungsfreudigkeit verfälschen.

Das siebte Jahr steht zu Unrecht im Ruf, das »verflixte« zu sein. Denn die meisten Ehen werden nach vier bis acht Jahren geschieden, zum Zeitpunkt also, wenn die Verliebtheit abklingt und Alltagsroutine einkehrt oder sich die Zweisamkeit als zu wenig tragfähig erweist, um gemeinsam Kinder zu haben.

Auch die Familiengründung und die damit oft einhergehende Rollenaufteilung werden häufig zur ehelichen Zerreißprobe. In knapp der Hälfte aller Scheidungen sind minderjährige Kinder betroffen. Wenn diese flügge sind und aus dem Haus gehen, steht die Partnerschaft nochmals auf dem Prüfstand; im zeitnahen Ruhestand wird das Geben und Nehmen ebenfalls kritisch bilanziert.

Zwar gilt in fast allen europäischen Ländern die Faustregel: Je länger die Ehe, desto wahrscheinlicher, dass Paare zusammenbleiben. Doch die Zahl der späten Trennungen hat sich in den letzten zehn Jahren in Deutschland nahezu verdoppelt. Fast jede fünfte Scheidung wird nach der Silberhochzeit eingereicht.[29] 2008 ließen sich in Deutschland 1826 Paare scheiden, nachdem sie 41 Jahre und länger Freud und Leid miteinander geteilt hatten – zumindest auf dem Papier. Am geringsten ist das Scheidungsrisiko im neunten Ehejahr.

Bei den 2008 registrierten Scheidungen waren Frauen im Schnitt 41,4 und Männer 44,2 Jahre alt. 1990 waren Frauen wie Männer noch fast sechs Jahre jünger, entsprechend des früheren Heiratsalters. Seit Mitte der 70er Jahre verschiebt sich dieses stetig nach oben. Heute sind Männer beim Gang zum Standesamt durchschnittlich 33 Jahre und Frauen 30 Jahre alt. Besonders in Berlin räumen sich Partner eine lange Bedenkzeit ein.

Am häufigsten scheitern die Ehen der 40- bis 45-Jährigen. Als Sandwichgeneration sind sie am stärksten belastet, und Stress ist ein Beziehungskiller. Auch die Aussicht auf neues Glück in der Midlifecrisis ist ein Grund, weshalb jeder fünfte Geschiedene dieser Altersgruppe angehört. Von den Paaren, die 2008 geschieden wurden, waren 40 Prozent der Männer und 44 Prozent der Frauen unter 40 Jahre alt.

Den meisten Scheidungen geht die obligate einjährige Trennungszeit voraus. Ungefähr jede 60ste Scheidung erfolgte 2008 vor Ablauf der gesetzlich verankerten Bedenkzeit, die außer Kraft gesetzt werden kann, falls die Fortsetzung der Ehe eine unzumutbare Härte bedeutet. In 13 Prozent aller Scheidungen war das Paar drei Jahre und länger von Tisch und Bett getrennt.

Eine Scheidung bedeutet jedoch nicht die grundsätzliche Abkehr von der Institution Ehe. Jedes sechste Brautpaar besteht aus Wiederholungstätern.[30] Zweit-Ehen allerdings sind noch gefährdeter, in der Hälfte der Fälle geben sich Partner wieder den Laufpass. Noch höher ist die Trennungsrate bei Patchworkfamilien ohne Trauschein.

Wie die rapide steigende Zahl unverheirateter Paare zeigt, lehnen mehr und mehr Menschen von vornherein die amtliche Legitimierung ihrer Beziehung ab. Schätzungsweise 4,8 Millionen Menschen lebten 2008 in Deutschland in sogenannter wilder Ehe. Jedes dritte Neugeborene stammt mittlerweile von unverheirateten Eltern, in Berlin und Brandenburg sind offiziell 63 Prozent der Kinder bei ihrer Geburt nicht ehelich. Nach Schätzung von Bevölkerungsforschern wird jeder dritte Bundesbürger sein Leben lang unverheiratet bleiben, vor allem gut ausgebildete Menschen, vermutlich auch deshalb, weil sie ahnen, dass selbst die große Liebe den Lackmustest des Alltags nicht unbedingt bestehen wird.[31]

Krisengeschütteltes Österreich

Noch drastischer vollzieht sich der Wandel von Ehe und Familie in Österreich. Zwischen 1988 und 2007 stieg die Scheidungsquote von 29,5 auf 49,5 Prozent, wobei sich das Stadt-Land-Gefälle in Österreich besonders deutlich zeigt. Während in Wien 64 von 100 Ehen vor dem Scheidungsrichter landen, ist es in Tirol ein Drittel.

Für die Hälfte aller Ex-Paare hatte das Bekenntnis füreinander zehn Jahre Gültigkeit, 39 Prozent trennten sich nach zehn bis 25 Jahren, jedes zehnte Ehepaar reichte die Scheidung erst nach der Silberhochzeit ein. Auch nach der Goldenen Hochzeit beschließen Paare immer häufiger, fortan getrennte Wege zu gehen. Der älteste Österreicher, der jüngst vor den Scheidungsrichter trat, war 96 Jahre alt, die älteste Frau kündigte den Lebensbund mit 89 Jahren auf. Jüngere Paare hingegen werfen oft schon bald nach den Flitterwochen die Flinte ins Korn, am häufigsten im dritten Ehejahr. Im Schnitt blicken Österreicher bei der Auflösung ihrer Ehe auf zehn gemeinsame Jahre zurück. Dass die absoluten Scheidungszahlen seit einiger Zeit wieder sinken, hat auch in unserem Nachbarland damit zu tun, dass immer weniger Paare sich vor Gott und der Welt das Jawort geben. Wenn sie ihre Ehe satt haben, sind Österreicher im Schnitt 42 Jahre und Österreicherinnen 39 Jahre alt. In 42 Prozent aller im Jahre 2007 geschiedenen Ehen war die

Ehe kinderlos, statistisch hatten die Ex-Ehepaare 1,03 Kinder, davon die Hälfte unter 14 Jahren.

Geschieden wird überwiegend in beiderseitigem Einvernehmen. Fast 90 Prozent aller Scheidungspaare waren sich 2007 einig über ihre Uneinigkeit, eine Folge auch des österreichischen Scheidungsrechts, das noch die »Verschuldung« kennt. Diese beinhaltet schwere Eheverfehlungen, zu denen zuvorderst Ehebruch, unsittliches Verhalten und auch sexuelle Verweigerung in der Ehe sowie die Vernachlässigung des Haushaltes (sic!) gehören. Ein weites Feld also, um vor Gericht schmutzige Wäsche zu waschen, was die meisten offensichtlich ebenso vermeiden wollen wie die weitreichende Anordnungsbefugnis des Richters im streitigen Scheidungsverfahren. Während das österreichische Gesetz bei der einvernehmlichen Scheidung nur ein halbes Jahr Trennungszeit auferlegt, fordert es zudem bei einer streitigen Scheidung eine Trennungszeit von drei Jahren, im Härtefall sogar von sechs Jahren. Die Auswirkungen des Schuldprinzips bekommen vor allem Männer zu spüren. In rund 52 Prozent aller streitigen Scheidungen wurde ihnen angelastet, der Verursacher zu sein, in rund 11 Prozent wurde die Scheidung auf das Verhalten der Frau zurückgeführt, zu 37 Prozent hatten beide (oder keiner) das Ende der Ehe zu verantworten. Können vermutlich auch etliche Ex-Partner das moralische Verdikt verkraften, die finanziellen Folgen treffen wahrscheinlich viele an einer empfindlichen Stelle. Denn im Fall der Verschuldung bekommt der finanziell abhängige Partner zeitlebens weniger Unterhalt. Wie umgekehrt der Hauptername einen höheren Unterhalt zahlen muss, falls aus Sicht des Gerichts sein/ihr Fehlverhalten die Ehe zerstörte.[32]

Sandra M.: »Ich möchte ihn nicht zurückhaben, aber ich trauere um unser Familienleben.«

Viele Paare heirateten aus Lust auf eine rauschende Hochzeitsparty. Die Mainzer Soziologen Norbert Schneider und Heiko Rüger befragten 377 Ehepaare, die zwischen 1999 und 2005 den Bund fürs Leben schlossen. Bei 67 Prozent spielte die Lust auf ein Fest eine große Rolle, sieben Prozent gaben das Jawort, weil der Partner es unbedingt wollte.[33] *Auch Sandra M. reiht sich nüchtern in die Schar von Paaren ein, die heiraten, weil es zum runden bürgerlichen Leben einfach dazugehört, und weil die biologische Uhr tickt. Die 46-jährige Wahl-Berlinerin ist Mutter von zwei Töchtern. Das Interview vermittelt mir eine Therapeutin, die Sandra M. durch das erste Trennungsjahr begleitete. Nach ihrer 16-jährigen Ehe lebe ihr Mann nun »einen Steinwurf weit weg«, erzählt die blonde, schlanke Frau, deren Trennungsprozess viele Wendungen nahm.*

Mein Mann hat sich vor anderthalb Jahren von mir getrennt wegen einer anderen Frau. Sie ist nicht jünger, sondern drei Jahre älter als ich. Gegen das unwiderrufliche »Vorbei ...« habe ich mich lange gewehrt. Bis heute ist das stärkste Gefühl Fassungslosigkeit. Dass mein Mann so lange ein falsches Spiel getrieben hat, kann ich nicht mit ihm in Einklang bringen. Ich dachte immer: Wenn einer untreu ist, dann bin ich das. Ich bin diejenige, die ihn irgendwann verlassen wird.

Wir haben uns 1992 kennengelernt im praktischen Jahr meines Medizinstudiums, er war der Assistenzarzt und kümmerte sich um mich, wir zogen bald zusammen. Ich habe geheiratet, um verheiratet zu sein. Ich war Anfang 30, etliche Freundinnen hatten schon Kinder, ich wollte eine rauschende Hochzeit feiern, eine Familie gründen, ich fand es schön, zu jemandem zu gehören. Und Norbert war der beste Kandidat. Er ist großzügig, hat Humor und strahlte Bodenständigkeit aus. Vorher war ich ein richtiges Partygirl, mit ihm machte ich Picknick im Grünen. Unsere Gefühlsamplitude war vielleicht etwas flacher als in meinen vorherigen Männerbeziehungen, aber wir hatten in unseren Interessen zunächst die gleiche Wellenlänge: Wir reisten, besuchten Ausstellungen, genossen Essen sehr. Ich denke, mein Mann schätzte an mir, dass ich unkomplizierter als seine Ex-Freundin war. Kurz zuvor war seine Beziehung in die Brüche gegangen, ich half ihm, den Kummer zu verwinden. Den Heiratsantrag machte er mir, als ich von einem wieder mal konfliktreichen Besuch bei meinen Eltern kam. Meine Eltern werten mich oft ab, ich erfülle nie ihr Soll. Ihnen einen Schwiegersohn zu präsentieren, der ihre Kriterien nicht erfüllt, hätte ich mich nicht getraut. Norbert war Arzt, promoviert, aus gutem Hause. Alles passte.

Verliebt ineinander waren wir relativ kurz, mit unserer Heirat verstärkte sich bei mir die leichte Beunruhigung: Ich bin nicht mehr auf dem Markt. Als unsere älteste Tochter nach einer Kinderwunschbehandlung geboren wurde, war unsere Ehe schon ziemlich schlecht. In gewisser Weise habe ich Norbert benutzt, denn ich überlegte ganz rational: »Wenn ich mich trenne, dauert es, bis ich wieder einen neuen Partner finde. Wer weiß, ob der bereit wäre, eine Kinderwunschbehandlung durchzuziehen.« Parallel hatte ich mit einem Kollegen eine leidenschaftliche Affäre begonnen, mit seltenen Treffen. Er wohnte nicht in Berlin, ist verheiratet und hat unser Verhältnis nach einem Jahr aus Gewissensbissen beendet. Danach fiel es mir schwerer, die Fehler meines Mannes zu ertragen. Seine mangelnde Tatkraft und Umständlichkeiten empfand ich als unmännlich und schwach.

Nach der Geburt unserer Töchter, 2001 und 2003, arbeitete ich nur noch Teilzeit; die Verantwortung fürs Familieneinkommen habe ich an Norbert delegiert. Rückblickend sehe ich, dass ich ihn überforderte. Er ist nicht der Typ, der die Ärmel hochkrempelt und sagt: »Ich mache das schon.« Aber wir haben nicht über uns gesprochen. Wir können uns auch heute stundenlang rege unterhalten, doch Gefühle bleiben ausgespart. Oft habe ich etwas erwartet, ohne es zu formulieren, und wenn mein Mann meine Erwartungen nicht erfüllte, nörgelte ich an ihm herum. Wir haben uns auch nie richtig gezankt, sondern allenfalls Seitenhiebe ausgeteilt. Norbert ist konfliktscheu, er weicht aus und verschließt sich sofort. Merkwürdigerweise hatte ich das von ihm übernommen.

Vor dreieinhalb Jahren ging Norbert wegen einer neuen Stelle nach Stuttgart. Ich wollte nicht sofort die Zelte in Berlin abbrechen und besuchte ihn häufig mit den Kindern. Hinsichtlich unseres Nachziehens war er spürbar ambivalent. Er brauchte unnatürlich lange, um eine geeignete Wohnung zu finden, und er hat mir Stuttgart nie schmackhaft gemacht. Jedes Mal, wenn ich dort war, waren die Umstände ätzend, es regnete, irgendwas klappte nicht, er schleppte mich zu Kirchen und Klöstern, obwohl er weiß, dass man mich eher mit schönen Restaurants und Geschäften überzeugen kann. Angefreundet habe ich mich mit der Stadt erst, als ich auf eigene Faust losging.

Kurz nachdem wir endlich nach Stuttgart umgezogen waren, wurde Norbert eine Praxisteilhabe in Berlin angeboten. Unsere immensen Eheprobleme schob ich auf die erneute Umbruchsituation. 2007 zogen wir zurück nach Berlin, das heißt, Norbert kam erst drei Monate später nach, angeblich, weil kein Nachfolger für ihn gefunden wurde. Er fuhr auch weiterhin einmal im Monat nach Stuttgart, um im Krankenhaus einen gut bezahlten Hintergrunddienst zu machen. Sein Benehmen wurde immer seltsamer, er war abweisend und abwesend. Manchmal kam er mir vor wie ein Jugendlicher, der ausziehen will, weg von Mutti, aber es nicht schafft. Auch ich war in keiner stabilen Verfassung. Ich hatte mich gerade in Stuttgart eingelebt und fand in Berlin nur eine ungünstige Arbeitsstelle. Und ich lief auf einem Kongress dem Mann über den Weg, mit dem ich neun Jahre zuvor ein Verhältnis gehabt hatte. Es hat gleich wieder gefunkt. Es kamen also drei Faktoren zusammen: Die unheimliche Starre zuhause, meine deprimierende Stelle und meine neu aufgeflammte Liebe, von der ich wusste, dass sie keine Chance hat.

Als mir mein Mann gestand, dass er seit zwei Jahren eine Freundin hat, konnte ich das nicht glauben. Ich glaube, ich habe nur gesagt: »Wow.« Als er erzählte, dass er diese Frau liebe und mich nicht mehr, es aber nicht geschafft habe, mir reinen

Wein einzuschenken, da dachte ich nur: Was für ein dramatisches Gesülze! An den folgenden Tagen habe ich pausenlos geheult. Ich hatte es nie für möglich gehalten, dass mein Mann fähig ist, mich zu betrügen. Er ist eine grundehrliche Haut, der Typ, der zurückgeht, wenn eine Kassiererin ihm 50 Cent zu viel rausgegeben hat. Um die Treffen mit meinem Geliebten zu organisieren, war ich auch erfinderisch, aber ich hätte nicht mit meiner Flamme ständig zusammen sein und abends ins Ehebett kriechen können.

Eine Freundin sagte: »Sei froh, dass es zu Ende ist. Du warst doch unglücklich.« Aber ich wollte das Scheitern unserer Ehe lange nicht wahrhaben. Erst habe ich sämtliche Stereotype abgespult im Tenor: Bedeutet dir denn deine Familie nichts? Ich schlug Norbert vor, dass wir eine Ehe-Therapie machen und uns innerhalb der Wohnung trennen, ohne dass ich ihn bedränge. Meine Bedingung war, dass er mit seiner Freundin zunächst Schluss macht und erst zu ihr zurückgeht, wenn es nichts mehr mit uns wird. Ich sagte: »Wenn sie dich liebt, wird sie das akzeptieren.« Doch mein lieber, sanfter Mann wurde plötzlich eiskalt und verletzend. Ich hatte das Gefühl, er mobilisiert alle Boshaftigkeit und schlägt zurück für irgendetwas, was ich ihm angetan habe. Er ließ mich auch im Ungewissen, wie es finanziell weitergeht. Als er nach einer Woche zu einem Freund zog, erklärte er unseren Töchtern: »Mama und Papa streiten immer.« Sie wussten ja, dass das nicht stimmt. Aber Norberts Version war mir ganz recht. Seine Freundin habe ich gedanklich lange weggeschoben. Ich habe die Wahrheit nicht an mich herangelassen, weil ich wollte, dass mein Mann in der Verantwortung für uns bleibt.

Retrospektiv erschreckt es mich, dass Liebe dabei keine Rolle spielte. Ich war auch nicht wirklich traurig, ich war tief gekränkt. Ich fühlte mich stigmatisiert und abgewertet. Mein Mann verließ mich, er zeigte öffentlich, dass er mich nicht will. Ich nahm ab, konnte nur mit Schlaftabletten einschlafen, morgens fand ich kaum aus dem Bett. Ich war nicht eifersüchtig, aber ich war neidisch, dass mein Mann glücklicher ist als ich. Kurz nach seinem Auszug stellte Norbert auf dem Geburtstag unserer Tochter eine aufgesetzte Leichtigkeit zur Schau, nach dem Motto: Ich, der befreite Mann, komme gerade von einem heißen Wochenende mit meiner Freundin zurück. Es war peinlich. So benimmt man sich nicht im Beisein der Frau, die man gerade verlassen hat.

Und die materielle Unsicherheit bedrohte mich. Das Scheidungsrecht hat sich 2008 ja verändert. Mit meiner Halbtagsstelle konnte ich nicht einmal die Kaltmiete für unsere Wohnung bezahlen und malte mir mit Schrecken aus, dass ich mit unseren Kindern in einer Butze lande. Meine Angst war unbegründet. Norbert ist finanziell extrem großzügig, ich arbeite und verdiene inzwischen mehr, aber er hätte mir die Trennung sehr erleichtert, wenn er signalisiert hätte: Du musst dir keine finanziellen Sorgen machen. Ich glaube, er wollte mich bewusst verunsichern und ruhig ein bisschen leiden lassen.

Freunde gaben mir Tipps, was für Pläne ich schmieden muss, meine Gedanken kreisten jedoch nur um ein Thema: Warum ist das passiert? Zwei Wochen, bevor Norbert mir von seiner Freundin erzählte, gab es zwischen uns noch einmal eine Art Honeymoon. Ich habe ihn gefragt: »Was war das eigentlich? Warum flammte noch einmal diese sexuelle Innigkeit auf?« In den letzten Ehejahren haben wir uns kaum noch körperlich berührt. Manchmal versuchte Norbert, sich mir zu nähern, dann war es für mich ein ungünstiger Moment, ich habe das abgeblockt. Umgekehrt war es genauso. Wir schafften es nicht mehr, aufeinander zuzugehen. Er sagte, unsere letzte Liebesnacht sei eine Art sehnsüchtiger Anhänglichkeit gewesen, weil er wusste, dass er bald geht.

Nach seinem Auszug hat mein Mann weiterhin bei uns Wäsche gewaschen. Erst nach einem dreiviertel Jahr hat er seinen Kleiderschrank ausgeräumt. Auch ich wollte mit ihm in Kontakt bleiben. Unter dem Vorwand, dass wir etwas wegen der Kinder besprechen müssen, sind wir anfangs einmal pro Woche essen gegangen, unsere Beziehung klammerten wir aus. Wir wurden auch weiterhin zusammen eingeladen und feierten 2008 zusammen Weihnachten. Es war das beste Weihnachten, das wir je hatten. Sonst hatten wir uns immer unsere

Eltern als Besuch aufgehalst, was stressig war, da Norbert oft bis Heiligabend Dienst hatte. Nun wollte niemand kommen zu einem getrennten Paar, wir waren also zu viert und fanden es super. Norbert hat gekocht, ich konnte mich entspannen, wir haben uns auch nette Geschenke gemacht. Als wir gemeinsam auf dem Sofa saßen, dachte ich: Wie würde ich reagieren, wenn er jetzt den Arm um mich legt? Eigentlich wollte ich das nicht, aber ich hätte mich darauf eingelassen, weil ich für Stunden das Gefühl hatte, dass alles harmonisch ist. Aber Norbert machte keine Annäherung, er rief mich auch nicht zu meinem Geburtstag kurz nach Weihnachten an. Vielleicht, um mir heimzuzahlen, dass ich ihm auch nicht zu seinem 50sten Geburtstag gratuliert hatte.

Nach einem dreiviertel Jahr habe ich unsere Treffen eingedämmt. Ich merkte, ich setze mich nicht mit unserer Trennung auseinander, sondern führe die Beziehung auf einer anderen Ebene fort: Norbert wohnte halt woanders und traf zwischendurch seine für mich unsichtbare Freundin. Neugierig auf sie war ich schon. Norbert hatte von seinen Stuttgarter Kollegen ein Fotoalbum geschenkt bekommen, und da ich ihren Namen kannte und wusste, dass sie Krankenschwester auf seiner Station war, habe ich mit einer Lupe die Namensschilder entziffert. Aber sie blieb ein Phantom, weit weg von meinem Leben. Inzwischen habe ich sie einmal gesehen. Optisch ist sie eher bieder. Ich glaube, Norbert gefällt das. Früher mochte er es, wenn ich mich aufgebrezelt habe, doch in letzter Zeit meinte er: »Muss das sein?«, wenn ich mir etwas zum Anziehen kaufte. Früher fand er es auch ganz liebenswert, dass ich gern Hochglanzmagazine lese. Wenn ich krank war, brachte er mir oft einen Stapel mit, doch in den letzten Jahren rümpfte er immer mehr die Nase: »Schon wieder die *Gala?*« Er war in unserer Ehe immer der Vergeistigte.

Einen Monat nach seinem Auszug begann ich eine Therapie. Einmal pro Woche alles abzuladen hat mir sehr geholfen. Meine Freunde legten es mir als Schwäche aus, dass ich so lange klammerte, keine Selbständigkeit bewies und mich nicht schneller und entschiedener von Norbert löste. Aber ich muss alles erst verdauen und fühlte mich von meiner Umwelt unter Druck gesetzt. Dass wir uns getrennt haben, war der richtige Schritt, doch die Art und Weise finde ich schäbig. Seinetwegen bin ich zweimal umgezogen, und dann sagt er tschüs. Norbert hat nicht einmal gesagt: »Es tut mir leid«, sondern mir noch x Sachen reingewürgt. Er schleuderte mir entgegen, wie chaotisch und unordentlich ich sei. Unsere letzten Jahre seien nur noch quälend gewesen. Er sei überhaupt nicht mehr gern nach Hause gekommen. Er stellte also unsere ganze Vergangenheit in Frage. Wenn ich mich von ihm wegen meines Geliebten getrennt hätte, hätte ich mich entschuldigt, ich hätte mich für Norberts Schmerz verantwortlich gefühlt. Es kam eine Phase, wo ich voller Rachefantasien war. Eine meiner Vorstellungen war, dass ich Norbert auf einer Bergspitze fotografiere und ihn bitte, einen Schritt und noch einen nach hinten zu machen, bis er den Abhang runter fällt. Oder ich malte mir genüsslich aus, dass er tödlich verunglückt.

Im letzten Winter hoffte ich, aus dem Gröbsten raus zu sein. Doch vor einem halben Jahr ging es mir noch mal sehr mies. Mein Unglücklichsein habe ich auf die Trennung geschoben, doch jetzt weiß ich, dass ein Grund meine ungünstige Arbeitssituation war. Die Trennung und der Alltag haben alle Kraft aus mir gesaugt, ich hatte keinen Elan, mich woanders zu bewerben. Seit vier Wochen habe ich eine neue Stelle und blühe auf.

Unsere Scheidung möchte ich gern noch aufschieben. Es würde mir schwerfallen, auf einem Formular als Familienstand geschieden anzukreuzen. Finanziell wäre es zudem ungünstiger, wobei ich weiß, dass Norbert nicht dauerhaft so viel zahlen kann. Er wird sicher noch einmal heiraten wollen. Freunde erzählten mir, dass seine Freundin schon die Fühler nach einer gemeinsamen Wohnung ausstreckt. Ich denke, sie ist die treibende Kraft, sie hat ihn vermutlich gedrängt, das Verhältnis zu offenbaren. Ob Norbert rundum glücklich ist, kann ich nicht einschätzen. Er wirkt nicht so, aber vielleicht traut er sich nur nicht, es mir zu zeigen. Er erlebt gewiss eine Liebe, die er mit mir nicht hatte.

Ich selbst bin jetzt viel mehr als früher mit Frauen zusammen. Norbert und ich waren am intensivsten befreundet mit zwei Paaren. Von dem einen Paar treffe ich fast nur noch die Frau. Es kommt nie der Vorschlag, mit beiden auszugehen oder zu verreisen. Ich würde mich nicht als fünftes Rad am Wagen fühlen. Aber ich habe den Eindruck, sie und ihr Mann warten darauf, dass ich jemanden anschleppe, damit wir wieder in Paarformation ausgehen und in Urlaub fahren können. Bei dem anderen Paar waren Norbert und ich vor allem mit dem Mann befreundet, wir gingen oft zu dritt aus. Als Norbert nach Stuttgart ging, unternahmen der Mann und ich manchmal gemeinsam etwas, teilten uns zum Beispiel ein Philharmonie-Abo, da seine Frau Klassik nicht mag. Seit Norberts Auszug begleitet ihn seine Frau in die Philharmonie, obwohl sie sich langweilt und während des Konzerts Krimis liest. Ich bin erstaunt, dass Paare unter sich bleiben wollen. Aber ich saß früher selbst auf dem hohen Ross gegenüber alleinerziehenden Müttern.

Meinem Freund habe ich von unserer Trennung erst vor sechs Monaten erzählt, weil ich schon damit gerechnet hatte, dass er sich dann zurückzieht. Ich treffe ihn nur noch selten, seine Ehe sparen wir komplett aus, zwischen unseren Treffen ist oft wochenlang Funkstille. Trotzdem war es für mich enorm hilfreich, dass es ihn gab. Das ersparte mir das Gefühl, als Frau nicht mehr attraktiv zu sein. Aber ich habe körperliche Berührungen in meiner Ehe noch mehr vermisst als jetzt, weil einem eine Ehe ohne Sexualität so falsch vorkommt. Andererseits war meine Affäre auch ein doppelter Schmerz: Der eine trennt sich von mir, und der andere trennt sich meinetwegen nicht. Insofern bin ich Norbert dankbar, dass er keine glatte 25-Jährige gewählt hat, die ihm noch zwei Babys schenkt, sondern eine Partnerin, die mich nicht unter Druck setzt mit etwas, was ich nicht einholen kann. Ich möchte nicht sein wie seine Freundin Gisela, empfinde sie deshalb auch nicht als Konkurrentin. Aber ich denke schon häufig: Hat die es gut! Es gibt mir einen Stich, wenn sie zu zweit in den Urlaub fahren, besonders wenn sie mit meinen, ja meinen Kindern verreisen.

Anfangs schwärmten die Kinder ununterbrochen: Gisela kann dies, Gisela kann jenes. Mittlerweile hat sich das normalisiert: Das Essen schmeckt nicht immer gut, Gisela hat schon mal geschimpft, aber die Kinder testen oft meine Reaktion und fragen: »Findest du Gisela nett? Möchtest du ihre Freundin sein?« Die Älteste provoziert mich auch mit Sprüchen wie: »Mama, am Wochenende haben Papa und Gisela nackt geschlafen. Das habe ich gesehen.«

Ich möchte Norbert nicht zurückhaben, im Großen und Ganzen fühle ich mich besser als in den letzten Jahren unserer Ehe, ich bin selbständiger geworden. Mit zunehmendem Abstand sehe ich Norbert wieder positiver: Er ist ein guter Vater und auch als Ex-Mann zuverlässig. Dienstags kochen er und ein Freund immer für unsere und dessen Kinder. Nach der Arbeit stoße ich manchmal dazu. Das ist völlig entspannt, wir trinken Wein, die Kinder spielen.

Anfangs war der Gedanke, aus unserer großen Wohnung ausziehen zu müssen, unerträglich, die Wohnung war mein Anker, inzwischen habe ich das Gefühl, dass ein Umzug weder die Kinder noch mich völlig entwurzeln würde. Ich bin innerlich gewachsen, bin mit mir mehr im Reinen, bin auch empathischer geworden. Ich interessiere mich viel mehr für Beziehungen als früher und überlege mir oft, wie es wohl in Paaren wirklich aussieht und ob sie noch miteinander schlafen. Wie trügerisch die Außenfassade sein kann, weiß ich ja. Als Norbert und ich schon getrennt lebten, sagte jemand, was für ein nettes Paar wir seien.

Vor vier Wochen habe ich einen Mann kennengelernt, mit dem ich eine sehr schöne Nacht verbracht habe. Er ist gerade in Trennung, emotional also nicht ganz frei, aber sehr interessiert. Bis vor kurzem fand ich es zu mühevoll, mich auf einen völlig Fremden einzulassen, ich wollte lieber jemanden aus unserem Freundeskreis. Erst jetzt kann ich mir vorstellen, noch einmal neu anzufangen. Norbert habe ich noch nicht von diesem Mann erzählt, vielleicht, weil ich unsicher bin, was draus wird. Ihm ein Scheitern einzugestehen, würde mir schwerfallen. Aber Norbert fragt nichts Persönliches. Als er mir damals seine Geliebte gestand, habe ich ihm von einer Nacht mit meinem Liebhaber erzählt, vielleicht als Retourkutsche. Er hat überhaupt nicht reagiert, hat nie nachgefragt. Nur als ich ihm einmal sagte: »Ich hätte dir gar nicht zugetraut, dass du mich betrügst«, kam als Antwort: »Ich habe es dir immer zugetraut.«

Diesmal werden wir nur Heiligabend gemeinsam feiern. Norbert teilte mir mit, dass er am ersten Weihnachtstag verreist. Dass er ein Leben lebt, in das ich nicht eingebunden bin und kaum mehr Einblick habe, gibt mir immer noch einen Stich. Mit einem anderen Mann kann ich vielleicht mehr Abenteuer erleben als in meiner Ehe, aber das kuschelige Familienleben, das wir manchmal hatten, wird keiner ersetzen können. Das ist ein großer Verlust. Ich trauere nicht um Norbert. Ich trauere, dass der Mann, mit dem ich zwei so süße Kinder habe und mit dem ich jetzt wunderbare Stunden verbringe, nicht der Mann ist, den ich lieben kann.

Nachsatz: Kurz vor Fertigstellung des Buches rufe ich Sandra noch einmal an. Sie sei wieder mit ihrem langjährigen Liebhaber, dem »Dauerbrenner«, liiert und zwar fester denn je. Da dessen Frau noch immer nichts wisse, nutze ihr Liebhaber berufliche Kongresse als Tarnung für gemeinsame Reisen. »Die Basis unserer Beziehung ist Heimlichkeit, aber ich befürchte nicht mehr, dass er einfach Schluss macht, wenn es ihm zu viel wird.« Ihr Mann habe nach der Trennung von seiner Geliebten einen ehelichen Neuversuch angestrebt. »Seine Rückkehr hätte meinen Alltag erleichtert, trotzdem ist es keine Option für mich.« Seit einigen Wochen sei ihr Noch-Mann wieder liiert, und ihr Verhältnis zu ihm verschlechtere sich abermals. Er sei oft »total schroff« und gebärde sich ihr gegenüber ähnlich triumphierend und verletzend wie zu Beginn seiner vorherigen Liebesbeziehung.

Das Ich besteht aus vielen Wirs – Scheidungsrisiko und familiäre Prägungen

Wer will schon bei der Hochzeit Statistiken bedenken? Solange der Himmel voller Geigen hängt, kann ihn keine Wahrscheinlichkeitsrechnung verdunkeln. Über die Hälfte der 16- bis 29-Jährigen vertrauten in einer Umfrage 2006 darauf, dass ihr Bund fürs Leben gegen alle Anfechtungen gefeit bleibt. Noch siegreicher ist der Optimismus bei älteren Paaren. Dass ihre Ehe kentern könnte, schlossen die meisten Befragten aus, da viele sich durchaus als sturmerprobt einstuften. Sowohl in Erst-Ehen wie in Stieffamilien räumten ein Drittel der Mütter und Väter von minderjährigen Kindern ein, dass ihre Partnerschaft schon mal in Schwierigkeiten steckte. Die Frage, ob sie in den letzten drei Jahren jemals an Trennung oder Scheidung dachten, bejahten in beiden Familientypen jedoch nur acht Prozent der Männer. Frauen sind unzufriedener oder auch nur ehrlicher, und sicher geübter, in sich hineinzuhorchen. 14 Prozent erwogen schon einmal, ihren Partner zu verlassen.

Massive Eheprobleme preiszugeben ist trotz aller Talk-Shows zu Herz-und-Schmerz-Themen offenkundig noch immer ein Tabu. 96 Prozent der Männer und 91 Prozent der Frauen gaben an, noch nie mit Freunden über eine mögliche Beendigung ihrer Ehe gesprochen zu haben. Die Frage: »Haben Sie Ihrem Partner, Ihrer Partnerin in den letzten drei Jahren jemals ernsthaft eine Trennung oder Scheidung vorgeschlagen?«, verneinten fast alle Männer (98 Prozent) und Frauen (95 Prozent).[34] Angesichts der hohen Abschiedsfrequenz ein verwunderliches Ergebnis, das die Fehlannahme nahelegt, die meisten Trennungen würden wie ein Paukenschlag ohne Vorlauf erfolgen. Paare ohne Trauschein schätzen die Gefährdungen ihrer Beziehung realistischer ein. Die größte Skepsis an deren Unverbrüchlichkeit bekundeten die 45- bis 59-Jährigen; fast jede(r) Vierte schloss eine nochmalige Liebe nicht aus. Auch in der Altersgruppe der über 60-Jährigen setzte nur ein Drittel voraus, dass nichts mehr sie entzweien werde.

Trotz der hohen Scheidungsrate kommt die Ehe allerdings keinem Lotteriespiel gleich. Zwar kann kein Gentest das Scheidungsrisiko bestimmen, doch Statistiker filterten heraus, welche soziografischen Merkmale es wahrscheinlicher machen, dass Ehepaare vor dem Richter landen. Folgende Anhaltspunkte sprechen für eine eher ungünstige Prognose:

- Herkunft aus einer Scheidungsfamilie. Scheidungskinder lösen die eigene Ehe eher auf als Kinder aus offiziell intakten Familien. Vor allem Männer sind anfällig, in die Fußstapfen der Eltern zu treten.
- Städtisches Umfeld
- Protestantische und konfessionslose Ehen
- Niedriger Sozialstatus, aber auch hohes Bildungsniveau
- Höheres Erwerbseinkommen von Frauen und höheres Alter, häufig verbunden mit Gütertrennung. Finanziell unabhängige Frauen verharren seltener in einer unglücklichen Ehe. Zudem sind berufstätige Frauen meist selbständiger, sie trauen sich insgesamt mehr zu und nehmen die traditionelle Rollenverteilung nicht mehr hin.
- Zweit- und Drittehen[35]

Zusammengefasst erhöht sich das Scheidungsrisiko durch: Säkularisierung, Urbanisierung, Individualisierung, Karriereorientierung und Frauenemanzipation. Auch die längere Lebenserwartung ermutigt Partner, nochmals neu anzufangen, bzw. lässt Paare davor zurückschrecken, durchzuhalten, bis dass der Tod sie scheidet. Während sich Paare im 19. Jahrhundert auf eine 30-jährige Ehe einstellten, vorausgesetzt, die Frau starb nicht im Kindbett, können Paare heute bis zu 65 Jahren verheiratet sein. Und immer mehr feiern tatsächlich die Eiserne Hochzeit, im Jahre 2001 (aktuellste Zahl) waren es 1000 Paare.[36]

Ererbtes Scheidungsrisiko

Welche Prägung sich hinter dem Begriff »ererbtes Scheidungsrisiko« verbirgt, können am besten Kinder aus zerbrochenen Ehen ermessen. Vor allem Söhne treten in die Fußstapfen ihrer Eltern. Nach 20 Jahren Ehe haben Männer aus Scheidungsfamilien ein dreimal und Frauen ein doppelt so großes Scheidungsrisiko wie Partner, deren Eltern zusammenblieben.[37] Mit den Fragen: »Ahmen Scheidungskinder vorgelebte Beziehungskatastrophen nach? Oder haben sie mehr Mut, aus unglücklichen Verhältnissen Konsequenzen zu ziehen?« beschäftigen sich zahlreiche Studien. Wie man bei einem religiös besetzten und gesellschaftlich brisanten Thema wie dem (heiligen) Bund der Ehe vermuten kann, fallen die Befunde nicht einheitlich aus.

Die renommierteste Langzeitstudie kommt aus den USA: 1971 begannen Judith Wallerstein und Julia Lewis, die zu den führenden Scheidungsforscherinnen zählen, 131 Kinder zwischen zweieinhalb und sechs Jahren aus 60 Familien aus der kalifornischen Mittelschicht zu befragen, deren Eltern kurz zuvor die Scheidung eingereicht hatten. Diese Kinder wurden mit Kindern verglichen, die in einer intakten Familie aufwuchsen. Nach 25 Jahren erreichten die Expertinnen noch 85 Prozent der Gruppe. Auch die geschiedenen Eltern wurden über einen Zeitraum von 25 Jahren interviewt.

Das Ergebnis: Im Gegensatz zu Erwachsenen erreichte das Leiden geschiedener Kinder nicht in der akuten Trennungsphase seinen Höhepunkt, die belastenden Auswirkungen nahmen vielmehr sukzessive zu. Am stärksten zeigte sich das Fehlen einer positiven Vorlage für die eigene Familiengründung im dritten Lebensjahrzehnt, auch dann, wenn ihre Eltern nach der Scheidung glücklicher geworden waren. Viele Scheidungskinder wählten den falschen Partner, gaben bei Problemen schnell auf oder ließen sich erst gar nicht auf Beziehungen ein. Männer und Frauen hegten gleichermaßen die Furcht, von ihrem Partner im Stich gelassen und betrogen zu werden. Diese Verlustängste waren bei Kindern, deren Eltern sich bekriegt hatten, nicht anders als bei jenen, deren Eltern sich gütlich getrennt hatten. Erst im vierten Jahrzehnt überwanden viele ihr Misstrauen und ihre Selbstzweifel.

Anderen Untersuchungen zufolge fangen sich Scheidungskinder relativ schnell, sofern sie die Gewissheit haben, dass ihnen beide Eltern erhalten bleiben. Ihr Vertrauen in den Lebensbund sei nicht geringer als das von Söhnen und Töchtern aus unglücklichen Ehen. Zweifellos aber trifft die Behauptung zu, dass wir alle eine unbewusste Love-Story mit uns herumtragen, die sich am elterlichen Eheskript orientiert, auch im betonten Gegenentwurf. »Das Ich besteht aus tausend Wirs. Wir sind Matroschkas, russische Puppen. In uns stecken die Blicke unserer Eltern und Großeltern, die ihrerseits die Blicke ihrer Vorfahren gespeichert haben. In uns stecken neurologische Erinnerungsspuren an alle Menschen, denen wir je begegnet sind«[38] veranschaulicht die Autorin Ute Scheub das Vermächtnis früherer Generationen. So befremdlich für uns arrangierte Ehen sind, die vorrangig die Verträglichkeit der Familien und Sippen berücksichtigen – Befragungen zufolge schneiden sie im sechsten Ehejahr nicht schlechter ab als Liebesheiraten, was zeigt, wie sehr Gefühle (und Gefühlskälte) durch familiäre Vorbilder geweckt, beeinflusst und gesteuert werden. Ob unsere Eltern sich anfassen und respektvoll begegnen, ob sie miteinander reden, lachen, sich beistehen oder ob sie Berührungen und Offenheit meiden und sich in Schach halten, schlägt sich in unserem Beziehungsmodell nieder. Was empfinden wir als bereichernd, was als Bedrängnis? Setzen wir bei Männern und Frauen eher Gutes oder Schlechtes voraus? Stehen sie auf gleicher Ebene? Oder gibt es ein Machtgefälle?

Dass wir emotionale Erfahrungen, die wir als Kind mit unseren Eltern und Geschwistern gemacht haben, später auf andere Personen übertragen, und zwar umso mehr, je näher sie uns stehen, führen Psychologen aber nicht nur auf tief verankerte Beziehungsmuster zurück. Die Ehe und Lebensgemeinschaft sei auch ein geschütztes Terrain, um Grundüberzeugungen immer wieder zu testen. Wer als Kind eine unsichere Bindung erfuhr, provoziert immer wieder Situationen, um herauszufinden, wie verlässlich der Partner ist, und trägt fatalerweise häufig mit eigenem Verhalten dazu bei, dass sich seine Skepsis bestätigt. Zwar ersehnen Menschen, die in einem Familienklima von Gleichgültigkeit aufwuchsen, Aufmerksamkeit und Zuwendung. Doch in einst unerträglicher Verlassenheit haben sie oft ihre eigenen Gefühle abgeschnürt und sich einen Panzer zugelegt, in den weder Empathie noch Zärtlichkeit eindringen können.

Obwohl die Liebe der Eltern nie nachgeholt werden kann, können spätere Beziehungen gleichwohl Wunden heilen. Angesteckt und mitgerissen von einer Liebe, lösen sich Partner von schädlichen Maximen. Solange in der Beziehung alles paletti ist und das Leben in gewohnten Bahnen läuft, wird an fundamentalen Glaubenssätzen allerdings nicht gerührt. Ihre Reichweite stellt sich erst in Konflikten heraus. Erst wenn vermeintliche Gewissheiten und Besitzstände in bedrohlicher Weise angefochten werden, wird das Innerste nach Außen gekehrt.

Falko M.: »Ich merkte, dass ich mit einer anderen Frau keine bessere Beziehung leben kann.«

Im Film »An deiner Seite« ertragen der Schriftsteller Ben und seine Frau Katie sich nach 15 Ehejahren kaum mehr. Zermürbt vom Alltagstrott, versuchen sie es mit einer Trennung auf Probe und verlieren sich bald in wehmütigen Erinnerungen an ihre längst erloschene Verliebtheit. Schließlich erkennen sie die Segnungen eines ruhigen Glücks und finden wieder zueinander.

Anders als im Film zogen Falko M. und seine Lebenspartnerin während der jahrelangen Aufkündigung ihrer Beziehung nicht auseinander, sondern teilten sich weiterhin mit ihren Söhnen eine geräumige Altbauwohnung in einer dreistöckigen Haus-WG mit Garten. Der ehemalige Architekt mit noch brünettem Pagenkopf wirkt in Jeans und Strickjacke wie ein Mann im Zenit, doch der 65-jährige Berliner ist im Ruhestand und engagiert sich nun ehrenamtlich für kreative Projekte auf dem Lande. Iris, seine Frau, möchte auf die Schilderung aus ihrer Sicht lieber verzichten.

Die räumliche Trennung haben wir uns erspart. Wir haben uns erspart, was sonst mit einer Trennung verbunden ist, nämlich, den gemeinsamen Haushalt aufzulösen und das Verhältnis zu den Kindern exakter zu definieren. Oder besser, ich habe es mir erspart, weil ich davor Schiss hatte. Ich hatte keine Angst, allein zu bleiben. Ich hätte mich um eine neue Beziehung bemüht und das sicher auch geregelt bekommen. In meinem Freundeskreis lebt kein Mann allein, nur viele Frauen sind Singles. Aber für mich war es eine unerträgliche Vorstellung, mich aus dem Alltag unserer Söhne zu verabschieden. Juristisch war es ja so: Iris hatte Anrecht auf die Kinder und mir gehörte das Haus.

Kennengelernt haben Iris und ich uns als Arbeitskollegen. Als daraus eine Beziehung wurde, waren wir beide Mitte 30. Anfangs war ich stärker verliebt als sie. Iris war attraktiv, intellektuell fordernd, berufstätig und selbständig. Sie hatte kurz zuvor eine Beziehung beendet und stand mit dem Kinderkriegen ein bisschen unter Druck. Als sie schwanger war, stellte sie die Entscheidung plötzlich in Frage. Ihre Zweifel wiederholten sich, als sie unseren zweiten Sohn erwartete, was mich traurig machte. Die Ambivalenz ist prägend für unsere Beziehung und ein Grund, weshalb sich meine Gefühle abkühlten. Aus Protest gegen das bürgerliche Familienmodell haben wir nicht geheiratet, wir wollten uns nicht vom Staat durch finanzielle Vorteile bestechen lassen, wenngleich uneheliche Väter ja damals rechtlos waren. Mütter konnten die Kinder nehmen und sagen: »Das war`s.« Ich will nicht bestreiten, dass ich mir auch die Option offen hielt: Ohne Trauschein kann man leichter abhauen.

Nach der Geburt unseres zweiten Sohnes gab es immer häufiger Phasen von Sprachlosigkeit. Obwohl wir beide Teilzeit arbeiteten, waren wir mit Kinderaufziehen und Alltagsorganisation so beschäftigt, dass für uns beide wenig übrig blieb. Auf trennende Weise verfestigten sich Zuständigkeiten.

Iris hatte eine romantischere Beziehungsvorstellung als ich und war unzufrieden, dass ich Nähe nicht zulasse. Sie hatte ein Anlehnungsbedürfnis, dem ich nicht gerecht werden konnte. Ich wollte nicht die starke Schulter sein. Mich störte ihr Herumnörgeln, ihre Einmischung in Sachen, die nur mich betrafen. Während ich in etwas bedrohlichen Situationen ruhig und fatalistisch werde, hat sie die Tendenz, panisch zu reagieren. Und ich war enttäuscht, dass sie nicht das Selbstbewusstsein hatte, das ich zunächst bei ihr gesehen oder mir gewünscht hatte. Wenn ich mich mit einer Frau intellektuell gut verstand, spürte ich ihre Eifersucht. Auch sonst empfand ich sie als konkurrierend. Einmal gab sie mir eine Ohrfeige, weil ich eine provozierende Bemerkung über ihren Erziehungsstil gemacht hatte. Gemeinsame Reisen, Erotik glichen die Anspannung zwischen uns manchmal aus, aber ich glaube, wir hatten beide kein gutes Gefühl, weil die Sexualität aus dem Umfeld so herausgelöst war. Als ich mit Mitte 40 einen Hörsturz hatte, schob ich es darauf, dass ich meine unguten Gefühle unterdrücke. Meine Eltern hatten häufig laut gestritten, je emotionaler meine Mutter wurde, desto rationaler reagierte mein Vater. Dieses Muster habe ich gehasst, darum zog ich mich aus Auseinandersetzungen eher raus. Nach dem Hörsturz begann ich eine Psychoanalyse.

Der Bruch zwischen Iris und mir erfolgte, als ich zu einer früheren Freundin, die deutlich jünger war, wieder Kontakt aufgenommen habe. Begehrlichkeiten gab es schon vorher, doch aus Angst, wie Iris reagieren würde, hatte ich bis dahin einen Seitensprung nicht gewagt. Als sie meine Liebschaft mitkriegte, die schon wieder abklang, war sie empört und teilte den Kindern weinend mit: »Papa liebt mich nicht mehr.« Ihr dramatischer Auftritt war mir zuwider. Auch um unsere Söhne nicht in einen Loyalitätskonflikt zu bringen, beschlossen wir nach heftigem Streit, vorerst in einer Art WG zu leben. Wir fuhren getrennt in den Urlaub, hatten keinen körperlichen Kontakt. Ich vertröstete mich: Wenn die Kinder groß sind, findet sich eine bessere Lösung.

Wir waren fünf Jahre getrennt. Den formelleren, distanzierten Umgangston zwischen uns fand ich sehr entlastend, Iris kommentierte mein Verhalten nicht mehr, ihre größere Abgeklärtheit erleichterte das Zusammenleben. Meine wechselnden Affären hat sie wohl geahnt, auch wenn ich keine einzige

Nacht aushäusig verbrachte. Insgeheim hoffte ich, dass sie auch einen Partner findet, das hätte die Situation ausgeglichen, ich hätte sie nicht in ein Mauerblümchendasein gedrängt. Aber ich habe mich auf keine Frau richtig eingelassen und merkte, dass ich mit einer anderen keine bessere Beziehung leben kann, weil meine eigenen Beziehungsdefizite das Problem sind. Ich habe Angst vor Kontrollverlust, kann auch schlecht nach Hilfe fragen. Das Bedürfnis, mich fallenzulassen, bei anderen unter die Decke zu kriechen, ist bei mir nicht sehr ausgeprägt. Auf der verbalen, intellektuellen Ebene entwickele ich Nähe relativ schnell. Manchmal denke ich, das ist ein Ersatz. Denn ich sehne mich durchaus danach, mich abzugeben, den Kopf loszuwerden, verführt zu werden. Aber in Momenten großer Intimität beschleicht mich die Furcht: Wo lande ich denn jetzt? Psychologen nennen diese Selbstbeobachtung Monitoring. Mit dieser Methode habe ich mir das Rauchen abgewöhnt. Aber in Beziehungen ist das ein starkes Handicap. Mit einer meiner Geliebten knisterte in Gesprächen immer eine erotische Spannung, die mich faszinierte. Doch wenn ich von ihr ging, waren meine Gefühle für sie jedes Mal völlig weg.

Ich denke, meine Angst hat damit zu tun, dass ich von meinen Eltern Nähe nicht erfahren habe. Von meiner Mutter erinnere ich keinerlei körperliche Zärtlichkeit. Mein Vater wuchs nicht bei seinen Eltern auf, er hat sein Einzelkämpfertum an mich weiter gereicht. Meine Eltern hatten die Verabredung, ihre Ehe bis zum Abitur meines jüngsten Bruders aufrecht zu erhalten. Als der die Schule beendet hatte, packte meine Mutter die Koffer. Doch auf dem Bahnsteig, erzählte sie, begannen ihre Knie so zu zittern, dass sie wieder zurück zu meinem erkrankten Vater ging.

Vor sechs Jahren haben Iris und ich geheiratet, einen Tag vor ihrem 60. Geburtstag. Der Anlass, dass wir wieder ein Paar wurden, war die Feier meines 50. Geburtstages, zu der ich auch ehemalige Freundinnen eingeladen hatte. Iris ist damit souverän umgegangen, sie hat unverkrampft mitgefeiert. Als alle Gäste weg waren, saßen wir noch zusammen, dabei ist wieder Nähe entstanden. Schon vorher gab es immer wieder Anflüge, wo ich dachte: Es ist Quatsch, was wir machen. Unsere Konstruktion erschien mir zunehmend unsinniger. Iris wollte offenbar nicht ausziehen und mich bedrohte die Vorstellung, in der großen Wohnung allein zu sein. Es war keine erneute Verliebtheit, es war ein gemeinsames Durchatmen und das Gefühl: So ist auch ganz schön. Unsere Heirat ist auch eine Vorsorge, wenn einer von uns stirbt. Unsere Söhne haben sich über unsere Eheschließung riesig gefreut. Es geht mir heute noch nach, welche Sicherheit ich ihnen vorenthalten habe. Dass sie Iris` Namen tragen, hat mich immer gestört, doch das hätte ich nicht zugegeben. Ich glaube, ohne diese Entwicklung hätte ich nicht so relativ schnell Ja sagen können zu unserem unehelichen Enkelkind. Heute sind wir beide begeisterte Großeltern.

Im konstruktiven Ansprechen von Schwierigkeiten habe ich es jedoch nicht so weit gebracht, wie ich es mir gewünscht hätte. Wenn Iris wieder ansatzweise zu nörgeln beginnt, gehe ich offensiver damit um, ich reagiere ironisch und manchmal aggressiv. Doch es gibt immer noch Streits, nach denen wir uns zwei, drei Tage aus dem Wege gehen.

Seit meiner Pensionierung bin ich ein vehementer Verfechter der Entschleunigung. Iris lebt manchmal getrieben, mein selbst bestimmtes Leben empfindet sie mitunter als Schieflage zu ihrer Berufstätigkeit. Sie hat erwartet, dass ich der Hausmann werde, der den Tee vorbereitet, wenn sie nach Haus kommt. Aber der bin ich nicht, ich gucke, dass ich die nächsten 20 Jahre auf die richtige Schiene setze und mir spannende Aufgaben suche. Das musste sie zähneknirschend zur Kenntnis nehmen. Doch inzwischen wissen wir, wie wertvoll der Fundus gemeinsamer Erfahrungen ist. Trotz aller Unzulänglichkeiten, Friktionen gibt es eine selbstverständliche Zugewandtheit, Vertrautheit und Verbindlichkeit. Und ich glaube nicht, dass in einer neuen Beziehung viele neue aufrüttelnde Erfahrungen stattfinden. Die Wahrscheinlichkeit, dass man den gleichen Typ wählt und wieder scheitert, ist relativ groß.

Der Wahn ist kurz, die Chance lang – Die typischen Phasen einer Liebesbeziehung

Phase der romantischen Verliebtheit

Die Phase der romantischen Verliebtheit dauert durchschnittlich zwei Jahre. In dieser Hochstimmung wachsen uns Flügel, ein Gefühl der Leichtigkeit, Beschwingtheit, Lebensfreude erfasst uns, die Beziehung hat Ausschließlichkeitscharakter, sie ist Dreh- und Angelpunkt unseres Denkens und Fühlens. Mag der Partner auch vor Eigenarten strotzen, seine Schwächen werden mit dem Mantel der Liebe zugedeckt. Durch die rosarote Brille werden Fehler beschönigt, übersehen oder die cholerischen Anfälle des anderen werden zum überschäumenden Temperament heruntergespielt. Im Liebesrausch werden Ängste, auch die Angst, nicht liebenswert zu sein, durch verklärende Zuversicht weggezaubert. Entsprechend hoch sind die Erwartungen an die Wonnen der Zweisamkeit, wie u. a. eine Umfrage in Leipzig und Hamburg zeigt, in der 2002 rund 800 Männer und Frauen darüber Auskunft gaben, »was Beziehungen zusammenhält«.

In allen Generationen wurden als Fundament einer glücklichen Partnerschaft genannt: Vertrauen, Nähe, Geborgenheit, Verständnis, Zusammengehörigkeitsgefühl, Offenheit, Zuneigung. Doch während für junge Paare Liebe und Verliebtsein das A und O einer erfüllten Beziehung sind und sie gemeinsame Interessen und Unternehmungen für unverzichtbar halten, damit ihr Austausch rege und ihre Intimität erhalten bleibt, setzen ältere Paare lieber auf Qualitäten, die auch ein gutes Team auszeichnen. Viermal so häufig werten Ältere Unterstützung, Sicherheit, Verlässlichkeit als Garanten einer Ehe, naturgemäß haben Gewohnheiten und die gemeinsame Vergangenheit ein größeres Gewicht. Sexualität hat selbst für jüngere Paare eine eher untergeordnete Bedeutung. Im unverwüstlichen Selbstvertrauen, gemeinsam das Leben stemmen zu können, messen sie externen Ankern den geringsten Einfluss auf ihr Glück zu. Dass materielle Lebensbedingungen, der Beruf, religiöser Glaube und Schicksalsschläge sie ernsthaft entzweien könnten, scheint im Stadium der Verliebtheit noch ein ferner Gedanke zu sein.[39]

Ernüchterung

Nach der Verliebtheit folgt die Ernüchterung, die Psychologen als heilsamen Prozess bewerten, in dem die verliebte und selbstverliebte Idealisierung des Partners von einem erwachsenen Blick auf Realitäten abgelöst wird. Nun zeigt sich, ob die Liebe für den nicht mehr so makellosen Partner stark genug ist, denn immer mehr wird die Kehrseite seiner anfangs bewunderten Eigenschaften ins Visier genommen. Aus Zuverlässigkeit wird Kleinkariertheit, aus Aufmerksamkeit wird Kontrolle. Je länger Partner zusammenleben, desto mehr funktionalisieren sie sich gegenseitig. Die einst flexiblen Absprachen betreffs der Alltagsorganisation verfestigen sich im Lauf der Beziehung zu Forderungen und Erwartungen aneinander, die sukzessive in (unausgesprochene) Regeln münden. Mit Familie, Beruf und Nestbau oft bis zum Anschlag eingespannt, kooperiert das Paar mehr und mehr als Arbeitsteam und gerät dabei in Gefahr, die Ebene von Liebe und Partnerschaft zusehends mit der Ebene Familie und Haushalt zu vermischen, was zur Folge hat, dass allerorts Kränkungen lauern: Das verfärbte Hemd wird als Missachtung aufgefasst, der unvollständige Einkauf im Supermarkt beweist, dass »du mir nie richtig zuhörst«, die unaufgeräumte Wohnung drückt Rücksichtslosigkeit aus. Auch die Sexualität kühlt sich auf ein berufskompatibles Quantum ab. Im Schnitt schlafen die meisten Paare im zweiten Ehejahr nur noch halb so oft miteinander wie im ersten Jahr.[40]

Immer klarer schält sich zudem heraus, dass Partner unter einer guten Beziehung Unterschiedliches verstehen. Studien zufolge vermissen Frauen generell mehr in ihrer Ehe. Vor allem aus ihrer Sicht brechen Wunsch und Wirklichkeit auseinander, wenn die Beziehung in die Jahre kommt. »Die große Kunst ist es, Spannung zu halten. Aber im Laufe der Zeit wird die Ehe oft zu einer Selbstverständlichkeit. Durch die Selbstverständlichkeit kommt die Routine, und durch Routine kommt die Abnutzung. Und die hat oft zur Folge, dass Partner sich verschließen«, skizziert der Berliner Rechtsanwalt Axel Huep die schleichende Entfremdung: »Männer bekommen diesen Prozess jedoch häufig gar nicht mit. Männer brauchen gewisse Freiräume für Freizeitaktivitäten, und wenn diese abgedeckt sind, es zuhause einigermaßen läuft und sie auch noch ab und zu Sex mit ihrer Frau haben, dümpeln sie in ihrer Ehe ganz zufrieden vor sich hin.«

Wie sich der Alltagsablauf verfestigt durch Gepflogenheiten, so bürgern sich auch auf der Gesprächsebene Rollenmuster ein, die oft das Gegenteil einer Verständigung bewirken. Immer stärker drehen sich Meinungsverschiedenheiten auch um Machtfragen. Der Wunsch, der Partner möge sich dem verblassenden Idealbild wieder annähern, verleitet besonders Frauen zu Erziehungsversuchen. Auch Männer stellen fest, dass die Traumfrau nicht makellos ist. Doch anders als Frauen, die mit verstärktem Einsatz die sichtbaren Schadstellen der Beziehung ausbessern wollen, nehmen Männer deren abbröckelnden Glanz als Startschuss, um sich wieder intensiver Eigenem zuzuwenden.

Die kritischere Sicht aufeinander läutet allerdings nicht unbedingt den Niedergang der Partnerschaft ein, betonen Psychologen. Die Integration ambivalenter Gefühle zeichne vielmehr eine reife Partnerschaft aus; nur eine stabile Beziehung sei der Gleichzeitigkeit von positiven und negativen Gefühlen gewachsen. Partner, die letztere mit einem inneren Verbot belegen, bekunden damit, dass sie der Belastbarkeit ihrer Zuneigung misstrauen.

Krise

Die Vertrautheit, die glücklichen Paaren überwiegend Geborgenheit schenkt, verführt unzufriedene Paare dazu, nachlässiger und schonungsloser miteinander umzugehen. Statt wie in der Werbephase bei Differenzen nach einer Einigung zu suchen, und sei es auch nur um des lieben Friedens willen, schlagen in diesem Beziehungsstadium sachliche Diskussionen häufig in einen persönlichen Angriff um. In wechselseitigen Zuschreibungen miteinander im Clinch, sind Partner davon überzeugt, dass sie sich auf bestimmte Art verhalten müssen, weil das Verhalten des anderen sie dazu zwinge. Die fixierte Vorstellung von dessen typischer Reaktion berechtigt zur Gegenwehr. Immer mehr ähnelt die Kommunikation einem Ping-Pong-Spiel, in dem es hauptsächlich um Gewinnen oder Verlieren geht. Mit subtilen Herabsetzungen wird die Gleichwertigkeit der Partner – und somit das Kernstück glücklicher Beziehungen – in Frage gestellt Auch wenn Verhaltensmuster als falsch erkannt werden, wiederholen sie sich in immer kürzeren Abständen. Aus dem fehlbaren Partner wird ein Täter und schließlich ein Wiederholungstäter. Die Beziehung driftet auf eine Krise zu. Doch statt auf die Bremse zu treten, beschleunigen Paare oft die Abwärtsspirale, indem sie beziehungsförderliche Aktivitäten auf Sparflamme schalten, beziehungsabträgliche Verhaltensweisen hingegen geradezu kultivieren. An die Stelle von Austausch und Kooperation treten Selbstbehauptung und Abgrenzung, an die Stelle von Unterstützung und Bestätigung treten Abwertung und Schuldzuweisungen, an die Stelle von Interesse tritt Ungeduld. »In der Regel kocht mein Mann. Neulich probierte ich mal wieder ein Rezept aus«, erzählt eine Bekannte. »Mein Mann langte zu, aber sein einziger Kommentar war: ›An den Kartoffeln fehlt Salz.‹« Wenn Partner prophylaktisch auf der Hut vor Verletzung sind, ist das häusliche Gelände vermint, im Nu wird mit Kanonen auf Spatzen geschossen. Solange an der Beziehung noch festgehalten wird, hellen Zwischenhochs die kontinuierliche Verschlechterung auf. »Ich litt unter seiner Unliebe«, beschreibt eine Interviewpartnerin den aufreibenden Wechsel zwischen Zugehörigkeitsbekundungen und Abstandsbestrebungen.

Andere Paare vermeiden die fruchtlosen Auseinandersetzungen, und gehen sich resignierend aus dem Weg. Oft konzentrieren sie sich auf ihren Beruf oder auf Hobbys, pflegen unterschiedliche Interessen und verbringen viel Zeit in einem separaten Freundeskreis. In zunehmender Gleichgültigkeit nehmen sie es hin, dass ihre Beziehung zur WG verkümmert.

Wiederannäherung oder Eskalation der Krise

Manchmal bringt irgendein Vorfall das Fass zum Überlaufen, oft löst eine entdeckte Liaison den Dammbruch aus. Meist aber vertieft sich ein Riss zur Kerbe, bis diese zur Bruchstelle wird. Woran Beziehungen scheitern, erforschen viele Untersuchungen. Als unüberwindbare Probleme werden fehlende gemeinsame Zukunftsperspektiven und unterschiedliche Lebenseinstellungen genannt. Zu den chronischen Defiziten gehören: geringes Vertrauen, mangelnde Einfühlung, wenig Kommunikation und schlechte Gewohnheiten. Langeweile und das Gefühl bevormundender Einengungen erdrosseln den Wunsch nach Zweisamkeit, Alkohol und Drogen vergiften sie schleichend, sehr viel häufiger als körperliche Gewalt verpasst eine neue Liebe Beziehungen den Todesstoß.

In einer der neuesten Umfragen im Auftrag des Magazins *Chrismon* nannten die tausend Befragten als Gründe für eine Krise in dieser Reihenfolge: Man habe sich auseinander entwickelt, da sei nur noch Alltagsroutine, ein Drittel der Eheleute trennten sich wegen eines Seitensprungs, ebenfalls jeder Dritte beklagte, der Partner habe bloß die Karriere im Kopf gehabt. Dass Erziehungsfragen die Liebe zerstörten, glauben nur 15 Prozent der Männer, aber fast ein Viertel der Frauen. 35 Prozent der Ostdeutschen und 42 Prozent der Westdeutschen sehen in Streitereien ums Geld einen Trennungsgrund. Das Schlusslicht der Konfliktherde (17 Prozent) bildeten Ordnung und Haushalt.[41]

Wie Psychologen zu bedenken geben, kranken Selbstaussagen allerdings daran, dass nur Konflikte zur Sprache kämen, die dem Auskunftgebenden bewusst seien, Unbewusstes bleibe ausgeklammert. Doch gerade in intimen Beziehungen würden frühkindliche Prägungen ausagiert. Wer unbewältigte Kindheitsdramen mit sich herumschleppe, inszeniere die damaligen Störungen und Enttäuschungen im Zusammenleben mit einem Partner erneut und arbeite sich wieder und wieder an den gleichen Problemfeldern ab.

Jetzt, in der eskalierenden Krise, erleben Partner sich in ihren Extremen. Während Paare sich nach der Verliebtheitsphase meist in gemäßigten Positionen einrichten, brechen nun radikale Gefühle durch. Ohne Rücksicht auf Verluste demonstrieren Partner: »So bin ich! Ob es dir passt oder nicht.« Auch Menschen, die sich bis dahin angepasst und ihr Verhalten kontrolliert haben, holen zum Rundumschlag aus. Die Fronten verhärten sich. Für einen oder beide löst sich der Glaube an eine gemeinsame Zukunftsperspektive endgültig auf.

Manchmal allerdings bringt eine Trennung auf Probe die Wende. Manchmal gelingt es Partnern, die Sicht auf sich und den anderen zu verändern. In dem Buch mit dem hoffnungsvollen Titel »Vom Ende zum Anfang der Liebe« beschreiben Birgit Dechmann und Christine Ryffel vor dem Hintergrund eigener Ehekrisen die Möglichkeiten der Wiederannäherung. Diese setzt voraus, dass die enttäuschten Wunschprojektionen aufgegeben werden zugunsten dessen, was dem Partner möglich ist. Statt jedes Vorkommnis kleinlich mit gut oder schlecht zu bewerten, messen Partner die Qualität ihrer Beziehung an dem, was unterm Strich für sie wichtig ist. Die Kluft zwischen Traumvorstellungen und Wirklichkeit stachelt nicht mehr den Kampfgeist an, sondern macht eher nachdenklich. Vielleicht liegt ja ein Teil der Probleme bei einem selbst. Nach dem Erfolgsrezept seiner 39-jährigen Ehe befragt, zählte ein Mann sechs Vs auf: Vernunft, Vertrauen, Verantwortung, Verstehen, Verzeihen, Verzicht. Ein siebtes V, Verliebtsein, nannte er nicht.[42]

Marcia D.: »Wir haben unsere Krise nicht genutzt.«

Manchmal sind Machtspiele zwischen Partnern auf Anhieb zu erkennen: Statt Gleichheit dominiert Ungleichheit, statt sich zu unterstützen, konkurrieren Partner miteinander, Gespräche bezwecken nicht Austausch, sondern Manipulation, an die Stelle von Vertrauen und Intimität treten Einschüchterung und Herrschaft. Manchmal tritt das Machtgefälle erst zutage, wenn ein Ereignis die Dominanz eines Partners in Frage stellt. Oft schlagen Machtansprüche mit voller Wucht zu, wenn die Liebe bröckelt und Wohlwollen nicht mehr Abhängigkeiten überdeckt.

Freunde vermitteln mir den Kontakt zu Marcia D., einer zierlichen, dunkelhaarigen Frau mit ausdrucksvollen Augen. Als ich sie treffe, weiß ich, dass die 39-jährige Mutter eines siebenjährigen Sohnes sich nach ihrer Ehe in begüterten Verhältnissen nun mit prekärer Freiberuflichkeit über Wasser hält. Ihre sonnendurchflutete, großzügig geschnittene Anderthalb-Zimmer-Wohnung in der Leipziger Südvorstadt ist nur mit dem Allernötigsten ausgestattet. Dies allerdings bezeugt ein künstlerisches Talent, aus wenig viel zu machen. Ein bemalter Hocker dient uns als Kaffeetisch, neben der Nähmaschine am Fenster stapeln sich Stoffe, über dem Bett hängt ein schlichtes Kreuz. Doch die schöne Atelieratmosphäre ist zweifellos entfernt von dem komfortablen Lebenszuschnitt, den Marcia erheiratete und wie viele Frauen mit der Scheidung wieder verlor. Ob die Ehe an ihrer Untreue oder an einem Machtkampf scheiterte, versucht Marcia nicht zu beantworten, als sie die unauflösbare Wechselwirkung gegenseitiger Enttäuschungen und Verletzungen schildert. Mal kummervoll, mal kämpferisch umkreist sie jedoch die Frage, in welcher Liga eine Liebe angesiedelt ist, die verschwenderisch gibt, aber nicht vergeben kann.

Als wir vor anderthalb Jahren geschieden wurden, war ich aus dem tiefsten Tal heraus. Mein Ex-Mann hat immer betont, ich sei schuld, dass unsere Ehe nach sechs Jahren auseinander ging, aber es gehören immer zwei dazu. Als ich versuchte, ihm zu erklären, warum ich fremdgegangen bin, sagte er, dass er das gar nicht hören wolle, so etwas täte man einfach nicht, er blockte jedes Gespräch über die Gründe ab. Ich fragte mich: Was bedeute ich ihm, wenn er sich so gar nicht dafür interessiert? Fremdgegangen bin ich, weil ich mich von meinem Mann nicht mehr gesehen fühlte. Wenn ich von ihm mehr Aufmerksamkeit bekommen hätte, wäre ich nicht so empfänglich gewesen für Komplimente, die mir mein Liebhaber machte. Ich konnte bei meinem Mann meine Gefühle nicht platzieren, meine Signale kamen nicht an. Ich vermisste Wärme, es fiel ihm schwer, mich spontan in den Arm zu nehmen, aber das kann ich ihm nicht vorhalten. Denn Christian war ein zuverlässiger Partner, der sagte: »Ich sorge dafür, dass es euch gutgeht.« Und in vielerlei Hinsicht ging es mir ja gut. Heute denke ich, ich hätte deutlicher sagen sollen, was mir in unserer Beziehung fehlte.

Kennengelernt haben wir uns in einem Einrichtungsladen, in dem ich nach meinem Textildesign-Studium jobbte. Christian warb um mich, mich faszinierten sein Witz, seine Eloquenz, von seiner Bildung habe ich sehr profitiert, wir reisten viel. Er ist 14 Jahre älter, aber er ist jung geblieben, hatte nicht den väterlichen Ton: »Meine Kleine, ich nehme dich an die Hand.« Andererseits denkt er aufgrund seiner westdeutschen Sozialisation in manchem sehr viel traditioneller als ich, er wollte nicht, dass ich arbeite, weil er als Manager genug verdiente und weil wir uns noch ein zweites Kind wünschten. Mit seinen vielen Geschäftsreisen bin ich immer zurechtgekommen. Störend fand ich, wenn er physisch zwar anwesend, innerlich jedoch abwesend war. Als Ehemann war Christian sehr großzügig. Er besaß eine Beletage-Wohnung in einem Villenviertel, aber auf meinen Wunsch zogen wir um in den quirligen Bezirk, in dem ich als Kind aufgewachsen bin. Von unserem Konto hätte ich unbegrenzt abheben können, das habe ich nie ausgenutzt. Ich trug keine Schuhe von Prada, ich kaufte vieles weiter bei H&M, nur für unsere Eigentumswohnung schaffte ich einige Designerstücke an. Als unser Sohn in die Kita kam, begann ich freiberuflich für eine Eventfirma zu arbeiten. Mein Mann hat sich in meine Berufstätigkeit gefügt, warnte mich aber vor den unerfahrenen Firmengründern. Weil ich deren Start-up nicht erschweren wollte, habe ich kaum Gehalt verlangt. Heute weiß ich, dass das ein Fehler war, weil die Arbeit dann keine Wertschätzung bekommt. Bei unserer Trennung meinte mein Mann: »Und beruflich hast du ja auch noch gar nichts Richtiges gemacht.«

Als mein Mann meine Affäre entdeckte, weil er Verdacht geschöpft und mein Handy gecheckt hatte, bestand sie seit drei Monaten. Im ersten Monat war es noch spannend, im zweiten Monat mischten sich schon Kitzel und Reue, von Anfang an stand nicht die sexuelle Abwechslung im Vordergrund, ich projizierte in diese Beziehung vor allem den Wunsch, dass jemand an mir Anteil nimmt. Wir lernten uns durch unsere Kinder auf dem Spielplatz kennen. Eine gemeinsame Zukunft habe ich mir nie vorgestellt.

Nachdem ich weinend meine Untreue zugegeben hatte, verlangte mein Mann, dass ich meinen Freund sofort anrufe und ihm den Laufpass gebe, andernfalls würde er sich umgehend scheiden lassen. Ich habe meinem Freund eine SMS geschrieben, dass ich keinen Kontakt mehr wünsche. Ich fühlte mich erbärmlich, aber die Drohung machte mir Angst.

Heimlich habe ich meinen Freund wieder getroffen und ihm die Situation erklärt. Mit seiner Gängelung hat mein Mann mich dem anderen noch mal zugespielt. Ich wollte aus der Affäre ja schon raus, aber ich wollte das nicht verordnet bekommen. Die Tatsache, dass mein Mann taub war für die Gründe der Affäre, habe ich über die Tatsache gestellt, dass diese nicht korrekt war. Durch sein Verhalten hat sie noch mal Schwung gekriegt. Ich verhielt mich, wie Kinder es tun. Sie sind ja manchmal bockig, und wenn sie nicht nach dem Anlass gefragt, sondern nur bestraft werden, reagieren sie noch verstockter.

Heute denke ich: Wir haben die Krise nicht genutzt. Wir haben uns immer weniger vertraut, mein Mann machte sich manchmal lustig über mich. Dass er mich kontrollierte, kann ich verstehen. Wenn ich Zweifel habe, suche ich. Als er meinen »Rückfall« herausfand, bot sich mein Vater als Vermittler an, aber mein Mann lehnte jedwede Hilfe ab: Ich sei schuld, hätte alles vermasselt. Binnen zwei Monaten müsse ich ausgezogen sein. Das war dreieinhalb Jahre, bevor wir geschieden wurden. Ein Freund erzählte mir später, dass Christian schon während meiner Auszugsfrist wechselnde Bettgeschichten hatte.

Ich bin mit sehr wenig umgezogen. Erst bot mein Mann mir einige Möbelstücke an, aber dann machte er einen Rückzieher und sagte: »Alles bleibt hier.« Ich durfte nicht mal die Dinge mitnehmen, die ich von meinem Geld gekauft hatte. Mein Umzugsgut konnte ich auf einem Wägelchen unterbringen: eine Matratze, Bücher, CDs; Stühle kaufte ich auf dem Flohmarkt, meine alte Eiermann-Tischplatte habe ich auf zwei Holzböcke gestellt. In dieser Zeit habe ich oft geweint. Mein Selbstwertgefühl war völlig im Keller, ich traute mir überhaupt nichts mehr zu. Ich hatte viel gehabt und viel verloren. Jeden zweiten Tag rief mein Mann an, um mir zu sagen, dass ich nichts kann und nicht auf die Beine kommen werde, ich solle mir einen Job an der Supermarktkasse suchen. Einmal drohte er mir, dass er das Aufenthaltsbestimmungsrecht für unseren Sohn beantragen würde. Das hätte bedeutet, dass er entscheidet, wo unser Sohn lebt, ich hätte also mitziehen müssen. Da habe ich ihn zum ersten Mal geohrfeigt, beim Aussteigen bin ich gegen seinen Porsche getreten, danach lief ich voller Panik zur Kindertagesstätte, ich war besessen von dem Gedanken: Ich muss mein Kind schützen, damit es mir keiner wegnimmt. Aber mit seiner Drohung wollte er mich nur kleinmachen. Mein Freund ermutigte mich: »Lass dir das nicht gefallen.«

Manchmal fragte ich mich: Hat mein Mann mich je geliebt? Oder war ich nur sein hübscher, kleiner Ansteckbutton? Ich denke, er hasste mich nun ebenso, wie er mich vorher geliebt hatte, auch wenn er über seine Liebe kaum sprach. Hinter seinem Wunsch, dass ich tief falle, stand sein Anspruch: Ihm, dem erfolgreichen Macher, nimmt niemand etwas weg, ihn betrügt man nicht. Wenn ich mich selbst so reden höre, überlege ich: Versuche ich, mich in ein besseres Licht zu stellen? Seine Wut hatte ja einen Anlass. Christian verlieh meiner Nebenbeziehung allerdings ein Gewicht, das sie gar nicht hatte. Ich sehnte mich nach jemandem, der die Defizite meiner Ehe ausglich, aber merkte bald, dass mein Freund ebenfalls Schwächen hatte.

Drei Monate nach meinem Auszug fragte ich meinen Mann in einem langen Brief, ob wir noch eine Chance hätten. Wir könnten die Vorkommnisse vielleicht nicht vergessen, aber versuchen zu verzeihen. Den Brief in Plakatgröße habe ich zusammengerollt und ihm gebracht, ich habe ihm viele kleine Aufmerksamkeiten zukommen lassen, weil ich lange hoffte: Wenn sich alles setzt, erkennt er vielleicht, dass wir beide Fehler gemacht haben. Mit der Heirat hatten wir ja nicht nur uns, sondern auch gegenüber unserem Kind das Versprechen gegeben: »In guten wie in schlechten Zeiten.« Meine Eltern haben sich auch gestritten, aber sie waren sich immer einig, dass sie sich lieben. Das ist eine Qualität, um die ich nach wie vor trauere. Mein Mann hat mir jedoch eine klare Absage erteilt.

Bei unserer Scheidung habe ich auf vieles verzichtet. Rechtlich gehörte unsere Wohnung zur Hälfte mir, aber ich wollte mich nicht bereichern, so etwas tut man einfach nicht. Als der Notar mir sagte: »Sie müssen ihm die Hälfte nicht schenken. Sie können sie ihm auch verkaufen«, ging mein Mann an die Decke: »Warum erzählen Sie ihr so etwas?« Auch im Unterhalt gab ich mich mit weniger zufrieden, als mir juristisch zusteht. Meine Anwältin riet mir oft, ich dürfe nicht noch einen Schritt zurückgehen. Doch es machte mir Angst, meinem Mann entgegenzutreten. Und ich bin ja auch mit weniger Geld gut gestellt. Im Verhältnis zu dem, wofür sich andere abrackern, bin ich zur Zeit extrem gut versorgt, wobei mein Mann mich wissen ließ, dass ihn jeder Euro an mich reue. Nach meiner Beobachtung wird der finanzielle Verzicht von Frauen nicht honoriert. Es ist eher so: Männer haben Respekt, wenn du forderst, was du brauchst. Dass ich ab nächstem Jahr nur noch Kindesunterhalt und Betreuungsgeld bekomme, beunruhigt mich; ich schlafe oft schlecht, weil ich nicht weiß, wie lange ich meine Teilzeitstelle haben werde. Mit einer selbst entworfenen Schmuckkollektion versuche ich gerade, mir ein zweites Standbein aufzubauen.

Seine jetzige Partnerin hat Christian über mich kennengelernt. Wir wohnten als Kinder in der gleichen Straße, unsere Eltern sind befreundet. Als diese Frau von meinem Auszug erfuhr, ließ sie sich von meinen Eltern Christians Telefonnummer geben, angeblich, weil sie eine Information brauchte. Dass sie sich sofort in unsere Wohnung gepflanzt hat, erfuhr ich, als ich einmal meinen Sohn von Christian abholen wollte. Die Tür ging auf und sie stand vor mir. Das war schon eine Super-Rache von meinem Ex-Mann: Eine Bekannte von mir, die dazu noch sechs Jahre jünger ist, macht mir die Tür meiner eigenen Wohnung auf. Ich würde gern die Situation noch einmal zurückspulen können. Dann würde ich sie am Schlafittchen packen und sagen: »Das ist meine Wohnung. Raus hier.« Doch leider war ich in diesem Moment total perplex, als besorgte Mama bin ich erst mal zu meinem Kind gelaufen.

Christians neue Beziehung bedient völlig das Klischee. Er ist stolz wie Bolle auf seine hübsche, süße, sexy Anstecknadel, die mit hochhackigen Schuhen in seinem Porsche durch die Gegend fährt. Ich bilde mir ein, dass unsere Beziehung auf etwas anderem fußte als darauf, dass ich jung war. Wir hatten Themen zusammen, teilten das Interesse für Kunst und Literatur. In ihrem Regal liegen nur anspruchslose DVDs und in der Wohnung stehen Plastikfederpuschel als Deko-Elemente. Ich bin baff, dass ein intelligenter Mann so primitiv funktioniert. Sie wird ihn sicher auch schon x-mal betrogen haben, diese Frau ist nur berechnend. Aber vielleicht sind die beiden für einander geschaffen, und ich will es nur nicht wahrhaben. Inzwischen hat sie eine gute Position in einer Marketingagentur.

Mittlerweile gehen Christian und ich ganz gut miteinander um, irgendwie liebe ich ihn noch, manchmal blitzt etwas ganz Vertrautes auf. Neulich gab er mir zur Begrüßung wieder die Hand. Ich dachte: Oho, er berührt mich wieder. Als ich letztes Jahr in diese Wohnung umgezogen war, blieb er bei der Übergabe unseres Sohnes im Treppenhaus stehen, sein Gesicht sprach Bände: Oh Gott, nun wohnt sie im letzten Rattenloch. Ich war so stolz auf meine Wohnung, dass ich sagte: »Na, komm doch mal hoch!« Als sich hinter der Wohnungstür mein nettes, helles Reich öffnete, ging mir sein erstaunter Blick runter wie Öl. Ich wollte ihm zeigen, was ich mir geschaffen habe, ihm signalisieren: Ich bin wieder da, ich finde wieder meine eigene Form.

Seit einem Jahr geht es mir deutlich besser. In meiner Arbeit bekomme ich bestätigt, dass ich etwas kann. Bei allem Stress habe ich das Gefühl, dass unser Sohn unsere Trennung unbeschadet überstanden hat. Er erlebt, dass er von uns beiden geliebt wird. Von einigen Freunden habe ich mich verabschiedet, weil ich mich alleingelassen fühlte. Aber dieser innerliche Rückzug gibt einem auch Kraft. Es ist ein Prozess: Erst muss man alles loswerden und redet hundert Mal über: »Was wäre wenn ...?« Danach kommt eine Phase der Erschöpfung, in der man sich sammeln will.

Heute weiß ich, es gibt tolle Menschen, und die kannst du für dich finden. Aber das erkennt man natürlich erst, wenn man wieder aus dem Schatten hervorgetreten ist. Solange alles dunkel ist, sieht man gar nichts. Man weiß zwar aus Erfahrungen, dass nach der Abwärtskurve irgendwann auch ein Aufwärts kommt, aber man kann Emotionen nicht mit dem Verstand steuern. Ich habe immer noch eine Briefkastenphobie, weil ich lange in der Furcht lebte: Was kommt jetzt wieder für ein Anwaltsschreiben? Ich muss mich richtig zwingen, damit ich wenigstens jeden dritten Tag in den Briefkasten gucke.

Mein neuer Freund ist sehr lieb zu meinem Sohn, er ist ein empfindsamer, in seiner Lebensplanung oft unsicherer Mann, es ist eine gute Beziehung. Heiraten will ich nicht nochmals. Ich hatte ja einmal eine schöne Hochzeit. Ich wünsche mir, dass Christian noch eine Partnerin findet, die nicht aus meinem Dunstkreis kommt, dann könnte ich mit diesem Kapitel abschließen. Ich würde ihm alles Glück der Welt wünschen und beide zu mir zum Essen einladen. Bei der jetzigen Frau denke ich immer: Wenn sie sich nicht in die Lücke gedrängt hätte, hätten wir mehr um unsere Ehe gekämpft. Als ich einmal kurz allein in ihrer und Christians Wohnung war, sah ich im Flur ihre Sporttasche stehen, voll mit teuren Schuhen. Ich griff hinein und schmiss zwei verschiedene Schuhe raus aufs Dach. Das mag kindisch sein, aber es war befreiend.

Gunnar P.: »Ich würde nicht mal mehr hallo zu ihr sagen.«

Groß und schlank ist Gunnar P., ein auffallend attraktiver Mann. Zum Zeitpunkt des Interviews teilt der 29-jährige IT-Kaufmann mit einer Frau und einem Mann eine kleine Genossenschaftswohnung in einem Arbeiterstadtteil von Hamburg, Zimmerpflanzen verstellen den Platz zwischen Bett, Schrank und Schreibtisch. Ein Dreivierteljahr nach unserem Interview ist Gunnar P. wieder fest liiert und umgezogen. In seine neue Zwei-Zimmer-Wohnung zog jedoch nicht seine neue Freundin, sondern seine bewährte WG-Mitbewohnerin mit ein.

Ob ich die Trennung von Mette überwunden habe, weiß ich nicht. Es zieht mich jedenfalls nichts zu ihr zurück. Es gibt noch einen Streit, weil sie mir Geld geliehen hatte und ich es nun schnell zurückzahlen soll. Wir hatten monatliche Raten vereinbart, ich habe keine Lust mehr, mit ihr darüber zu verhandeln, es ist alles gesagt, da ziehe ich nun einen harten Trennungsstrich, mit ihr speziell befasse ich mich nicht mehr. Unsere Trennung ist ja auch schon zwei Jahre und drei Monate her. Formal habe ich mich getrennt, weil Mette mich über ein halbes Jahr lang betrogen hat.

Unsere Beziehung dauerte dreieinhalb Jahre, zusammen gewohnt haben wir zwei Jahre, bis Mette beruflich ein Jahr in die USA ging. Ich war ihr erster fester Freund. Was mir an ihr gefiel, ist eine schwierige Frage, denn mittlerweile gefällt mir nichts mehr an ihr. Vielleicht mochte ich, dass sie so tough war, ich glaubte, hinter der toughen Verpackung einen Menschen zu sehen, der über ein ähnliches Werte- und Moralkonstrukt verfügt wie ich. Mette hat einerseits eine gewisse Eigenständigkeit, andererseits ist sie gegenüber anderen sehr offen. Sie kommt aus katastrophalen Familienverhältnissen und strahlte eine Zerbrechlichkeit aus, die ich reizvoll fand.

Den Typen hat sie in den USA auf einem Festival kennengelernt, sie ist mit ihm in der Kiste gelandet. Das hat sie mir am allerletzten Tag gebeichtet, als ich sie über Weihnachten besuchte, was ich sehr feige finde, da sie uns damit die Möglichkeit nahm, darüber zu reden. Dass etwas nicht stimmte, hatte ich schon gemerkt. Mit Mette war der Sex immer ausgesprochen cool, aber bei diesem Besuch lief gar nichts, was ich darauf schob, dass wir uns lange nicht gesehen und auch ein Stück entfremdet hatten. Trotzdem war ich total schockiert, als sie mir sagte, sie hätte sich nicht an unsere Regel gehalten. Und unsere Regel war eben, wir bescheißen uns nicht.

Was ich genau empfand, als sie mir ihre Affäre gestand, weiß ich nicht mehr. Ich erinnere mich nur, dass ich nach einer Viertelstunde sagte: »Ich muss hier raus.« Das Problem war, dass ich kein Auto hatte und einfach nicht weg konnte. Ich saß also draußen rum und weinte, nach zwei Stunden ging ich zurück und sagte zu Mette: »So, jetzt erzählst du mir den Dreck und zwar haarklein!« Später bereute ich, dass ich mich mit den Details belastet habe. Bevor ich am nächsten Morgen abflog, sagte ich ihr: »Wir müssen nicht Schluss machen, wenn du den Typen nicht wieder siehst.« Sie versprach es, aber sie wollte mich nur beschwichtigen. Ich glaube, sie hoffte im Stillen, dass ich sage: »Das war's.« Damit ich und nicht sie unsere Trennung ausspreche.

Dass Mette sich in den USA einsam fühlte, hatte ich gewusst. Ihre Einsamkeit verschärfte sich dadurch, dass wir wegen der Zeitverschiebung eigentlich nur am Wochenende telefonieren konnten. Mein Versäumnis war, dass ich nicht klar forderte: »Ich erwarte, dass ich dich zweimal in der Woche zu einer akzeptablen Zeit erreichen kann. Denn wenn ich mir die Nacht um die Ohren schlage, tue ich es nicht nur für dich, sondern auch für deine Firma.« Im Nachhinein halte ich es für symptomatisch, dass wir diesen Konflikt nicht ausgefochten haben. Ich war damals der Meinung, dass etwas in der Beziehung grundsätzlich nicht in Ordnung ist, wenn es Streit gibt. Mit dieser Fehleinschätzung haben wir uns die Chance vorenthalten, einen Einblick zu bekommen, was bei dem anderen los ist. Ich hätte deutlicher sagen müssen: »Du fehlst mir.« Stattdessen war ich ein Stück weit beleidigt, wenn sie über Einsamkeit klagte, weil es nie darum ging, dass auch ich auf etwas tierisch verzichtete.

Bei meiner Ankunft in Hamburg holten mich Berliner Freunde ab. Sie hatten mir an meinem letzten Tag in den USA eine Mail geschickt: »Na, wie ist es in den Staaten?« Als ich ihnen schrieb: »Hier ist gerade die Welt untergegangen«, mailten sie: »Wir holen dich vom Flughafen ab« und ließen sich auch nicht von meiner Ankunftszeit um sieben Uhr morgens abhalten. Sie haben sich tatsächlich nachts ins Auto gesetzt, um mich in Empfang zu nehmen und seelisch zu verarzten. Ohne ihren Beistand hätte ich es nicht gepackt. Als ich nach stundenlangem Weinen völlig erschöpft im Bett lag, fuhren sie wieder nach Berlin zurück.

Einige Tage später habe ich Mette gemailt. Ich hatte das Bedürfnis, ihr mitzuteilen, wie schlecht es mir geht. In ihren Antworten ließ Mette durchscheinen, sie könne nicht garantieren, dass sie den Typen nicht noch mal trifft. Das war unheimlich kränkend, aber es dauerte, bis ich so weit war zu sagen: »Dann geh!« Da hat sie mich innerhalb weniger Tage von ihrem Freund zu einem dienstleistenden Kumpel gemacht und mir zum Beispiel ihre beruflichen Bewerbungsschreiben zum Korrekturlesen geschickt. Die Hutschnur ist mir geplatzt, als sie mich beauftragte, einen Schrank, den sie bei mir untergestellt hatte und den ich loswerden wollte, bei eBay anzubieten. Ich dachte: Wie geschmacklos kann man denn sein? Am liebsten hätte ich den Schrank auf die Straße gestellt, doch er steht noch immer auf meinem Dachboden.

Ohne Arbeit wäre ich in den ersten Monaten irre geworden. Meine Ausbildungsstelle war für mich ein Zufluchtsort. Je weniger ich Zeit hatte, meine Gedanken kreisen zu lassen, desto besser ging es mir. Beim ständigen Grübeln kommt man ja zu keinem Ergebnis. Man kann die Frau nicht hassen, die man dreieinhalb Jahre geliebt hat, aber man kann sie auch nicht mehr lieben, weil sie einen betrogen hat. Gefühlsmäßig entwickelte sich das von einer unheimlichen Trauer und Verzweiflung zu einer unbändigen Wut. Ich schlief kaum, hatte das Gefühl, im Bauch krampfte sich alles zusammen, nahm zehn Kilo ab. In der U-Bahn fing ich oft unvermittelt an zu weinen. Ich bin häufig an meiner Zielstation vorbeigefahren.

Nach einiger Zeit kam die Wut. Ich war drauf und dran, zu Mettes Typ, der inzwischen wieder in Deutschland wohnt, hinzufahren und ihn zu verprügeln. Ich fand sein Verhalten auch deshalb besonders ekelhaft, weil er selber von seiner Frau betrogen worden war. Ich kann nicht begreifen, dass man anderen das gleiche Leid antut. Weil meine Wut auch nach einem Jahr nicht aufhörte, begann ich eine Verhaltenstherapie, die mir half, das Ganze zu strukturieren. Es hilft schon zu wissen, da ist jemand, der dafür bezahlt wird, dass ich ihn mit dem ganzen Kram vollquatschen kann, bis ich das Gefühl habe: Jetzt ist es gut. Denn nach einem Jahr wollte ich mich nicht mehr an Freunde wenden. Wenn ich an deren Stelle gewesen wäre, hätte ich ja auch gesagt: »Beim besten Willen, ich kann's nicht mehr hören.« Aber jemand anders zum Schweigen zu bringen ist wesentlich leichter, als sich selbst zum Schweigen zu bringen. Die Therapie verhalf mir zu der Einsicht, dass Mette einfach nicht die Richtige war. Um für mich einen Abschluss zu finden, wollte ich, dass sie kapiert, was für Scheiße sie gebaut hat. Ich habe das Abschließen also an etwas geknüpft, was ich selbst nicht beeinflussen kann. Um abends nicht stundenlang grübelnd im Bett zu liegen, habe ich nach der Arbeit viel Sport gemacht. Danach war ich völlig ermattet, und Muskeln sind ja auch gut fürs Selbstwertgefühl.

Seit meinem Abflug aus den USA damals habe ich Mette nie wieder gesehen. Sie arbeitet inzwischen in Dänemark. Einmal hatten wir uns in Hamburg verabredet. Sie wollte sich in einem Café mit mir treffen. Ich sagte ihr: »Ein kuscheliges Plauderstündchen wird das nicht werden, der Inhalt unseres Gesprächs werden die letzten anderthalb Jahre sein. Und das wird nicht nett.« Sie wollte trotzdem, aber wir brauchten ein dreiviertel Jahr, um einen Termin zu finden. Ich hatte mich auf das Wiedersehen sogar gefreut, weil ich dachte: »Jetzt kann ich alles bei dem Menschen loswerden, bei dem ich es loswerden möchte.« Wir haben uns dann jedoch verpasst. Als danach ihr Hauptthema war, dass ich ihr noch Kohle schulde, schrieb ich ihr, dass sie die bekäme, ansonsten wolle ich keinen Kontakt mehr. Dass sie wegen des Geldes so drängelt, finde ich auch deshalb merkwürdig, weil ich es mir geliehen hatte, damit ich sie in den Staaten besuchen konnte. Das erste Mal, weil es ihr so schlecht ging; beim zweiten Mal habe ich 20 000 Kilometer zurückgelegt, um mir einen Tritt in die Eier abzuholen.

Seit unserer Trennung hatte ich zwei Beziehungen. Eine kurze Affäre mit einer Frau, die sich auch gerade von jemandem getrennt hatte. Als sie es noch mal mit ihm versuchen wollte, habe ich ihr aufrichtig Glück gewünscht. Die zweite Beziehung war mit einer Frau, die neu in Hamburg und enorm einsam ist. Ich habe unser Verhältnis nach fünf Monaten beendet. Für sie war das sehr schmerzhaft, ich glaube, ich war für sie »Mister Right«, aber ich war einfach nicht in sie verliebt. Natürlich hätte ich gern eine Freundin, aber ich muss mich derzeit um vieles andere kümmern und konzentriere mich jetzt auf mich. Insgesamt bin ich dünnhäutiger, misstrauischer geworden. Eines werde ich in der nächsten Beziehung gewiss nicht mehr tun: Ich werde nicht mit etwas, was mich stört, hinterm Berg halten. Weil ich dachte, Kritik gefährde eine Beziehung, habe ich mich nie ausreichend gewehrt, wenn Mette vor anderen Leuten bissige Kommentare machte, angeblich war es nur Spaß, aber im Grunde führte sie mich vor. Sie hat nach der Trennung gemeint: In Berlin wäre das alles nicht passiert. Aber solche Veränderungen sind eben immer Scheidepunkte in die eine oder andere Richtung. Und wir sind auseinander gedriftet.

In meiner Therapie habe ich noch sieben Sitzungen, wir haben uns schon sehr vom Trennungsthema entfernt. Lange konnte ich keine Musik hören, die ich mit Mette verbinde, unser Lieblingsalbum war Stadium Arcadium von den Red Hot Chili Peppers. Inzwischen sage ich mir: Das ist nicht ihre und nicht unsere Musik, es ist meine, ich habe sie in die Beziehung eingebracht. Aber ganz fertig bin ich mit unserer Trennung wohl noch nicht. Neulich ging vor mir eine junge Frau, die von hinten exakt aussah wie Mette. Ich blieb starr vor Schreck stehen. Wenn ich Mette jetzt zufällig treffen würde, würde ich kein Wort mit ihr reden. Zwei Jahre habe ich ihr ein Gespräch angeboten. Nun ist die Chance vorbei. Ich würde nicht mal hallo zu ihr sagen.

Er frönte seinem Trieb

Die Untreuen

»David war die größte Liebe meines Lebens. Und ich glaubte, er würde mich ebenso sehr lieben, aber offensichtlich war das ein Irrtum. Denn nach einigen Jahren ging er wegen einer anderen Frau. Alle meine Instinkte hatten mir gesagt, dass wir ein glückliches Paar sind. Aber wir waren keines. Abgesehen vom gewaltigen Schmerz des Verlassenwerdens war das Schlimmste für mich die Erfahrung, dass ich meiner Intuition nicht trauen konnte. Und dass eine Realität, von der ich absolut überzeugt war, deshalb noch lange nicht wahr sein musste. Er liebte eine Frau, und ich hatte nicht die leiseste Ahnung.«[43] Legionen von Paaren können die Trauer der Schauspielerin Isabella Rossellini nachvollziehen, nachdem ihre Ehe mit dem Regisseur David Lynch zerbrach. In einer Umfrage des Schweizer Beziehungsforschers Guy Bodemann nannte die Mehrheit der 200 Geschiedenen als Auslöser eine Affäre;[44] unter den ermittelten Scheidungsgründen rangiert Untreue an oberer Stelle; wer mit Anwälten spricht, erfährt, dass die Scheidung meist den Schlusspunkt hinter ein Dreiecksverhältnis setzt; auch in meinen Interviews versetzt fast ausnahmslos ein Dritter der Ehe den Todesstoß. Allerdings scheinen nur wenige Beziehungen gegen sexuelle Abwechslungen gefeit zu sein.

Auch wenn Männer bekanntlich in puncto Eroberungen hochstapeln und Frauen amouröse Abenteuer herunterspielen, trauen sich Demoskopen, die Häufigkeit zu beziffern. Demnach finden ein bis zwei Prozent aller »Sexualakte« in Abwesenheit des (Ehe-)Partners statt. Ab dem dritten Beziehungsjahr sind sowohl Männer als auch Frauen erhöht empfänglich für eine Nebenbeziehung. Im Schnitt gehen fest liierte Großstädter zwischen 30 und 60 Jahren alle 13 Jahre fremd.[45] Die Frage, ob sie in den letzten drei Jahren eine sexuelle Außenbeziehung hatten, bejahten in der Generation der 60-Jährigen 13 Prozent der Männer und ein Prozent der Frauen, in der Generation der 45-Jährigen bejahten es 19 Prozent der Männer und zwölf Prozent der Frauen, von den 30-Jährigen 17 Prozent der Männer und zwölf Prozent der Frauen.[46] Wobei die meisten ihren Seitensprung nicht als Absprung aus ihrer Beziehung ansehen.

Der Psychotherapeut Ragnar Beer sammelte für eine Göttinger Universitätsstudie (unter www.theratalk.de) Selbstauskünfte von rund 2600 heterosexuellen Frauen und Männern, die untreu geworden waren. Mehr als Dreiviertel äußerten, sie liebten ihren Partner. Als Motiv für ihre amourösen Ausflüge ermittelte Beer die Müdigkeit in Ehebetten: »Wir können anhand der Studie ganz klar sagen: Etwa vier von fünf Befragten haben sich für den Seitensprung entschieden, weil sie in ihrer Partnerschaft sexuell unzufrieden sind.« Darüber zu reden fällt den meisten Paaren schwer. Nur ein Drittel der untreuen Frauen und ein Viertel der untreuen Männer hatten ihrem Partner/ihrer Partnerin ihre sexuellen Fantasien mitgeteilt, noch weniger hatten je nach dessen/deren sexuellen Wünschen gefragt. Selbst nach Aufdeckung des Seitensprungs war dieses Thema weiterhin von Schweigen umgeben. So erstaunt es nicht, dass viele der Untreuen sich als Wiederholungstäter outen. 17 Prozent der Männer hatten ihre Lebenspartnerin zuvor schon einmal betrogen, zwölf Prozent zweimal, jeder Fünfte mehrmals. In jüngeren Generationen holen Frauen den Vorsprung der Männer auf, was auch damit zu tun hat, dass sie beruflich mehr Kontaktmöglichkeiten haben und ebenfalls Dienstreisen und Überstunden vorschützen können. Dreiviertel der heimlichen Affären waren nach einem halben Jahr wieder beendet.[47]

Wie auch meine Interviews widerspiegeln, finden Parallelbeziehungen jedoch nicht nur hinter dem Rücken des Partners oder als freiwillige Menage à trois statt. Besonders bei bisexueller Orientierung oder nach dem Coming out des Ehepartners ist mehr oder weniger offen ausgelebte Untreue vorprogrammiert, gegen die jeder Protest des Partners machtlos ist. Jenseits der 50 blühen vor allem Männer noch einmal mit einer meist jüngeren Geliebten auf, nicht selten fordernd, dass ihre Eskapaden von ihrer Ehefrau in Kauf genommen werden. Im Vertrauen auf ihre finanzielle Machtposition setzen sie sich über den Kummer und Einspruch ihrer Frau hinweg und blenden die Belastung für die Gesamtfamilie aus. Doch was betroffene Frauen als unbarmherzigen Ego-Trip beklagen, ist aus der Sicht von Männern oft nur ein legitimes Selbstbestimmungsrecht, ohne die Absicht, die bestehende Beziehung zu sprengen.

Erwiesenermaßen geschickter in der Vertuschung eines Verhältnisses, geben Frauen für dieses ähnliche Gründe wie Männer an. Zumindest eine Zeitlang dem Verschleiß durch Alltag und Gewohnheit entrückt, fangen Liebschaften den Mangel an Zuwendung auf, bieten Aufmerksamkeit, Verständnis, Bewunderung und sexuelle Umwerbung. Sie bringen nicht nur Ehen zu Fall, sondern können sie auch stabilisieren, zum Preis vieler Lügen. Fliegt die Affäre auf, neigen Frauen weniger dazu, sie entweder zur unwichtigen »Bettgeschichte« zu verharmlosen oder sie ohne Rücksicht offen aufrechtzuerhalten. Stärker von Schuldgefühlen geplagt und mehr beeinflusst von der Sorge, ihren Ehestatus zu verlieren, zudem nüchterner, was die Langzeitperspektive ihrer Amoure betrifft, rudern Frauen eher in den Heimathafen zurück. Oder sie ziehen die Konsequenz aus erdrückender Enge, auch wenn die Trennung für sie seltener als für Männer den Umzug in eine neue Zweisamkeit bedeutet. Im Rückblick klingt sowohl bei Frauen als auch bei Männern oft Bedauern durch, die Folgen ihrer Untreue nicht richtig eingeschätzt zu haben.

Die Betrogenen

Wie viele Beziehungen bestünden noch, gäbe es Handy und PC nicht? Angesichts heimlich geprüfter Mails und SMS, die schließlich die Wahrheit ans Licht brachten, stellte ich mir diese Frage oft, wenn meine Gesprächspartner etwas geniert von ihren Schnüffeleien berichteten. Unter den Teilnehmern der Göttinger Studie waren es häufiger Frauen, die Verdacht schöpften. Sie haben die bessere Intuition, und das ist offensichtlich gut so. Denn während nahezu einem Drittel der »gehörnten« Männer die Affäre gebeichtet wurde, bekamen nur ein Viertel der betrogenen Frauen von ihrem Partner reinen Wein eingeschenkt. Einem Fünftel der Frauen und Männer verhalf der Zufall auf die richtige Spur, jeder Zweite fand das Verhältnis selbst heraus. Über die Hälfte der Befragten gaben zu, die Handtaschen oder Sakkotaschen ihres Partners durchwühlt und dessen Post und Anrufe kontrolliert zu haben.

Der Gefühlsaufruhr, wenn sich der Argwohn bestätigt, ähnelt nach Aussagen von Psychologen oft dem Schock, den Menschen durch massive Gewalt und Naturkatastrophen erleiden. Mit einem Schlag stürzt das bisherige Lebensmodell ein und reißt aus der überzeichnenden Sicht des Betrogenen oft Bereiche mit, die objektiv nicht gefährdet sind. Das brennende Gefühl, gegen den Entzug von Zugehörigkeit und Einzigartigkeit wenig ausrichten zu können, reaktiviere frühkindliche Verlustängste, erläutern die Therapeutin Birgit Dechmann und ihre Co-Autorin Christiane Ryffel. Und zwar umso heftiger, je stärker das Selbstwertgefühl durch den Partner gestützt worden war: »Die alten Kinderschmerzen schwingen mit. Man stürzt geradezu in die Wiege aller Selbstentwertungen. Ein eiskalter schwarzer Schatten überzieht das Leben und droht die Existenz auszulöschen. Die Gestürzten möchten nur eines: wieder oben sein. In diesem Zustand erleben sie noch die zusätzliche Ungerechtigkeit, dass ihr Partner mit jemand anderem in seligen Wonnen schwelgt.«[48]

Die Strategie, die unerträgliche Kränkung in Form des Partners radikal abzuschaffen, reicht von sofortigem Auszug bzw.

Rausschmiss bis zu blindwütigen Vernichtungsfeldzügen, die in der Auslöschung ganzer Familien kulminieren kann. Andere versuchen, den Partner auf Biegen und Brechen zurückzugewinnen. Das Waffenarsenal umfasst Sanktionen, Drohungen, Erpressung, auch die Flucht in Krankheit und Suizidversuche. Oft werden Kinder instrumentalisiert. Vor allem Frauen reagierten in der Göttinger Studie auf einen Seitensprung mit einem Ausmaß an Aggression, das selbst den erfahrenen Paartherapeuten Ragnar Beer überraschte. Vier von zehn Frauen bekundeten Bestrafungsabsichten, knapp ein Viertel empfand Hass für ihren untreuen Partner.

Dass Männer ihre Wut hauptsächlich auf den Rivalen richten, erklärt Beer mit der Urangst, im Bett zu versagen. Das Konkurrenzmuster »Wessen ist größer?« sitzt offenbar tief und bricht sich Bahn, wenn in meinen Gesprächen der Rivale in unverhohlener Animosität zum »Hallodri«, »Heini« oder zu »ihrem Satelliten« herabgestuft wird. Während Männer einst mit dem Eindringling die Klingen kreuzten und ihre Kompromittierung buchstäblich ausfochten, suchen heutige Männer nur selten die direkte Konfrontation. Sie verteidigen ihr Revier, indem sie den Gegner verbal demontieren, ihn durch Schachzüge aus dem Feld schlagen oder ihn durch Imponiergehabe (Geld, Macht, Berufsposition, Bizeps) wegbeißen und zu überrunden versuchen. Nicht selten verlagern sie ihre Ehrenrettung in ein schleunigst gefundenes Liebesnest. »Ich habe stehenden Fußes etwas mit einer anderen Frau angefangen. Ich agiere lieber als zu reagieren«, begründet ein Gastwirt die Korrektur einer Ruf und Selbstwertgefühl schädigenden Schieflage. Die mitunter im Wettlauf mündet, wer in puncto Untreue und Verletzungen die Oberhand behält.

Insbesondere hochgradig narzisstische Menschen verwandeln sich oft in Furien. Gierig nach Vergeltung versuchen sie, den Partner und dessen Liebe vom hohen Ross runterzuholen, indem sie beide verunglimpfen, verhöhnen und lächerlich machen. Ebenfalls nicht zimperlich in der Titulierung der Nebenbuhlerin, äußern sich Frauen oft entgeistert über den männlichen Triebdurchbruch und die Naivität, mit der ihr Partner der Verführung durch ein »Betthäschen« oder der »Tussi« auf den Leim ging. Andere vermeiden den Sockelsturz ihres Partners, indem sie den Seitensprung zum Irrtum erklären oder mildernden Umständen zuschreiben: »Es wäre nicht passiert, wenn ...« Sie kennen ihn schließlich in- und auswendig, vielleicht sogar besser als er sich selbst! Dass mit solchen Beschwichtigungen dem Partner die Autonomie abgesprochen wird, verstärkt oft dessen ostentative Abwehr gegen jedwede Bevormundung. Schon um sich Gängelungen nicht zu beugen, hielten einige meiner GesprächspartnerInnen noch eine Weile an einer bereits reizlosen Affäre fest.

Andere Frauen forderten sich Großmut und Verständnis ab oder wuchsen in eine liberalere Einstellung hinein. In ihrer Wortwahl kontrolliert, wogen manche ab, ob diese oder jene Äußerung nicht zu abfällig klinge. Gegenüber der Rivalin wollen sie auf keinen Fall zum Racheengel herabsinken.

Die meisten Frauen, die ich sprach, äußerten sich schockiert über die Untreue ihres Partners. Nie hätten sie ihm das zugetraut! Vier von fünf Frauen in der Göttinger Studie hatten sogenannte intrusive Gedanken. Gemäß dem Diktum »Die Eifersucht weiß nichts, ahnt vieles und fürchtet alles« (Kurt Goetz) malen sie sich selbstquälerisch die leidenschaftlichen Gipfelstürme ihres Ex-Partners aus und halten sich auch dann häufig über dessen Tun auf dem Laufenden, wenn ihre Ehe geschieden ist. Dass der Partner im Grunde verfügbar ist, wird nicht selten als peinigender empfunden als die Vorstellung seines Todes. Denn dann wäre er nicht zugänglich für eine neue Liebe, und kein Trennungsdrama würde die einstige Zweisamkeit überschatten. »Dann wäre wirklich Schluss«.

Einige Partner geben nicht auf. Glaubt man der Göttinger Studie, fühlten sich jede dritte Frau und jeder zweite Mann mitschuldig, dass der Partner sie betrogen hat. Mit der versöhnlichen Einsicht, dass beide an der Entfremdung mitwirkten, wagen manche Paare einen zweiten Start. Andere frohlocken, wenn der Rivale/die Rivalin ausgebootet ist und sie den Partner zurückbekommen. Auch wenn sie sich nur wieder einreihen in das Heer der stabil unglücklichen Paare.

Nina S.: »Ich wollte die Trennung, doch dann war sie für mich ein Weltuntergang.«
Peter F.: »Ich habe sie gewarnt: Ich nehme die Nächstbeste, die mir zusagt.«

Die 34-jährige Nina S. hat viele Lebenswechsel erlebt. Als Kind siedelte sie mit ihrer Familie von Siebenbürgen nach Freiburg um, ihr Studium in Berlin brach sie ab, da sie es in der Großstadt nicht aushielt. Nach einer Hotelfachausbildung jobbte die dunkelblonde Frau als Kellnerin. Seit dreieinhalb Jahren sind sie und ihr ehemaliger Chef Peter F. Pächter einer Schwarzwaldhütte mit Bioprodukten. Für Ausflügler eine Idylle, doch wer hier arbeitet und lebt, muss Einsamkeit schätzen. Nina treffe ich unten in der Stadt. Peter ist im sommerlichen Hochbetrieb in der Küche unabkömmlich. Ich warte vor dem Berggasthof, bis der 57-Jährige alle Wanderer versorgt hat. Der sportlich-kompakte Mann redet schnell und flüssig. Wie abgesprochen, schicke ich ihm das transkribierte Gespräch zu. Er teilt mir mit, Nina habe ihm auch ihr Interview zum Lesen gegeben, sie selbst habe den Text gar nicht angeschaut, was ja typisch für sie sei. Ein halbes Jahr später erfahre ich, dass Nina und Peter zusammen Skiurlaub machen. Peters jetzige 42-jährige Freundin habe nichts dagegen.

Nina S.:
Seit langem hatte ich davon gesprochen: »Peter, wir sind im Alter so weit auseinander, sexuell läuft es nicht besonders gut, eigentlich wäre es besser, wir wären nur Freunde und Arbeitskollegen.« Aber als mein Wunsch Realität wurde, waren es die schrecklichsten Wochen meines Lebens. Ich hatte unsere Beziehung in diese Richtung getrieben, doch dann war es für mich ein Weltuntergang.

Kennengelernt haben wir uns, als ich vor acht Jahren Serviererin in Peters Kneipe in Freiburg wurde. Peter begann, mit mir zu flirten, wobei er das nicht so ernst nahm, da ich so alt bin wie sein ältester Sohn. Er lebte damals in Trennung, war noch nicht geschieden, seine Frau kam oft bei ihm vorbei. Damals war ich in einem Tief und völlig orientierungslos. Peter hat mich an die Hand genommen, geerdet. Er ist bodenständig, pragmatisch, wenn er will, kann er unglaublich charmant sein. Er kann auch ein Teufel sein, ein Mensch, den man nicht zum Feind haben will. Es hat mir natürlich geschmeichelt, dass sich ein bedeutend älterer Mann für mich interessiert.

Ich zog ziemlich schnell bei Peter ein. Ein Jahr später löste er sein Lokal auf. Er hatte schon 20 Jahre als Gastronom gearbeitet, es war Zeit für einen Tapetenwechsel. Wir wollten in Afrika überwintern. Durch einen elektronischen Schaden brannte unser Wohnmobil auf dem Weg dorthin ab. Nach unserer Rückkehr jobbten wir beide, wir wollten nochmals auf Reisen gehen, aber Peters Bruder wollte mit uns ein neues Lokal aufmachen. Das war der erste Riss. Ich hatte das Gefühl, die beiden überreden mich zu etwas, was ich gar nicht will, ich habe nur halbherzig mitgemacht. Die Gastwirtschaft wurde ein Flop. Als wir den Pachtvertrag für die Schwarzwaldhütte unterschrieben, war das für mich die Rettung.

Vor vier Jahren hatte ich eine kurze Affäre. Als Peter das rausbekam, schlug er die Trennung vor. Ich merkte, dass ich ihn noch liebe, an ihm hänge, wir blieben ein Paar. Aber wenn`s mal reißt, reißt es immer wieder an der Nahtstelle, die man zu flicken versuchte.

Als Peter in den Urlaub fuhr, betrog ich ihn zum zweiten Mal mit dem Freund, mit dem ich jetzt zusammen bin. Er ist sechs Jahre jünger als ich und gehörte immer zu meinem Umfeld. Es war zunächst nur eine Bettgeschichte, sein junger Körper ist natürlich reizvoll. Peter hat sehr feine Antennen, er spürte es sofort. Ich habe es erst geleugnet, aber er las mein Tagebuch, was natürlich ein Vertrauensbruch ist, der jedoch in keiner Relation steht zu meinem Vertrauensbruch. Peter war tief verletzt, er wollte einen Schnitt machen. Er rief dann eine Frau an, mit der er vor langer Zeit in einer WG gewohnt hat, sie trafen sich und verliebten sich sofort.

Ich hatte mir vage vorgestellt, wie eine Trennung abläuft und merkte, unter der Oberfläche bricht alles zusammen. Plötzlich drehte sich mein Fühlen und Denken nur noch um diesen Mann. Ich dachte: Oh Gott, wir werden nie mehr zusammen verreisen, nie mehr zusammen Ski fahren. Wie das so ist in völliger Verzweiflung: Man überzeichnet alles. Gekämpft habe ich nicht. Ich lag heulend in seinen Armen, trank sehr viel Alkohol, verkroch mich auf der Hütte, nur zu meiner Schwester hatte ich Kontakt. Peter war extrem fair zu mir, sagte: »Nina, das ist doch, was wir wollten. Ich verschwinde doch gar nicht aus deinem Leben.« Er versuchte, mich zu beruhigen, aber weil wir zusammenwohnen, bekam ich jedes Mal mit, wenn er zu der anderen Frau ging. Als er für zwei Wochen nach Norwegen reiste, atmete ich richtig auf. Solange er anwesend war, hatte ich mich selbst nicht als Zentrum. Nach seiner Abreise merkte ich, es geht mir ja eigentlich gar nicht so schlecht mit mir. Schon nach einem Tag kroch ich aus meinem schwarzen Loch und dachte: Was für ein blauer Himmel!

In der Regel verliebe ich mich schnell, aber die feste Beziehung zu meinem jetzigen Freund hat sich sehr langsam entwickelt. In diesem Zustand wird alles aufregend, spannend, man hat ein tolles Körpergefühl. Meine Beziehungen begannen fast alle im leidenschaftlichen Rausch, wurden dann aber immer flacher. Mein Freund ist von Beruf Feinmechaniker, ruhig, introvertiert, kein Macher wie Peter. Wenn mich jemand fragt, wie er ist, antworte ich oft: »Stell dir das Gegenteil von Peter vor.« Nur die Sportlichkeit haben sie gemeinsam. Für meine Mutter bleibt er der Junge aus der Nachbarschaft, sie ignoriert unser Verhältnis hartnäckig. Sie mochte auch Peter nie. Ich glaube, ich gebe meinem Freund das, was Peter mir viele Jahre gegeben hat. Er hat sich um mich gekümmert, hat gekocht, aufgeräumt, alles Dinge, die ich jetzt für meinen Freund übernehme.

Mein jetziges Verhältnis zu Peter ist schwer zu definieren. Ich würde sagen: Wir haben eine karmische Verbindung. Peter ist der Mensch, mit dem ich am offensten reden kann und der mich auch am besten versteht. Beruflich ist er mein Mentor, er hat ein sehr großes Herz, ohne dabei wie meine Mutter selbst zu kurz zu kommen. Peter hat die gesunde Einstellung: Nur wenn man mit seinem Leben zufrieden ist, kann man daraus schöpfen und anderen etwas geben. Wir sind eine Art Lebensgemeinschaft, eine Patchworkfamilie, wir haben beide unseren Lebensmittelpunkt in der Hütte. So ein Modell funktioniert, wenn jeder einen starken Willen hat. Ich wollte unbedingt auf der Hütte bleiben. Anfangs war für mich der Preis, dass ich viel von Peters Willkür und teilweise Bösartigkeit einstecken musste. An manchen Tagen haben wir kein Wort geredet.

Ich glaube, ihn störte in unserer Beziehung, dass ich ihm oft alle Verantwortung überließ. Und ich bin ein Suchtmensch. Erst habe ich viel gekifft, später hat sich das auf den Alkohol verlagert. Abends lese ich, rauche, dazu gehört ein Glas Wein. In der Beziehung zu Peter hatte Alkohol die Funktion, mir eine Art Freiraum zu schaffen. Es war für mich ein Weg, für ihn nicht ansprechbar zu sein. Wir waren ja rund um die Uhr zusammen. Der Alkohol ist zwischen uns immer noch ein Thema, aber nicht mehr so zentral. Außerdem war ich lange ein totales Konsummonster. Kaufen war eine Suche nach Identität. Mit welchen Schuhen unterstreiche ich meine Persönlichkeit? Peter war diesbezüglich sehr leidensfähig. Ich habe mit ihm so viele Reisen gemacht und war innerlich gar nicht dabei. Statt am Meer zu sitzen, habe ich ihn zum Shopping mitgeschleppt. Zum Konflikt wurde es erst, als unsere Beziehung schlechter wurde. Dann beginnt man ja, sich über Eigenarten aufzuregen, über die man vorher den Mantel der Liebe gedeckt hat.

Auch meine Einstellung zu meiner Arbeit ändert sich seit einigen Monaten. Mir wird bewusst, dass Peter altersbedingt irgendwann aussteigen wird und dass dies auch mein Geschäft ist. Dass ich kochen lerne, ist für ihn eine große Entlastung. Im Stress haben wir immer noch ein ziemlich explosives Verhältnis. Bei Konflikten rutschen wir schnell vom Beruflichen ins Persönliche. Es fallen Sätze, die in einem reinen Arbeitsverhältnis nie ausgesprochen würden. Peter kann sehr ausfallend und ordinär werden. Und ich bin Meisterin darin, Vorwürfe zu ignorieren, ich schmettere sie ab oder nehme sie nicht ernst. Aus meiner Sicht projiziert Peter mitunter auch Unzufriedenheit in seiner jetzigen Beziehung auf mich und aufs Geschäft.

Ich denke, dass Peter mit seiner Freundin glücklich ist, aber ihr Kind schränkt vieles ein. Das stinkt ihm manchmal. Am

Anfang hat es mich gestört, wenn seine Freundin in der Hütte übernachtete. Es hat mich gestört, dass Fremde im Haus waren. Ich kann mich nicht so frei bewegen, laufe zum Beispiel nach dem Baden nicht nackt durch den Raum. Heute verstehe ich mich in manchen Situationen besser mit Peters Freundin als mit ihm, wobei unsere Beziehung schlagartig anders ist, wenn sie dazu kommt. Ich nehme mich dann sehr zurück. Und eifersüchtig ist man wohl immer auf die Neue. Man hat sich ja mal sehr geliebt. Deshalb ist mir schleierhaft, warum viele Paare überhaupt keinen Kontakt mehr zueinander haben.

Sonst aber ist zwischen Peter und mir mehr Nähe entstanden. Seit wir nicht mehr liiert sind, geht er bereitwilliger auf mich ein, nimmt sich meinen Kummer mehr zu Herzen, und ich wische Vorwürfe nicht mehr ganz so schnell weg. Ein Konflikt ist zum Beispiel: Peter macht regelmäßig Mittagsschlaf, anfangs hat mich das geärgert. Inzwischen sage ich mir: In seinem Alter darf man sich auch mal zurückziehen. Aber meine Toleranz hängt davon ab, ob wir gerade eine gute oder eine schlechte Phase haben. Was in unserer jetzigen Beziehung verlorengeht, ist eine gewisse Sicherheit. Unsere Zusammenarbeit wird schneller in Frage gestellt, als wenn wir noch ein Paar wären. Wäre es sinnvoller, sich mit dem anderen Partner etwas aufzubauen? Aber ich denke in kurzfristigen Zeiträumen, plane nicht Monate im Voraus, vielleicht weil ich eine sehr unstete Kindheit hatte. Ich habe das Gefühl: Das Leben kommt zu mir. Ich muss es mir nicht selbst erkämpfen.

Die Frage, ob ich Peter noch liebe, kann ich eindeutig bejahen. Wir haben keine erotische Beziehung mehr, aber ich fühle mich bei ihm aufgehoben, durch ihn getragen. Die Hütte und er sind für mich eine Einheit. Manchmal beschleicht mich das Unbehagen, dass mein Leben auf seinen Gnaden aufgebaut ist, aber ich kann Differenzen zwischen uns mit mehr Distanz betrachten. Das Leben in der Natur hilft mir dabei sehr. Vor zwei Tagen hatten wir ein relativ dramatisches Gespräch. Ich war völlig durch den Wind und bin noch spazieren gegangen. Wenn ich über die Bergkuppe gehe und vor mir liegen die Vogesen, merke ich, wie sich Gelassenheit ausbreitet. Man kriegt dort oben schnell einen freien Kopf. Probleme verschwinden nicht, aber sie relativieren sich.

Mit meinem Freund ist die große Verliebtheit vorbei. Im Sommer waren wir beide in Norwegen. Dort habe ich es geschafft, zehn Tage nicht zu trinken. Es war eine wunderbare Reise, aber wir sind in einem Stadium, in dem ich die Karten auf den Tisch lege: »So schaut's aus, mein Lieber. Ganz so stelle ich mir eine Beziehung nicht vor.« Inzwischen empfinde ich sein Freizeitverhalten als extrem reduziert. Am liebsten angelt er. Und er geht wenig auf meine Bedürfnisse ein. Jetzt in der Hochsaison habe ich eh kaum Zeit, aber ich möchte in einer Beziehung als Frau und Partnerin und bestenfalls als Göttin behandelt werden. Vor kurzem lernte ich den Freund meines Freundes kennen. Er gefällt mir sehr. Peter findet, der sei auch nichts für mich. Er sagte: »Du brauchst einen richtigen Mann.«

Peter F.:
Als ich Nina kennenlernte, wusste sie nichts mit ihrem Leben anzufangen. Ich war damals schon 52 und hatte eigentlich als Marschroute: Du fängst nie etwas mit einer Angestellten an. Viele dachten bestimmt: Der alte Sack hat `ne Klatsche. Auch mir war klar: Wenn die Freundin so alt ist wie der eigene Sohn, kommt man in die Bredouille. Irgendwann kreuzt ein Jüngerer auf, der ihr das gibt, was sie von mir nicht kriegen kann. Auf einem Feuerwehrfest tauchte dann auch bald ein junger Mann auf, der genau Ninas Vorstellungen entsprach: groß, dunkle Augen, dunkle Haare, Blick wie ein junger Hund, tollpatschig. Er fing an, ihr schöne Augen zu machen. Für mich war unsere Beziehung damals eigentlich noch intakt, wenn ich auch Kritik an Nina hatte. Wir stritten uns vor allem darüber, dass sie viel zu viel trinkt. Und Nina war extrem fixiert auf Mode und Konsum. Sie fing an, auch mich auszustatten mit Jugendklamotten, die gar nicht zu mir passten.

Es ist dann auch prompt eingetreten, was ich vorhergesehen hatte. In unserer ehemaligen Gastwirtschaft hatten wir eine Weihnachtsfeier für die Feuerwehrleute, nach einem 15-Stunden-Tag fiel ich ins Bett, während die Gäste noch feierten. In dieser Nacht hat sich Nina in besagten Feuerwehrmann verliebt, sie hat es mir aber nicht gesagt. Und trank nur umso mehr. »Nina, was geht hier ab? Was können wir ändern?«, wollte ich wissen. Es war der Versuch, an einen Menschen heranzukommen, der längst blockte und eigentlich gar nichts mehr mit mir zu tun haben wollte. Da kam mir die Idee, in ihrem Tagebuch zu lesen. Eigentlich hat mich das nie interessiert, aber damals hatte ich die Schnauze voll, ich wollte Klarheit: Sind wir zusammen oder nicht? Im Tagebuch stand die Story mit diesem Typen. Hochgradig besoffen waren sie in jener Nacht im Bett gelandet. Nina sah nur noch rosa Wolken, die aber bald pechschwarz wurden, weil es mit diesem Hallodri ja keine Perspektive gab. Ich war entsetzt über den Vertrauensbruch, war wütend, dass mir so etwas passiert, dass mir die Frau vom Hallodri des Dorfes ausgespannt wird. Das hatte nichts mit Besitzanspruch zu tun. Ich konnte auf keinen Fall zulassen, dass Nina mir so etwas nicht mitteilte. Dass ich ihr Tagebuch gelesen habe, war nicht nett. Aber wenn dich jemand anlügt, hast du das Recht, dir die Wahrheit zu besorgen. Ich agiere lieber als zu reagieren, bestimme lieber, als dass ich bestimmt werde. Als ich Nina sagte: »Ich weiß alles«, war das eine große Schreierei. Wenn Leute mein Vertrauen missbrauchen, ist für mich der Ofen aus. Ich bin gleich aus dem Schlafzimmer ausgezogen. Sexuell hatte Nina gar nichts mehr mit dem Typen, sie schickte ihm aber ständig SMS, telefonierte dauernd, sie war einfach empfänglich für eine Affäre, die eigentlich nur in ihrem Kopf stattfand. Ich kann das sogar nachvollziehen, sie hörte von mir immer nur Kritik: »Nina, es ist Scheiße, wenn du säufst. Was du kannst, ist Geld ausgeben. Aber wenn`s ums Geschäft geht, versagst du, da hast du keine Ahnung.«

Als wir uns vor vier Jahren als Pächter für die Schwarzwaldhütte bewarben, stellte ich Nina die Bedingung: Wir gehen nur als Paar hier hoch, und das heißt, dass es zwischen dir und dem Typen vorbei ist. Denn wir müssen hier oben ja zusammenwohnen. Sie hat es mir hoch und heilig versprochen.

Der Betrieb, zu dem noch Landwirtschaft und 54 Rinder

gehören, ist dann gleich losmarschiert wie verrückt. Nina hat hier oben ziemlich exzessiv gesoffen, der Schwachsinn mit ihrem Typen ging unverblümt weiter. Per SMS und am Telefon geilten sie sich gegenseitig mit dummen Sprüchen auf. Irgendwann habe ich mir ihr Handy geschnappt und fand von ihm 66 SMS und 150 Antworten von Nina. Da habe ich gesagt: »Jetzt ist Schluss! Die Lügerei geht mir auf den Wecker, es ist mir alles zu blöd.« Ich habe stehenden Fußes eine ehemalige Freundin angerufen. Wir haben uns getroffen, haben erneut den Docht angezündet, das hat mich aus der Situation mit Nina befreit. Nun durfte sie tun und machen, was sie wollte. Doch was hat sie gemacht? Nichts außer heulen, schlecht drauf sein. Ihre Fantasie-Lovestory verläpperte sich, meine Affäre hat auch nicht gehalten, ich hatte keine Zeit dafür.

Nina und ich haben uns als Paar dann wieder zusammengerauft. Und sie hat wieder getrunken. Es ist so weit gekommen, dass ich nicht mehr mit ihr ausgegangen bin, weil es mir peinlich war und auch zu teuer. Wenn sie sich im Bett umdrehte, wurde mir schlecht von dem Dunst. Häufig überlegte ich, ob wir noch weiter zusammenarbeiten können. Ich wollte Ideen für die Zukunft ausbrüten, aber wenn ich das ansprach, war bei ihr Sense. Da kam einfach nix. Sie lebte in den Tag hinein und setzte voraus, dass ich mich um sie kümmere. Wir haben auch mal über eine Entziehungskur nachgedacht. Irgendwann wurde es mir egal, ich konnte sie nicht aufhalten.

Mit Freunden habe ich nicht über die Situation gesprochen. Es sind keine Probleme, die mir so zusetzen, dass ich Tipps brauche. Manchmal habe ich mit meiner Ex-Frau und ihrem Freund über Ninas Besäufnisse geredet. Sie meinten, ich solle sie rausschmeißen. Das kam für mich jedoch nicht in Frage. Einerseits war es relativ bequem, es zu lassen, wie es war. Ein fieser Satz von mir war: »Bei Nina weiß ich wenigstens, woran ich bin.« Bei ihr kann mich nichts mehr überraschen. Ich habe mit ihr Höhen und Tiefen durchlebt, ich kenne ihre Belastungsgrenze, wir hatten oft Streit, aber im Großen und Ganzen kann ich mit ihr zusammen sein. Bei einer neuen Geschäftspartnerin wüsste ich nicht, ob ich die Position des Chefs halten kann. Außerdem bin ich nicht der Typ, der jemanden rauswirft. Wenn Nina freiwillig gegangen wäre, wäre es was anderes gewesen. Aber ich wollte ihr keinen Tritt geben. Ich habe eine Verantwortung für sie, im Kopf oder im Herzen oder insgesamt. Und ich habe kein Recht, mit dem Finger auf sie zu zeigen. Denn was sie mir angetan hat, habe ich natürlich auch schon anderen angetan.

Unsere Trennung erfolgte im vorletzten Jahr am 14. November. Ich war mit einem Freund verreist gewesen und versuchte, Nina vom Zug aus anzurufen. Als sie ihr Handy nicht abnahm, schwante mir schon: Aha, gnädige Frau ist auf der Piste. Später erreichte ich sie dann doch, aber als sie mich vom Bahnhof abholte, merkte ich sofort, dass da wieder etwas läuft. Ihr jetziger Freund spukte schon eine Weile in unserem Leben rum, ich hatte ihr gesagt: »Pass auf, wenn du mit ihm rum machst, nehme ich die Nächstbeste, die mir zusagt.« Vor langer Zeit gefiel mir mal die Freundin meiner Ex-Freundin. Ein halbes Jahr bevor es mit Nina zum endgültigen Bruch kam, hatte ich sie schon mal angerufen, aber nicht erreicht. Damals überlegte ich schon, wie ich an eine andere Frau geraten könnte. Eine Frau ohne Hirnrisse, keine Alkoholikerin, nicht esoterisch, eine stinknormale Frau, die mit beiden Beinen auf dem Boden steht, positiv denkt, nach vorne guckt, die schon an mich glaubt, aber bereit ist, Entscheidungen mit zu tragen. Und sie musste älter sein als Nina. Nach ihrer sogenannten verbotenen Nacht sagte ich ihr am nächsten Morgen: »Du warst bei deinem Typen. Das war`s!«, und ging sofort ans Telefon: »Birgit, treffen wir uns mal?« Wir gingen aus, hatten einen schönen Abend, unterhielten uns, hatten Spaß: alles Sachen, die ich vorher auch mit Nina gemacht habe, bis die Zeit kam, wo ich mir ein Glas Bier und sie sich eine Flasche Wein bestellte, wir haben oft kein Wort miteinander geredet. An diesem Abend habe ich Birgit angebaggert, das kann ich relativ gut, je ausgeruhter ich bin, desto besser. Und nach der Trennung von ihrem Freund war sie ja auch auf der Suche nach dem Glück.

Als wir uns zusammengetan haben, hat Nina geweint, gejammert, aber das war mir scheißegal.

Unser jetziges Verhältnis ist schwer einzuordnen. Nina und ich sind nicht mehr verliebt ineinander und auch kein Paar, wir sind eine Art eheliche Zugewinngemeinschaft und teilen einen intensiven Lebensabschnitt miteinander. Ihre Freizeit verbringt Nina bei ihrem Freund in Freiburg, dreimal in der Woche übernachtet sie bei ihm. Er taugt hinten und vorne nichts, ist einen halben Kopf kleiner als sie und etliche Jahre jünger, vermutlich macht ihm der Sex mit ihr tierisch Spaß, geht mich nichts an. Im Sommer bin ich fast immer auf der Hütte, weil ich für das Haus, für die Viecher Verantwortung habe, im Winter bin ich auch viel weg. Manchmal übernachtet meine Freundin hier, manchmal Ninas Freund. Ich begegne ihm völlig bewertungsfrei. Das heißt nicht, dass ich ihn mag, dazu ist er zu fade.

Meine Freundin hätte gern konkrete gemeinsame Zukunftspläne. Aber sie hat ihr Leben auf ihr kleines Kind aufgebaut, das trage ich nicht mit, da ich das Leben mit Kindern abgeschlossen habe und nicht in Konkurrenz zum Vater treten will.

Angst vor dem Alleinsein hatte ich nie. Im Winter sehe ich an manchen Tagen keine Menschenseele, aber ich fühle mich nicht einsam. Man hat schon so viel Leben, so viele Gefühle in sich gespeichert, dass man davon zehren kann. Bei der ersten der drei Mütter meiner vier Kinder war ich zu jung, es gab noch viele Frauen zu entdecken, die zweite war heroinabhängig, mit der dritten war ich 18 Jahre verheiratet, es war eine tolle Beziehung, bis die beiden Kinder kamen. Sie musste sich zuhause um die Familie kümmern, und ich war Gastwirt, das bedeutet Nachtschicht, Samstag und Sonntag arbeiten, das hat ihr nicht gepasst, zudem gerieten unsere wirtschaftlichen Verhältnisse ins Wanken.

Zu zweien meiner Ex hat sich im Laufe der Jahre ein entspanntes Verhältnis entwickelt. Es ist im Grunde das Gleiche wie zwischen Nina und mir: Wir wollen nichts mehr voneinander und nehmen uns so, wie wir halt sind. Ich finde, Trennung ist nichts Weltbewegendes. Ich war im Prinzip nie tieftraurig, weil ich immer in der Lage war, eine neue Beziehung anzufangen, die mir noch besser gefallen hat. Aber geärgert hat mich das Scheitern meiner früheren Beziehungen schon. Besonders meiner Ehe, die auf eine gemeinsame Zukunft gerichtet war, mit gemeinsamen Zielen und Werten. Aber Scheitern ist das falsche Wort. Eine Beziehung scheitert nicht, sie läuft aus. Es ist ein langer Prozess: Wünsche und Vorstellungen driften auseinander, Spannungen kommen auf, die durch Fremde, durch das Begehren eines neuen Partners eingebracht werden. Beziehungen sind wie eine Figur, die auf einem Sockel steht, und das Leben und alle Menschen drum herum rütteln ein bisschen daran, irgendwann fällt das Ding eben um.

Ich kenne Männer, die sich nie davon erholt haben, dass ihre Frau sie verlassen hat. Ihr ganzes Leben fixieren sie auf diesen einen Punkt: Wegen der blöden Kuh geht es mir schlecht. Das ist eine unannehmbare Darstellung. Ich habe einen verheirateten Freund, der hat sich verliebt in eine Angestellte, er war einfach geil auf sie. Nach ein paar Tagen stellt er fest, dass sie doch nicht die Richtige ist. In der Zwischenzeit läuft seine Alte, die in seinen Augen immer ein Mauerblümchen war, ein paar Mal durch die Straße, ein Heini taucht auf, nimmt sie zu sich in seine tolle Wohnung, baut mit ihr ein neues Leben auf. Und er hockt mit seinen Kindern zuhause und ist sauer. Ich sage ihm: »Das kann nicht sein. Was ich mir zugestehe, muss ich auch anderen zugestehen.«

Und man muss vergeben können. Ich denke, man kann Vergeben trainieren. Man darf Vorkommnisse nicht in der Bewertung belassen. Nach dem Motto: »Du hast mich betrogen, deshalb bist du …« Es heißt allenfalls: »Du warst …« Es ist der Schnee von gestern. Ich habe immer den ersten Schritt gemacht, wenn eine Sache im Arsch war. Aber viele Leute schaffen es nicht, aus dem Kreislauf des Nichtvergessens auszubrechen. Aus Eitelkeit, Stolz, Dummheit, wegen ihrer Erziehung empfinden sie Trennung als Niederlage. Meine Mutter hat immer gesagt: »Dummheit und Stolz: ein Holz.«

Für mich steht nicht in Frage, dass Nina und ich beruflich weitermachen. Da bin ich extrem loyal und verlange es auch von ihr. Wir bleiben im Gespräch, sie erzählt mir auch von ihrem Freund, dann kriegt sie von mir unverbindliche Tipps. Ich genieße es, dass sie mittlerweile in eine Haltung hineingewachsen ist, die mir das Leben erleichtert. Sie lernt kochen, denkt mit, das nimmt von mir den Wahnsinnsdruck, der Generalmufti des Hauses zu sein. Wir streiten uns immer noch heftig. Aber es ist mein Plan oder mein Gefühl, dass es besser wird mit uns. Wir haben uns ja nichts mehr vorzuwerfen, allenfalls in geschäftlichen Situationen, was manchmal ins Persönliche umschlägt. Jeder ist für sich selbst verantwortlich und weiß um die Verantwortung dem andern gegenüber.

Marleen K.: »Sexuell bin ich bi.«

Nach Schätzungen gibt es in Deutschland zwischen 500 000 und einer Million Regenbogenfamilien[49]*, in denen Kinder in gleichgeschlechtlichen Partnerschaften aufwachsen. Entweder hatten Vater oder Mutter erst als Eltern ihr Coming-out. Oder lesbische und schwule Paare erfüllen sich ihren Kinderwunsch durch Adoption, künstliche Befruchtung oder indem sie zum Zwecke der Zeugung Liebesdienste in Anspruch nehmen. Eine Bekannte vermittelte Marleen K. den Vater ihrer jetzt vierjährigen Tochter, der ihr mit 43 Jahren zum lang gehegten Wunschkind (unentgeltlich) verhalf. Aus wertkonservativer Sicht führt die große, dunkelblonde Berlinerin ein unkonventionelles Leben. Doch die Klippen ihrer Frauenbeziehungen lassen sich ähnlich in heterosexuellen Partnerschaften finden. Auch die unzureichende Klärung ihrer Trennungen verdeutlicht, dass Sprachlosigkeit nicht nur auf Verständigungsproblemen zwischen Mann und Frau beruht.*

Insgesamt hatte ich fünf Partnerinnen. Der Unterschied zwischen lesbischen und heterosexuellen Beziehungen ist, dass es bei Frauenpaaren immer auch eine Freundschaftsebene gibt. Wenn sich nach einiger Zeit Sexualität und damit die Liebesbeziehung verabschieden, bleibt eine mentale Nähe erhalten. Lesbische Frauen tragen oft die Ex-Geliebte als beste Freundin in die nächste Beziehung hinein. Manchmal bleibt das freundschaftliche Verhältnis so intensiv, dass die Nachfolgerin es schwer hat, sich als die Nummer Eins zu etablieren. Aber es gelingt wenigen, sich von den gängigen Leitbildern ganz zu distanzieren. Wir werden in Filmen und Büchern mit heterosexuellen Beziehungsdramen beballert, wir wachsen in einem ganz normalen heterosexuellen Umfeld auf, wir haben keine eigenen Vorbilder. Gerade jüngere Lesben kopieren oft die Kleinfamilie.

Meine längste, sehr gute, einvernehmliche Beziehung dauerte elf Jahre, von denen wir zwei Jahre zusammenlebten. In dieser Zeit versuchte ich, schwanger zu werden. Ich dachte: Wie toll, wenn wir gemeinsam ein Kind hätten. Weil für Lesben der Zugang zu Samenbanken kompliziert war, war es eine Odyssee, ohne Erfolg. Wir machten dann den Fehler, gemeinsam ein altes Haus zu kaufen, über dessen Instandsetzung wir völlig uneins wurden. Es war wie ein Sorgerechtsstreit. Wenn wir verheiratet gewesen wären, was damals nicht möglich war, hätten wir vielleicht um unsere Beziehung gekämpft, aber ich war 36 Jahre alt und hatte das Gefühl: Unsere Beziehung stagniert, die Liebe ist zu Ende gelebt, ich wollte einfach mal mit einer anderen zusammen sein. Hinzu kam, dass Hanna sich verliebt hatte und ihrer neuen Flamme hinterherrannte, ich habe sie einfach ziehen lassen: »Geh mit der. Die ist gut.«

Nach unserer Trennung habe ich gemacht, was Frauen gern tun: Ich habe mir die Haare abgeschnitten. Und ich habe Hals über Kopf meine Festanstellung gegen die Freiberuflichkeit eingetauscht, weil ich mein Leben umkrempeln wollte. Die Trennung wurde sehr stark von einer neuen Beziehung überlagert, die ich schon zwei Monate später einging. Meine neue Freundin hat sich hinterher zu Recht beschwert, dass ich mit ihr die Aufarbeitung der vorherigen Beziehung betrieben habe. Die vielen Gespräche über Vergangenes sind unserer Beziehung nicht bekommen. Aber man kann elf Jahre nicht einfach vom Tisch wischen. Und ich hatte Hanna gegenüber noch ein restliches Liebesgefühl.

Das endete, als mir klar wurde, dass Hanna jetzt eine komplett andere Beziehungsform lebt. Ich dachte, wir hätten uns darüber verständigt, dass wir uns nicht in aller Öffentlichkeit abknutschen oder bei der anderen auf dem Schoß sitzen, doch sie und ihre Freundin klebten nun förmlich aneinander. Ich empfand das als Verrat an unseren Beziehungsidealen. Es ist so, als ob eine Vegetarierin verlangt: »Wenn wir zusammenziehen, essen wir nie Fleisch.« Und mit der nächsten Liebe geht sie dauernd ins Steakhaus. Warum mich diese symbiotische Beziehung auch dreizehn Jahre nach unserer Trennung noch so verletzt, weiß ich nicht. Wenn ich Hanna zufällig treffe, wird es ganz klein und eng in mir. Ich mag mich nicht in dieser Rolle und vermeide darum, sie zu sehen. Es zeigt, dass ich noch nicht frei bin. Anfangs habe ich überlegt, ob ich ihr etwas verweigert habe. Ich selbst brauche Freiräume. Verschmelzungswünsche und alles Symbiotische sind mir fremd.

Sexuell bin ich bi, ich habe auch mit Männern geschlafen, doch beziehungsfähig bin ich nur mit Frauen, ich kann mir nicht vorstellen, mit einem Mann zusammenzuleben. In der sechsten Schwangerschaftswoche habe ich meine letzte Freundin kennengelernt. Sie kam sozusagen wie die Jungfrau zum Kind und fand das großartig. Durch diese Verliebtheit hatte ich eine sehr glückliche Schwangerschaft, diese Freundin war auch bei der Geburt dabei, für meine Tochter ist sie eine sehr wichtige Bezugsperson. Aber einer der vielen Trennungsgründe nach dreieinhalb Jahren war, dass ich das Gefühl hatte, sie liebt das Kind mehr als mich. Wir trennten uns, weil mir etwas bei ihr fehlte, was ich nicht herbeikritisieren konnte. Ich glaube nicht, dass eine Dritte oder ein Dritter der Anlass für eine Trennung ist. Die neue Beziehung ist nur das Sprungbrett, um sich aus der alten zu lösen. Meistens ist vorher schon etwas nicht in Ordnung. Den Ablauf kenne ich gut.

Am Anfang einer Beziehung hast du ein hormonelles Hoch. Du denkst, ihr werdet ständig übereinander herfallen. Anderthalb Jahre später merkst du: Ups, das lässt ja schon nach, nach drei Jahren: Kann es sein, dass wir lieber kuscheln?, nach vier Jahren stellst du fest: Komisch, wir haben nachts im Bett immer was an. Oder du guckst auf die Uhr und baust vor: »Ich muss morgen früh aufstehen.« In der Verliebtheitsphase ist das egal. Gefährlich ist das Schweigen. Nichts ist schwieriger als zu sagen: »Was ist eigentlich mit uns los? Seit zwei Wochen liegen wir nebeneinander und nichts passiert.« Ein Gespräch kann manchmal wieder einen Kick bringen. Ich schleiche mich eher heraus. Anfangs waren meine letzte Freundin und ich von Freitagabend bis Montag früh zusammen, irgendwann pendelte es sich ein, dass sie erst Samstag Morgen zum Frühstück kam, dann erst am Sonntag; die gemeinsamen Wochenenden verkürzten sich immer mehr. Es gipfelte dann darin, dass ich zugesehen habe, dass ich auch am Wochenende arbeite. Im Nachhinein finde ich diese Fluchtbewegungen ohne Auseinandersetzung sehr unbefriedigend. Beide ziehen sich immer mehr zurück, es gibt Unstimmigkeiten, die nicht mehr beseitigt werden.

Wie ich an mir beobachte, fällt es mir paradoxerweise besonders schwer, mich zu öffnen, wenn ich einen Menschen gut kenne. Wenn ich frisch verliebt bin, bin ich nicht so vorsichtig, ich zeige viel mehr von mir. Aber in Frauenbeziehungen gibt es auch das andere Extrem, nämlich den Riesenanspruch: Wir können Konflikte lösen, wir kriegen das hin, wir können uns als Menschen verändern. Aber ich kann meine Partnerin nicht ändern. Ich kann nur fragen, kann ich mit ihren Eigenarten leben? Kann sie mit meinen leben? Finden wir einen gemeinsamen Nenner? Ist es vielleicht auch ein Vorteil, dass wir unterschiedlich sind? Für Frauen ist Nähe oft die Voraussetzung für Sexualität, sie setzen sich mit dem Wunsch nach Ganzheitlichkeit gegenseitig sehr unter Druck. Manchmal wünsche ich mir eine Partnerin, die einfach nur sagt: »Heute muss es sein.« Oder eine, die so denkt wie ich: Lass uns im Bett Spaß haben und dann kommen wir uns auch wieder nah. Aber ich bin heute schnell diejenige, die ausspricht: »Es ist zu Ende.«

Früher war ich rasend eifersüchtig. Nachdem ich mehrmals böse verlassen wurde, habe ich beschlossen: Ich will nicht mehr, dass eine Frau mich in Abgründe stößt, ich möchte nicht mehr so leiden müssen. Gleichzeitig bedauere ich zutiefst, dass ich in den letzten Jahren keine wirklich leidenschaftliche Beziehung mehr gelebt habe. Das ist der Preis.

Trennungen zu lernen ist meines Erachtens nicht erstrebenswert. Erstrebenswert ist es, eine Beziehung gut zu führen. Und wenn das gelingt, kann man vielleicht auch eine erwachsene Entscheidung fällen und sagen: »Unser Leben nimmt jetzt verschiedene Richtungen, es ist besser, wenn wir auseinander gehen.« Vielleicht kann man lernen, dass man sich bei Trennungen nicht piesackt, quält und so verletzt.

Iris L.: »Uns ist bewusster, was wir aneinander haben.«

Ehemänner führen oft ein jahrelanges Doppelleben. Sie haben Familie, ihr sexuelles Verlangen aber gilt dem gleichen Geschlecht. Auch Frauen brechen wegen einer Geliebten aus ihrer Ehe aus, doch sehr viel seltener verheimlichen sie ihre Beziehung. Während für verheiratete Männer häufig das gleichgeschlechtliche Begehren übermächtig wird, steht für Frauen oft der Wunsch nach einer Partnerschaft im Vordergrund, in der sie stärker wahrgenommen und solidarisch unterstützt werden. Aus diesem Grund ziehen sie meist geradlinig die Konsequenzen. Mütter stellt der Seitenwechsel vor eine Zerreißprobe. Das Gespräch mit der bodenständig und fröhlich wirkenden Wahl-Berlinerin Iris L. führe ich im Arbeitszimmer ihrer Altbauwohnung in Kreuzberg, deren buntes Mischmasch ein reges Familienleben widerspiegelt.

Wenn ich unsere Trennungszeit mitzähle, sind mein Mann und ich seit 30 Jahren verheiratet, wir kennen uns seit 35 Jahren. Drei Mal habe ich mich von meinem Mann Klaus getrennt, weil ich mich verliebte und zwar jedes Mal in eine Frau. Es waren immer spontane Entscheidungen, nach langen Phasen der Unzufriedenheit. Vor allem vermisste ich, dass mein Mann Anteil an meinem Leben nimmt.

Beim ersten Mal einigten wir uns, dass wir der Kinder wegen in einer WG weiterhin zusammenwohnen, und ich meine Freundin jedes zweite Wochenende treffe. Mehr wollte ich damals nicht, zumal die Kinder klein waren, aber für meine Freundin war das nicht in Ordnung, deshalb habe ich mit ihr Schluss gemacht. Ein Jahr später verliebte ich mich wieder.

Diesmal wollte ich mehr Zeit mit meiner Partnerin verbringen. Klaus sagte, er habe es satt, trotzdem war er verständnisvoll, er meinte: »Wenn du wirklich Frauen willst, kann ich dir das nicht geben.« Das war vor ungefähr zehn Jahren; unsere drei Kinder waren damals zwischen neun und sechzehn Jahre alt. Ihnen unsere Trennung mitzuteilen war eine meiner schlimmsten Erfahrungen. Wir haben entschieden, der Älteste zieht zu meinem Mann und die beiden jüngeren zu mir, sie haben nicht protestiert, sie haben nur gelitten. Wir lösten unsere große Wohnung auf und zogen auseinander, aber letztlich wohnten Klaus und ich nur ein halbes Jahr getrennt, da kurz nach meinem Umzug die Beziehung zu meiner Geliebten in die Brüche ging. Sie war sehr besitzergreifend und kam nicht damit zurecht, dass meine Kinder im Alltag an erster Stelle standen. Auch meine Kinder wollten keinerlei Kontakt zu ihr, der Älteste sagte: »Jetzt habe ich keine Familie mehr.« Ich frage mich manchmal, wie ich das ertragen habe. Etwas zu tun, was gegen alle gesellschaftlichen Regeln verstößt und den eigenen Kindern solche Verluste bringt, ist unendlich schwer. Gleichzeitig fühlte ich mich in meinen Frauenbeziehungen lebendiger und leichter. Durch die ungeheure Spannung wurde ich krank.

Mein Mann und ich kamen bald wieder zusammen. Wir hatten ja regelmäßig Kontakt, ich schickte morgens die Kinder in die Schule, wir haben fast täglich alle gemeinsam gegessen. Ein halbes Jahr später zog mein Mann wieder in meine Wohnung ein. Das ging ein Jahr leidlich gut, bis ich mich wieder Hals über Kopf in eine Frau verliebte, die ich durch meine damalige Arbeit kennenlernte. Ich bat einen Freund, der Therapeut ist, uns zu helfen, ein Gespräch zu führen. Mein Mann sagte: »Wenn du eine Trennung willst, musst du gehen. Ich bleibe hier mit den drei Kindern.« Ich habe mir eine Wohnung in der Nähe gesucht. Für mich war das eigentlich optimal, denn ich neige dazu, im Zusammenleben in der Familie zu verschwinden. So hatte ich meinen Raum, die Kinder wussten, ich bin da und sie waren auch viel bei mir. Da meine Freundin in Freiburg lebte, sahen wir uns nur alle zwei Wochen. Mit dieser Frau hätte ich gern zusammengewohnt, wir waren glücklich, hatten viele Gemeinsamkeiten, zum Beispiel unser Interesse für Botanik. Ich überlegte auch kurz, nach Freiburg zu ziehen, aber ich merkte, dass ich es nicht schaffe, von meinen Kindern fortzugehen. Weil sie diese Situation nicht aushielt, hat meine Freundin mit mir Schluss gemacht. Ein Vierteljahr später warb sie wieder um mich, aber da sagte ich Nein, weil ich inzwischen besser wusste, dass wir nicht die Beziehung führen konnten, die sie sich wünschte. Dieses Mal waren mein Mann und ich beide überzeugt: »Unsere Trennung ist endgültig.« Unser Anspruch war, die Kinder gemeinsam zu erziehen, Absprachen waren jedoch noch schwieriger als vorher. Ich bin ja weggegangen, weil ich mich von meinem Mann nicht verstanden fühlte, und die Kommunikation verschlechtert sich natürlich, wenn die Liebe im Bett entfällt. Nach meiner Erfahrung ist es viel leichter, mit einer Frau eine Verständigungsebene zu finden, aber wenn ein Konflikt auftaucht, wird es zwischen Frauen auch bitterer und unversöhnlicher. Diesbezüglich habe ich Frauen bisweilen auch fürchten gelernt. Es wird alles thematisiert, und was nicht ausdiskutiert ist, wird am nächsten Tag weiter besprochen.

Das schätze ich an Klaus heute umso mehr: Selbst wenn wir uns Dinge an den Kopf werfen, kehrt irgendwann wieder Frieden ein, entweder durch Sex, oder weil einer von uns beiden das Streitthema zur Seite packt und nicht mehr erwähnt. Wenn mein Mann sich wieder vertragen wollte, hat er immer wunderbar gekocht. Grundsätzlich hat er die Haltung: Du bist anders, und das nervt mich, aber so ist es eben. Gekämpft um mich hat er nicht. Er hat seinen Schmerz gezeigt und sagte sinngemäß: »Wenn du mir das mit einem Mann antun würdest, wäre alles aus«, aber er hat sich gefügt. Ich denke, er rührte keinen Finger, weil er klugerweise wusste, dass ich partout wegwollte und auf nichts eingegangen wäre. Ich war damals überzeugt, da ist jemand, der meine Bedürfnisse erfüllt. Aber es machte mir zu schaffen, wie schlecht es Klaus ging. Deshalb fühlte ich mich sehr entlastet, als er eine Beziehung einging. Als diese scheiterte, weil auch seine Freundin mehr Zuwendung und Zeit beanspruchte als Klaus geben konnte, begann er zu meiner Besorgnis zu trinken. Ich hatte zu diesem Zeitpunkt eine kurze leidenschaftliche Affäre mit einem verheirateten Mann gehabt, was meinen Glauben ins Wanken brachte, dass Frauen mir mehr Erfüllung geben.

In einer Notsituation bat ich damals Klaus um Hilfe. Obwohl mit meinem Verhältnis zu einem Mann genau das eingetreten war, was ihn am meisten verletzte, hat er mich unterstützt. Plötzlich konnten wir miteinander reden, so intensiv wie nie zuvor. Wir wohnten damals seit zweieinhalb Jahren getrennt. Weil ich ja wusste, was mir vorher gefehlt hatte, zögerte ich, mich wieder auf eine familiäre Nähe einzulassen, aber mein Gefühl, wieder nach Hause zu kommen, war stärker. Mich hat auch gerührt, dass Klaus mich wiedergenommen hat und zwar ohne Bedingungen. Dass er keinerlei Auflagen machte, erleichterte es mir, von meinen Ansprüchen zurückzutreten. Die Kinder haben uns mit gerümpfter Nase beobachtet. Unser Sohn meinte zu meinem Mann: »Bist du bescheuert?«

Im Nachhinein empfinde ich meine vielen Trennungen als die Hölle. Mein Mann und ich sind nun zusammen glücklich, wir haben durch diese schrecklichen Zeiten gelernt, uns zu lassen, wie wir sind. Ich habe versucht, meine Träume zu leben und weiß nun, dass in jeder Beziehung etwas fehlt. Das führt dazu, dass ich Unzulänglichkeiten besser akzeptieren kann. Und wir lassen uns heute mehr in Ruhe. Das ist ein bisschen Altersweisheit und auch eine Folge davon, dass mein Mann seit längerem erhebliche gesundheitliche Einschränkungen hat. Ich habe ihm immer gesagt: »Wenn du krank wirst, kannst du jederzeit auf mich zählen.« Ich fühle mich zuhause bei ihm, habe mich ja auch nicht wieder verliebt. Ich mache nicht die Augen zu nach dem Motto: Könnte mir gefährlich werden. Ich fühle mich so rund, dass es mir einfach nicht passiert. Ich denke, dass uns beiden bewusster geworden ist, was wir aneinander haben. Klaus übernimmt jetzt mehr im Haushalt, seine fürsorgliche Aufmerksamkeit hat zugenommen. Und ich weiß, dass seine Bemerkungen nicht so verletzend gemeint sind, wie sie bei mir ankommen.

Ehen vor Gericht

Lieber klare Verhältnisse?

Oft sind Paare innerlich und räumlich schon lange getrennt, bevor sie den Schritt vor den Kadi machen. Zwei Drittel der Scheidungen werden in Deutschland von Frauen eingereicht. Doch das sagt nichts darüber aus, wer die Beziehung beendet. Häufig setzen Frauen erst den offiziellen Schlusspunkt, nachdem ihr Mann seit langem eigene Wege geht. Auch Männer empfinden ihre Familiensituation oft nur noch als potemkinsches Dorf. Sie richten sich jedoch leichter im Nebeneinander ein. Die ungünstigere Steuerklasse und die heikle Unterhaltsfrage lassen sie ebenso vor einer Scheidung zurückschrecken wie die Furcht vor Prestigeverlust. Zum anderen lassen Männer auch deshalb häufiger ihre Ehe einfach laufen, weil ihr beruflicher Durchstart darauf basiert, dass ihnen jemand zuhause den Rücken freihält. Und ihre Erwartungen sind oft weniger hoch gesteckt. Zufrieden, wenn alles im grünen Bereich sei, bekämen sie die wachsende Distanz ihrer Frau oft gar nicht mit und fielen aus allen Wolken, wenn diese ihr Unglück addiere, beobachtet der Berliner Anwalt Axel Huep: »Die Mehrheit der Männer, die ich vertrete, sind von dem Scheidungsanliegen ihrer Frau überrumpelt. Sie sind enttäuscht und wütend, ein Gefühlschaos bricht über sie herein. Andere sind depressiv, resigniert. Männer beantragen seltener die Scheidung. Aber wenn, ziehen sie die Trennung meist konsequenter durch.«

Männer ergreifen die Initiative oft erst, wenn ihre Geliebte Druck macht. Aus ihrer Sicht ist ihr eigenes Scheidungsanliegen keineswegs per se ein feindseliger Akt, sondern klärt die Verhältnisse. Falls ihre Frau über sie die Scheidung verhängt, seilen sich viele erst einmal ab.

Unabhängig davon, wer die gerichtliche Trennung betreibt, werten Frauen ihre Scheidung stärker als Veränderung ihrer Identität. Während Männer Scheidungshürden mitunter aufbauen, um Aufschub vor der Gretchenfrage ihrer Freundin zu haben, ziehen nach Auskunft der Hamburger Anwältin Hildegard Cramer Frauen das Scheidungsverfahren auch deshalb in die Länge, weil sie es als Makel ansehen, »entheiratet« zu sein: »Selbst wenn sie getrennt leben und ihr Mann sie betrügt, möchten etliche Frauen lieber den offiziellen Status als Ehefrau beibehalten. Sie glauben, dass eine Scheidung nach außen demonstriert: Du bist es nicht wert, dass ein Mann mit dir verheiratet ist. Sie fühlen sich gescheitert und als Mensch und Frau unvollständig. Es ist ja auch so: Geschiedene Männer werden von Frauen umschwärmt und umsorgt. Geschiedene Frauen sitzen oft in Gesellschaft da wie Mauerblümchen, auch weil sie ein Stück ihres Selbstwertgefühls verloren haben. Hinzu kommt, dass sie von anderen Frauen als potentielle Rivalin eingestuft werden. Da lauert Gefahr!«

Nicht berufstätige Partnerinnen bereuen nicht selten ihre Fehlinvestition. Sie haben aufs falsche Pferd gesetzt! Aber auch Karrierefrauen leiden unter dem Gefühl des Versagens. In einem Interview wurde die Schauspielerin Veronica Ferres kurz vor ihrer Scheidung gefragt: »Sie sind streng katholisch erzogen worden. Ist eine kaputte Ehe, der ja wohl eine Scheidung folgen wird, für Sie ein religiöses Problem?« Ihre Antwort: »Kein religiöses, ein persönliches. Es ist das Scheitern eines Lebensplans, das mich bedrückt.«[50] Mit Erschrecken stellen viele Frauen fest, dass sie innerlich von ihrem Mann viel abhängiger sind, als ihr emanzipiertes Leben vermuten lässt.

Nur in kleinen Schritten krabbele sie raus aus dem tiefen Loch, in das sie nach dem offiziellen Ende ihrer Ehe nochmals eingebrochen war, schildert eine Interviewpartnerin. Obwohl sie ihren chronisch untreuen Ehemann vor Jahren verließ, habe sie dessen Scheidungsgesuch wie ein Todesurteil über die von ihr gehegte verbleibende Gemeinsamkeit empfunden: »Die Endgültigkeit hat etwas Vernichtendes. Ich fragte mich: ›Wer bin ich jetzt eigentlich?‹«

»Kramer gegen Kramer«

Mit der Reform des Ehescheidungsrechts 1976 wurde in der BRD das Schuldprinzip abgeschafft. Es hatte Unterhaltsanspruch und Unterhaltspflicht vom Wohl-, bzw. Fehlverhalten der Partner abhängig gemacht, was Eheleute nötigte, Intimes vor anderen auszubreiten. Das liberale Scheidungsrecht in der DDR durchleuchtete kaum die Privatsphäre. »Eine Scheidung war einfacher als sich einen Zahn ziehen zu lassen«, kommentiert ein Ostdeutscher den kurzen Prozess. Heute gilt in Deutschland das Zerrüttungsprinzip. Grundsätzlich ist jeder zur Erwerbstätigkeit verpflichtet. Wenn Alter und Umstände diese aussichtslos machen, wird der leistungsschwächere Partner von dem wirtschaftlich Stärkeren unterstützt.

Unter dem Einfluss von Kirche und staatlicher Familienpolitik wurden in der BRD Scheidungen bis in die 80er Jahre als persönlicher Schiffbruch angesehen. Geschiedene und alleinerziehende Eltern wurden diskriminiert. Kinder aus »zerbrochenen« Familien wurden wegen ihrer schlechteren Entwicklungschancen bedauert und kritisch beäugt. Heute wird Scheidung als Ausweg aus einer zerrütteten Ehe weitgehend akzeptiert, auch wenn die katholische Kirche nur einmal ihren Segen für den Bund des Lebens gibt. 2009 wurden die Unterhaltszahlungen und die Aufteilungen von Zugewinn und Schulden neu geregelt. Seit 2010 wird das väterliche Sorgerecht gestärkt. Gleichwohl zieht sich die Scheidungsphase nach langjährigen Ehen oft endlos hin. In einer Kölner Langzeitstudie waren die Hälfte der 60 Ex-Ehepaare dreieinhalb Jahre nach der räumlichen Trennung noch nicht geschieden.[51]

Das Volumen der Akten »Kramer gegen Kramer« werde durch die Rechtspraxis gefördert, monieren kritische Stimmen. Denn in der Regel beauftragt jeder Ehepartner zur Vertretung seiner Interessen einen Rechtsanwalt. Dessen Auftrag, für seinen Mandanten das optimale Ergebnis zu erzielen, stachele die Gegnerschaft zwischen den Parteien an. Häufig würden überzogene Forderungen an den Partner gestellt, die dieser mit ebensolcher Schärfe beantworten lasse. Dass Anwälte ihre

Mandanten anhielten, nicht direkt miteinander zu verhandeln, fördere ein Wagenburgdenken. Verbittert, dass der andere sich hinter juristischen Klauseln verschanze, verzichteten beide auf einen persönlichen Austausch und zögen sich auf die Anwaltssprache zurück.

In einer kleinen Stadt im Westerwald wurde unter der Leitung des Familienrichters Arthur Trossen ein alternatives Scheidungsverfahren entwickelt. Das seit einigen Jahren erprobte »Altenkirchener Modell« geht davon aus, dass das Säbelrasseln vermieden werden kann. Statt rein nach Paragraphen zu entscheiden, beziehen Richter und Anwälte und ein am Verfahren beteiligter Mediator die Emotionen und hintergründigen Interessen der Eheleute im Gerichtssaal mit ein. Die institutionalisierte Bereitschaft, den Standpunkt der anderen anzuhören, hilft Blockaden aufzubrechen.

Einvernehmliche Scheidung – oder besser gar keine?

Anfangs sind Paare sich oft noch einig, dass sie einen Rosenkrieg vermeiden wollen. »Die Hälfte der Paare, die zu mir kommen, wollen eine einvernehmliche Scheidung«, beziffert die Hamburger Anwältin Hildegard Cramer den Anteil derjenigen, die einen möglichst friedlichen Modus anstreben. »Manche Paare sagen: ›Wir passen einfach nicht mehr zusammen‹ und wollen eine saubere Trennung. Nach der Scheidung gehen solche Paare oft gemeinsam Kaffee trinken. Wenn eine Partei Entgegenkommen signalisiert, haut auch die andere Partei meist nicht so drauf. Viele Paare machen sich nicht klar, dass beide durch die Scheidung weniger haben. Falls die Schulden auf ihr Haus höher sind als dessen Marktwert, schrecken viele Paare vor der endgültigen Trennung zurück, weil sie sagen: ›Das kriegen wir gar nicht hin.‹«

Andere schalten vorsorglich einen Schlichter ein. Für einen kleinen, eher elitären und akademisch gebildeten Kreis gehöre es inzwischen zum »guten Ton«, sich eine Mediation zu leisten. »Man will sich nicht unzivilisiert beharken«, kommentiert die

Autorin Catrin Lange ein wenig bissig den angeleiteten Umgang miteinander. Der berge jedoch das Risiko, dass Probleme zunächst unter den Teppich gekehrt würden, um später in umso heftigere Streitigkeiten auszuarten. »Anwälte berichten immer häufiger davon, dass sie Monate nach Abschluss von Mediationsverträgen von Betroffenen konsultiert und gebeten werden, das Vereinbarte möglichst wieder rückgängig zu machen. Anlass für solche Gesinnungsumschwünge ist zum Beispiel, dass der Mandant von der gemeinsamen Urlaubsreise seiner Ex-Frau mit ihrem Liebhaber erfahren hat, oder die Mandantin im Nachhinein von Bekannten dahingehend informiert wurde, dass ihr viel mehr Unterhalt als vereinbart zugestanden hätte.«[52]

Manchmal näherten sich Partner auch wieder an. Hildegard Cramer: »Wenn die Scheidung eingereicht ist, bekommen beide Zweifel und lassen das Verfahren erst einmal ruhen. Frauen, die nicht selbst verdienen, lassen sich mitunter unverbindlich beraten. Weil sie ihr Leben in komfortablen Verhältnissen nicht aufgeben wollen und Angst haben, gesellschaftliche Kontakte zu verlieren, halten sie lieber still. Manche Paare bleiben verheiratet, weil der Mann sich sagt: ›Sie ist die Mutter meiner Kinder und sie soll meine Altersversorgung haben.‹«

Andere zögen einen Ehevertrag der Scheidung vor, auch wenn jeder neu liiert sei. »Die Paare sagen sich: Die Kinder sind aus dem Haus. Jetzt lebt jeder sein Leben. Verheiratet fahren wir finanziell besser.« Der Vorschlag, es mit einer Paartherapie zu versuchen, scheitert nach Auskunft der Altenkirchener Anwältin Katharina Hellwig in der Regel daran, dass Ehepartner oft nicht mehr bereit seien, Geld und Zeit in ihre Zweckgemeinschaft zu investieren. »Wenn, dann muss es kostenlos sein.«

Paare, die sich probeweise trennen, kommen mitunter zur heilsamen Erkenntnis, dass beide keine Engel sind. Vor dem Versuch, sich künftig als solche zu gebärden, warnen Psychologen indes: Die grundsätzliche Vermeidung von Streitigkeiten funktioniere nicht, denn dann beherrsche die Angst vor Differenzen eine Beziehung. Um die Eintracht nicht zu gefährden, vermieden es Partner, sich klar zu äußern. Nicht Konflikte bedrohten die Partnerschaft, sondern die Regellosigkeit, in der sie ausgetragen werden.

Der Rosenkrieg

Vor allem Frauen streben anfangs oft eine möglichst friedliche Scheidung an und verzichten mitunter auf rechtliche Ansprüche. Zum einen, damit ein Rudiment von Loyalität und Zuneigung erhalten bleibt. Zum anderen fühlen sie sich einem Kampf nicht gewachsen und haben Angst vor den Folgen, wenn sie es sich mit ihrem Mann ganz verderben. Ihre Hoffnung, mittels Bescheidenheit dessen Gunst zu verdienen, stellt sich nach Hildegard Cramers Erfahrung jedoch oft als Trugschluss heraus: »Viele Frauen möchten, dass ihr Mann sie fair findet, er soll sie noch irgendwie mögen. Sie denken: Wenn ich ihm entgegenkomme, dann honoriert er das, dann können wir auch mal gemeinsam Kaffee trinken. Das ist überwiegend eine Illusion. Natürlich sind Männer froh, wenn sie finanziell gut wegkommen, aber sie achten ihre Frau deshalb nicht höher. Wenn eine Frau allerdings um jeden Cent feilscht und dauernd Stress macht, schlägt das bei Männern um in absolute Ablehnung und Hass.«

Meist aber zeichnen sich schon bald Fronten ab. So leicht kann der abtrünnige Partner nicht seinen Willen durchsetzen! So lammfromm lässt man sich nicht von Rivalen verdrängen! Generell seien Partner in ein brisantes Gefühlskonglomerat verstrickt. »Verletztheit, aber auch eigene Schuldgefühle, Hass, gemischt mit noch tiefer Zuneigung führen zur Verhärtung. Partner beharren stur auf ihren Bedingungen oder wollen den anderen nur noch verletzen, kaputtmachen, vernichten. Dann wird um jeden Euro gekämpft.«

Auf seinen Ruf als Hardliner ist Axel Huep stolz. Deutlicher als seine beiden Kolleginnen unterstreicht der Berliner Anwalt den Auftrag, für seine Mandanten »das meiste rauszuholen«. Gleichwohl ziehe er manchem den Zahn hinsichtlich der Siegesaussicht seiner Kompromisslosigkeit: »Erfahrungsgemäß ist es so: Je länger die Ehe dauert, je älter die Eheleute sind und je mehr zu verteilen ist, desto schwieriger wird eine friedliche Scheidung. Aber ich habe schon Scheidungen erlebt, da tauchte nicht das kleinste Rauchwölkchen am Horizont auf.«

Nach Einschätzung von Katharina Hellwig hängt der Umgangston weitgehend von der Vorgeschichte ab: »Wenn eine Frau sich getrennt hat wegen eines anderen Mannes, wird sie aus schlechtem Gewissen sagen: ›Ich möchte, dass wir noch Freunde bleiben.‹ Wenn der Mann geht, sagen Frauen oft: ›Mit dem will ich nichts mehr zu tun haben.‹ Einige äußern: ›Ich wünsche ihm den Tod.‹ Sie sind voller Hass. Bei Männern ist es ähnlich. Manche Paare kommen fast Hand in Hand zum Gerichtstermin. Andere würdigen sich keines Blickes mehr.« Der Eiseskälte gehe meist ein Ereignis voraus, das die Beziehung killte. Als eine ihrer Mandantinnen vor Gericht gefragt wurde: »›Seit wann leben Sie getrennt?‹«, habe diese geantwortet: »Seit dem 7. Mai 2008, um 4 Uhr 45 morgens.«

Der Streit ums Geld

Orkanstärke erreichen die Zerwürfnisse vor allem in puncto Geld. »Geld ist ja ein Platzhalter für die Mängel in der Beziehung. Je defizitärer die Ehe gelaufen ist, desto größer ist das Streitpotential«, erklärt Axel Huep die endlosen Gefechte. Auch dann, wenn beide keineswegs am Hungertuch nagen, werden auf diese Weise offene Gefühlsrechnungen beglichen. »Das Thema Geld ist von beiden Geschlechtern gleich besetzt. Nur die Taktiken sind unterschiedlich. Frauen gehen oft durchdachter an die ganze Thematik heran. Sie haben sich informiert, häufig, indem sie sich im persönlichen Umfeld umhorchen, und manchmal haben sie auch schon die juristischen Schritte vorbereitet.«

Doch das höhere Einkommen von Männern – 70 Prozent des Familieneinkommens wird noch immer von ihnen nach Hause gebracht – schlägt sich auch im Machtgefälle nieder. Ein

Drittel der Ehefrauen weiß nicht, wie viel ihr Mann verdient und besitzt.[53] Blind vertrauend, kümmerten sich vor allem ältere Frauen oft wenig darum, woher das Geld komme und wohin es fließe, sie unterschrieben Hypotheken und gäben in pekuniären Angelegenheiten jede Verantwortung ab, bedauert Hildegard Cramer: »Frauen machen zwar oft einen Anlauf, aber Männer vermitteln dann gern: ›Du, ich mach' das schon.‹ Wenn der Mann auf Nachfragen sagt: ›Ich gucke demnächst mal die Unterlagen durch‹, insistieren viele nicht, weil sie befürchten, dass er sich in Frage gestellt fühlt und mit schlechter Stimmung reagiert. Vor allem gut verdienende Männer lassen sich oft nicht in die Karten gucken. Solange die Ehe intakt ist, läuft das ja auch. In gut situierten Ehen kriegt die Frau alles, vorausgesetzt, sie funktioniert und ist lieb.«

Erst wenn der Bruch erfolgt, hieße es: »Das Geld, das ich verdiene, ist meins. Und ich bestimme.« Dann werde finanziell beschnitten. Auch zwischen großmütigen Absichtserklärungen und verbindlichem Gerichtsurteil finde häufig eine Wandlung vom Paulus zum Saulus statt. »Anfangs bemühen sich Männer oft, die Rolle des Kavaliers einzunehmen. Sie machen in Vorgesprächen großzügig Zugeständnisse. Wenn man das schriftlich fixieren will, heißt es plötzlich: ›So viel Besitz ist gar nicht da.‹ In der Gerichtsverhandlung können die gleichen Männer eiskalt sein. Generell zeigen Männer seltener als Frauen Betroffenheit. Sie treten selbstbewusster auf, haben ja auch einen anderen Stand, weil sie beruflich besser verankert sind. Sie stehen nicht vor dem Nichts. Doch einige Männer leiden auch sichtbar. Einmal saß ein Paar vor der Tür des Gerichtssaals nebeneinander, die Frau begann zu weinen, ihr Mann nahm sie in den Arm und kämpfte ebenfalls mit den Tränen. Ich sagte: ›Wir können gehen, ich kann sofort Bescheid sagen.‹ Aber der Mann sagte: ›Nein, es ist so schon besser für uns.‹«

Doch auch Frauen bitten ihren Mann mitunter gnadenlos zur Kasse. Bis zum 1. Januar 2009 bemaß sich der Unterhalt an den ehelichen Lebensverhältnissen, was Gattinnen ermutigte, »enorme Ansprüche zu stellen«: »Es verschlägt einem manchmal schon die Sprache, was Frauen als angemessenen

Lebensstandard auflisten. Wenn der Mann sich einer anderen zuwendet, beschließen Frauen oft: ›Jetzt soll er auch bluten!‹. Und Männer kaufen sich auch frei.«

Der beste Zeitpunkt für eine Scheidungsvereinbarung sei, wenn der Mann wegen seiner Freundin noch ein schlechtes Gewissen habe, verrät Katharina Hellwig ihren Mandantinnen. »Im Laufe der Zeit lassen Schuldgefühle nach. Dann überwiegen die Zukunftspläne. Oder die neue Partnerin meint: ›Wieso gibst du deiner Ex noch so viel Geld?‹« Mit dem Wunsch, das Maximum rauszuschlagen, schnitten sich jedoch beide Partner ins Fleisch: »Ich gebe Eltern den Rat: Sie werden sich noch mehrmals begegnen. Voraussetzung für einen stressfreien Umgang ist, dass wir Ihre Ehe fair abwickeln.«

So bewusst der Wunsch ist, es dem anderen heimzuzahlen, so unbewusst ist meist die Absicht, den anderen so zu kränken, dass er endgültig zum Gegner wird, und Feindseligkeit die verstörenden Trauergefühle ersetzt. »Geld ist für Männer meist das einzige Macht- und Kampfmittel«, erklärt Axel Huep deren oft schlechte Zahlungsmoral. Nach offizieller Schätzung finden ein Drittel ein Schlupfloch, um sich vor dem nachehelichen Unterhalt zu drücken.[54] (Leider beleuchtet keine Statistik die Zahlungsbereitschaft von Frauen.) Doch nur wenn ein guter formaljuristischer Abschluss auch eingehalten werde, könnten Ehepartner emotional einen Abschluss finden. »Sonst trägt einer ein Leben lang einen schweren Rucksack mit sich.«

In Sektlaune wird die neue Freiheit nur selten begrüßt. Viele, die ich sprach, verabredeten sich nach dem Gerichtstermin mit Freunden, um mit ihren aufgewühlten Gefühlen nicht allein zu sein. »Frauen haben oft wahnsinnige Existenzängste, sie sind verzweifelt. Obwohl sie selbst nicht mehr die Ehe fortsetzen wollen, ist da eine tiefe Traurigkeit. Sie stehen erst einmal vor einem Berg. In 20-, 30-jähriger Ehe haben sie oft verlernt, ihr Leben in die Hand zu nehmen«, beschreibt Hildegard Cramer die Untergangsstimmung. Aus eigener Scheidungserfahrung allerdings ermutige sie ihre Mandantinnen, dass diese kein Dauerzustand sei: »Ich sage ihnen: Der Schmerz geht vorbei. Und es erwartet einen noch ganz viel Spannendes.«

Aline F.: »Das Leben besteht nicht nur aus einem verflossenen Partner.«
Eli V.: »Ich habe eine Höllenangst, dass meine neue Partnerin fremdgehen könnte.«

Es dauert, bis Aline sich auf das zugeschickte Interview meldet. Sie sei zu beschäftigt gewesen, um es früher zu lesen, erklärt die 57-Jährige: Beruf, Vorträge, Fernostreisen. Unaufgefordert spricht Aline, die in einer österreichischen Kulturinstitution eine leitende Stellung hat, kaum über das Ende ihrer Ehe. Mit stiller Beharrlichkeit kümmert sie sich ebenso um ihre finanzielle Absicherung wie um die Annehmlichkeiten, die das Leben polstern und bereichern. Doch Alines Antriebsstärke hat auch den Anstrich von Heimatlosigkeit. Den Kontakt zu ihrem geschiedenen Mann, einem Amerikaner jüdischen Glaubens, der in Innsbruck lebt, vermittelt mir die brünette Frau mit bemerkenswerter Unbefangenheit. Was er gesagt hat, fragt sie mit keiner Silbe nach.

Aline F.:
Ich glaube, aufgehört Eli zu lieben, habe ich erst nach der Scheidung. Eli hat sie vor drei Jahren eingereicht. Ich hätte das nicht gemacht. Freunde rieten mir, dass es für mich finanziell günstiger sei, verheiratet zu bleiben. Ich hatte ja auch keine andere Beziehung. Vermutlich hat Eli die Scheidung nicht früher angestrebt, weil er nicht sicher war, ob seine Geliebte die Frau des Lebens ist. Obwohl ich anfangs Negatives sehr betont habe, um von ihm wegzukommen, ist das Schöne nicht verblasst. Ich warf ihm zwar vor, was er mir angetan hat, aber meine Achtung kippte nicht um in die Richtung: So ein verlogener Kerl! Aber es ist ein langer Prozess, bis die Wunde verheilt.

Getrennt haben wir uns schon vor sieben Jahren. Es war das Jahr, in dem ich 50 wurde. Diese beiden Daten sind in mir tief eingeritzt. Dass Eli fremdging, erfuhr ich auf verrückte Weise: Wir erwarteten Übernachtungsbesuch. Unsere Wohnungstür hatte drei Schlösser, der Schlüsselbund für Gäste hatte nur zwei Schlüssel. Damit wir unseren Gast nicht aussperrten, durften wir das dritte Schloss nicht abschließen. Beim Nachdenken, wie wir das handhaben, hatte ich einen Geistesblitz: »Eli, wir wickeln eine Plastikhülle um unseren dritten Schlüssel, wie ein Kondom, damit wir ihn nicht versehentlich benutzen.« Um den Einfall gleich umzusetzen, griff ich in seine Jacketttasche und fand darin ein Kondom. Wir haben keine benutzt. Zuerst war ich total perplex: Wie kann er nur? Dann war ich gekränkt und wütend. Wie Eli reagierte, erinnere ich nicht mehr genau. Wir hatten damals ja Besuch, gleichzeitig litt ich an einem Zeckenbiss. Es kam viel Belastendes zusammen: Ich war noch nicht lange in Innsbruck, kannte erst wenige Leute, war arbeitslos und in den Wechseljahren. Ich überlegte: Was ist das Schlimmste? Dass ich im Ausland bin, keinen Job habe, vielleicht schwer erkranke, oder dass mein Mann fremdgeht? Ich hatte zwei Jahre zuvor meine Stelle in Köln aufgegeben und war Eli nach Innsbruck gefolgt, da er dort eine Professur bekam. Meine oberste Priorität war es dann, gesund zu werden. Ich ging häufig spazieren, fuhr mit dem Auto herum, schaute mir schöne Orte an, ich war ständig in Bewegung.

Dass Eli seine Geliebte schon länger kannte, wurde mir allmählich klar. Darum also hatte er immer die Bettwäsche gewaschen, wenn ich von Reisen zu meiner Mutter zurückkehrte. Einmal, als ich von einem Tagesausflug nach Hause kam, standen zwei schmutzige Teller und Bestecke in der Spülmaschine. Ich sagte: »Wenn du sie schon bei uns empfängst, warum verwischt du dann die Spuren nicht?« Ich denke, unterschwellig wünschte Eli, unsere Ehe zu beenden. Aber er war sicher ambivalent. Als ich drohte, mich zu trennen, schlug er eine Ehe-Therapie vor. Er hat sich darum gekümmert, nicht ich. Ich verlangte stur: »Verabschiede dich von dieser Frau.« Weil er das nicht tat, war ich sicher keine attraktive Person, mit der er viel Zeit verbringen wollte.

Bevor ich wieder einmal zu meiner Mutter fuhr, sagte ich: »Ich habe geträumt, dass du mit deiner Geliebten wieder in unserem Bett übernachtest. Wenn du das tust, ist es das Ende.« Als ich herausfand, dass sie tatsächlich bei uns gewesen war, was Eli erst leugnete, brach ich die Ehe-Therapie ab. Parallel hatte ich eine Einzelgesprächstherapie begonnen. Ich war ziemlich durch den Wind, konnte mich nicht konzentrieren, hörte Eli gar nicht mehr zu. Ich brauchte jemanden, mit dem ich die nächsten Schritte besprechen konnte. Die Therapeutin signalisierte mir: Ich solle sehen, dass ich allein klarkomme, und das beinhalte auch eine Jobsuche.

Zu diesem Zeitpunkt wusste ich, wer Elis Geliebte ist. Er hatte begeistert von einer Kollegin an der Uni gesprochen, was mir aufgefallen war. Ihre Nummer erschien auch häufig auf dem Display. Ihren Mann, einen Journalisten, hatte ich einmal auf einem Empfang kennengelernt. Ich scheute davor zurück, ihn zu fragen, ob er etwas von der Beziehung weiß. Aber ich war neugierig, wie er schreibt, und bestellte ein Probe-Abo der Zeitung, für die er arbeitete. In einer Ausgabe las ich eine Stellenanzeige für eine Bildungseinrichtung. Ende Februar hatte ich den Job. Dank meiner Therapeutin, die mich coachte und dank des Drucks, den ich hatte. Meine finanzielle Abhängigkeit hatte Eli vorher nicht ausgespielt. Doch als zwischen uns Probleme auftauchten, merkte ich, dass es ihn ärgerte, wenn ich teure Kleidung kaufte. Ich gönnte mir damals tatsächlich mehr als sonst, machte Feldenkrais und einen Tanzkurs. Ich habe mir das Leben versüßt und konnte es durchaus genießen, allein gut essen zu gehen. Es gab etliche Momente, da dachte ich: Ist das Leben schön!

Ich habe bewusst gegengesteuert, weil ich manchmal befürchtete, zusammenzubrechen. Ich wollte unseren Beziehungsproblemen nicht ausgeliefert sein. Rückblickend sehe ich, dass ich mich mit Aktivitäten vollgeknallt habe. Nach einem heftigen Streit mit Eli Anfang Februar reiste ich beispielsweise stante pede nach Süditalien. Ich rief eine Freundin in Berlin an, die nahe Rom ein Häuschen besitzt, und fragte sie, ob sie sofort zum Berliner Busbahnhof gehen und einem zuverlässig aussehenden Fahrgast den Schlüssel ihres Feriendomizils mitgeben könnte, den ich dann am Innsbrucker Bushof in Empfang nahm. In Italien bin ich viel gewandert, nachts konnte ich wieder gut schlafen.

Eli hat einmal gesagt, dass er damals überhaupt nicht kapiert habe, warum ich ihn so häufig aus Italien anrief. Ich denke, ich wollte ihm vermitteln: Unsere Beziehung besteht weiter. Es war auch die Botschaft: Schau mal, was ich schaffe. Ich amüsiere mich auch ohne dich! Ich habe bei unseren Telefonaten nie gejammert, sondern eher geschwärmt: »Du, hier blühen die Mimosen!« In erster Linie wollte ich mir wohl selbst beweisen, wie famos ich alles hinkriege. Eli war nur der Adressat.

Natürlich habe ich gelitten und war tief gekränkt. Dass Elis Freundin neun Jahre jünger ist als ich, war für mich kein Thema. Neidisch und eifersüchtig war ich auf ihren beruflichen Erfolg. Sie war Professorin, ich war arbeitslos. Sie ist nicht besonders hübsch, intellektuell ist sie mir jedoch überlegen, sexuell ist sie sicher attraktiv. Freunde versicherten mir, sie fänden mich viel sympathischer. Treu zu sein war für mich selbstverständlich, wobei ich wusste, dass Eli unsere örtlichen Trennungen für Seitensprünge nutzte. Wir haben nie darüber gesprochen, aber ich hatte immer das Gefühl, er hätte lieber eine Jüdin zur Frau. Die Sorge, irgendwann ausgetauscht zu werden, schleppte ich von Beginn an mit. Vielleicht ist die Unsicherheit ein Grund, weshalb ich unseren Kinderwunsch ziemlich leicht begrub, als es nicht klappte. Ich spürte relativ früh: Elis Traumfrau ist eine andere.

Begegnet sind wir uns Anfang der 80er Jahre an der Universität, ich war Assistentin, Eli war Doktorand. Er war hübsch, nett, klug. Geheiratet haben wir erst nach acht Jahren, vor allem, damit ich eine Greencard bekomme. Eli hatte eine Professur in den USA, ich ging mit und kündigte dafür eine sehr gut bezahlte Stelle, was für mich kein Opfer war. Unsere Heirat hat vieles verändert. Ich hatte Jobs und schrieb in den USA meine Doktorarbeit, beruflich war ich jedoch zunehmend weniger ambitioniert. Insgesamt waren es gute, harmonische Jahre, bei Einladungen in Elis Kollegenkreis merkte ich allerdings, ich bin nicht so belesen. Erst mit 40 stieg ich wieder in den Beruf ein. Während unserer Deutschlandurlaube stieß ich auf eine Anzeige und machte unter den Bewerbern wohl auch deshalb das Rennen, weil ich auf die Stelle gar nicht so erpicht war. Ich glaube, der erste Riss in unserer Ehe erfolgte damals, als ich in Köln blieb, auch wenn wir uns alle sechs Wochen sahen.

Ein Jahr, nachdem ich Elis Verhältnis entdeckt hatte, mietete ich für mich in der Nähe meiner Arbeitsstelle ein Winzerhaus und fuhr meist nur am Wochenende nach Innsbruck. Merkwürdigerweise war Eli zunächst dagegen, dass ich halb ausziehe, aber dann fand er es angenehm, dass er sturmfreie Bude hatte. Er fragte stets, wann ich zurückkomme. Ich sagte: »Ich zahle Miete, ich komme und gehe, wann ich will.« Wir hatten schon getrennte Zimmer, haben kaum mehr gesprochen. Als sein Vater schwer erkrankte, hätte er gern häufiger mit mir geredet, aber ich habe damals emotional dichtgemacht.

Die Auflösung unserer gemeinsamen Wohnung erfolgte zwei Jahre nach meiner Entdeckung. Als Eli den Mietvertrag für seine Wohnung unterschrieb, beschlichen mich Zweifel. Ich dachte: Vielleicht ist unser Schritt übereilt. Vielleicht war es ein Fehler, so konsequent zu sagen: Die oder ich! Ich bereute manchmal, dass ich es zu sehr auf die Spitze getrieben hatte, hoffte insgeheim, dass er zu mir zurückkommt. Um ihn gekämpft habe ich nicht. Ich sagte mir: Er muss die Initiative ergreifen, und das hat er nicht getan. Zuvor hatte ich einmal sein Büro durchsucht, dort fand ich ausgedruckte Mails von seiner Geliebten. Ich habe sie in Windeseile im Copyshop kopiert und bin dann mit dem Auto auf eine Anhöhe gefahren, um sie in aller Ruhe zu lesen. Ich war neidisch, wie liebevoll die beiden miteinander umgehen, aber ich gestand mir auch ein: Die beiden passen zusammen. Ich muss ihn loslassen. Anderthalb Jahre, nachdem ich das Verhältnis entdeckt hatte, wurde die Ehe von Elis Geliebter geschieden. Ihren Ex-Mann traf ich bald mit einer bildschönen Blondine. Eli erzählte mir, dass aller Verhältnis locker und freundschaftlich sei. Es klang wie eine Empfehlung.

Das Einschreiben von Elis Anwalt hat mich nicht völlig überrascht. Ich hatte mich vorbereitet und mir für den Scheidungsfall eine Top-Juristin gesucht. Zwei Tage zuvor hatten Eli und ich uns zufällig im Konzert getroffen und freundlich miteinander geplaudert. Später hat er sich entschuldigt. Er habe es in dieser Situation einfach nicht über sich gebracht zu sagen: »Übrigens habe ich die Scheidung eingeleitet.« Bei der finanziellen Regelung habe ich hoch gepokert und vor Gericht auch sein Verschulden zum Thema gemacht.

Endgültig ist meine Liebe zu Eli versiegt, weil ich merkte, das Leben ist viel interessanter ohne ihn. Ich assoziierte oft das Bild: Ich steige an einer Kletterwand hoch, unten ist eine Schlucht, jeder Griff, jeder Schritt muss wohl überlegt sein, aber ich will da hoch. Nicht mehr auf Eli eingehen zu müssen ist eine Befreiung. Auf Reisen klafften unsere Vorstellungen weit auseinander. Er legt Wert auf Komfort und bucht Hotelzimmer grundsätzlich im Voraus. Ich lasse mich gern vom Zufall überraschen. Seitdem ich allein oder mit Freunden reise, ist es viel lebendiger. Aber ich vermisse auch unseren bürgerlichen Lebensstil.

Dass ich nicht mehr so häufig zu Abendessen und Empfängen eingeladen werde, bedauere ich; mir fehlen die intellektuellen Männerkontakte, die ich durch Eli hatte. Es ist mir jedoch ganz gut gelungen, für lieb gewonnene Rituale Ersatz zu finden. Ich trinke morgens im Bett einen Tee, mit Blick in den Garten, meist hole ich dazu meinen Laptop und bin kreativ. Das gefällt mir ebenso, wie mit dem Ehemann Konversation zu machen. In unserer Trennungsphase überlegte ich manchmal: Wenn du eine Dreiecksbeziehung kategorisch ablehnst, hast du lebenslänglich keinen Sex mehr. Später hatte ich den Impuls, einen Partner im Internet zu suchen. Doch meine Therapeutin sagte: »Halt! Sie müssen erst mal zu sich selbst kommen.«

Elis Freundin gegenüber hege ich keine Konkurrenzgefühle mehr. Ich möchte, dass es Eli gutgeht, auch weil ich nicht in die Rolle kommen will, mich um ihn kümmern zu müssen. Als mir jemand erzählte, dass seine Freundin ihn mal im Stich gelassen hatte, empfand ich keine Schadenfreude, eher Besorgnis und Bedauern. Ich denke, er hat unsere Ehe kaputtgemacht wegen einer Frau, die auch nicht die ideale Partnerin und übrigens Protestantin ist. Doch seine Untreue war sicher Ausdruck dessen, dass unsere Ehe nicht mehr gut lief. Gesundheitlich war ich oft angeschlagen, ich war unterfordert und unzufrieden, an Sex war ich wenig interessiert. Natürlich ist unter solchen Umständen eine Frau verführerisch, die jung ist und Eli anhimmelt, während seine angewelkte Ehefrau an ihm rummäkelt. Vielleicht habe ich auch nicht gekämpft, weil unsere Ehe ausgelutscht war. Aber ich möchte unsere Beziehung nicht missen. Eli hat mein Leben geordnet und gleichzeitig meinen Horizont erweitert.

Doch nun will ich einen Schlussstrich ziehen. Am liebsten wäre es mir, wenn es keine gemeinsamen Freunde mehr gäbe. Ich mag es nicht, wenn Freunde mir von Eli berichten. Ich kann ihn ja selbst anrufen oder treffen, wenn ich etwas von ihm wissen will. Manchmal verhalte ich mich ihm gegenüber auch gehässig. Vor vier Jahren bat er mich, ihm Erinnerungsfotos für Kopien auszuleihen. Ich habe sie noch immer nicht vom Dachboden geholt. Und ich schickte Eli keine Todesanzeige, als meine Mutter vor einem Jahr starb. Er mochte sie sehr, aber ich dachte: Als sie krank wurde und ich zu ihr fuhr, hat er die Situation für seine Liebschaft genutzt, statt mich zu unterstützen. Plötzlich war Hass in mir: Verdammt, er hat es sich leichtgemacht und mich hängenlassen!

Die letzten Jahre waren gut. Ich genieße meine Freundschaften, beruflich habe ich festen Boden unter den Füßen, ich bin sehr viel ins Ausland gereist, habe ein schönes Häuschen gemietet, wobei ich bei der Einrichtung keinen Perfektionsanspruch mehr habe. Ich bin wesentlich spontaner als früher, vielleicht auch etwas flatterhafter. Mein Leben ist dynamischer, vielseitiger geworden, aber ich habe auch eine gewisse Bodenhaftung und Geborgenheit verloren. In meinem Leben gibt es wenig Routine, wenige Rituale.

Seit unserer Trennung bin ich zwei Beziehungen eingegangen. Bei beiden Männern hatte ich bald die Fantasie, mit ihnen zusammenzuziehen. Mich lockten ihre wunderschönen Wohnungen vielleicht mehr als die Männer. Der erste ist ein Uraltfreund, der vor 30 Jahren vergeblich um mich warb. Als ich ihn anrief, hörte er sofort heraus, dass ich auf der Suche nach einem Partner bin. Ich war nicht wirklich in ihn verliebt, aber er gefiel mir sexuell. Und es war für mich wichtig zu merken, es muss nicht unbedingt Eli sein. Den anderen, einen Inder, habe ich auf einem Fest getroffen. Ich habe die Initiative ergriffen und ihm gemailt, ich würde gern einen Artikel lesen, den er im Gespräch erwähnt hatte, daraufhin lud er mich ein. Ich mag ihn sehr. Er ist witzig, klug, weltmännisch. Wir haben kein Verhältnis, er ist homosexuell, aber wir haben in den drei Jahren mehr gemeinsame Reisen gemacht als Eli und ich.

Mein Hauptbezugspunkt sind jetzt alleinstehende Frauen. Wir sprechen über Themen, die nah sind, konkret, persönlich. Auch wenn ich manchmal intellektuelle Herausforderungen vermisse, habe ich diesbezüglich fast ein Nachholbedürfnis. Zu einigen Frauen bin ich auf Abstand gegangen, weil sie nur ihren Ex-Mann im Kopf haben. Das langweilt mich. Ich denke: Das Leben besteht doch aus mehr als aus einem verflossenen Geliebten und Ehepartner. Bei einem Paar, mit dem ich lose befreundet bin, achte ich sehr darauf, dass seitens der Frau keine Eifersucht entsteht. Ich gehe viel stärker als vorher auf die Frau ein. Damit sie merkt: Keine Sorge! Da läuft nichts.

Nach meinem Eindruck würde Eli gern mehr Nähe haben, die ich verweigere. Zum einen, weil ich genug Kontakte habe. Zum anderen muss die Wunde erst vernarben, bevor wir eine neue Form der Beziehung finden. Es rumort noch, wie er mit mir umgegangen ist. Sein Versteckspiel werfe ich ihm nicht vor. Ich hätte meine Liebschaft auch verheimlicht. Was ich Eli verübele, ist, dass er sich nie wirklich erklärt hat. Er hat meine ganze Lebensplanung umgeschmissen. Es wäre anständig gewesen, wenn er mehr Empathie entwickelt hätte. Ich glaube, er war nie in Sorge, dass es mir total schlecht geht, wenn er mich verlässt. Er hat auch seine Enttäuschungen nicht genügend thematisiert. Als ich die Stelle in Köln annahm, hat er nicht gefragt: »Wie stellst du dir unsere Fernbeziehung vor?« Die Verletzungen sind jedoch nicht nur durch sein Verhalten entstanden. Die Wunde des Nichtredens habe ich mir auch selbst zugefügt. Ich frage mich, warum ich nicht angesprochen habe, was in unserer Beziehung im Argen lag. Aber ich will von den alten Geschichten wegkommen, will alle Kräfte bündeln, um mich auf den Alltag, auf Anstehendes, auf Neues zu konzentrieren. Auch wenn ich im Grunde wohl noch flüchte nach dem Motto: Deckel auf das, was einmal war.

Eli V.:

Das Interview findet in Elis großer Altbauwohnung in einem gutbürgerlichen Bezirk von Innsbruck statt. Der graumelierte, feingliedrige Mann kommt direkt von der Uni, mit geübten Griffen bereitet er das Abendessen vor. Trotz der vielen Topfpflanzen wirkt das Wohn- und Esszimmer unbewohnt, etliche Provisorien sind erkennbar schon länger ein Dauerzustand. Der 60-Jährige redet mit leiser Stimme, fast ohne Akzent, doch manchmal wird sein Ton harsch, in seinem abrupten, abgebremsten Auflachen schwingen Traurigkeit, Resignation und eine Spur Sarkasmus mit; seine häufigen »man«-Formulierungen stehen im Kontrast zu seiner spürbaren inneren Erregung. Am Ende unseres Gesprächs ist die Flasche Wein auf dem Esstisch leer. Als ich gegen 23 Uhr aufbreche, verabschiedet mich Eli mit der Bemerkung, er werde sich nun an den Schreibtisch setzen und die Vorlesung für den nächsten Tag vorbereiten.

Formal haben Aline und ich uns an einem 1. März getrennt. An diesem Tag begann der Mietvertrag für meine Wohnung. Genau genommen gab es vier Etappen der Trennung: Schon einige Monate zuvor war ich aus unserer Wohnung ausgezogen in die Wohnung von Freunden. Zu diesem Zeitpunkt schliefen wir bereits seit Monaten getrennt. Unsere innerliche Trennung war Jahre zuvor erfolgt. Ich hatte eine Beziehung zu einer anderen Frau, was nicht der Grund, sondern die Folge unserer Entfremdung war. Dass diese mir erst bewusst wurde, als ich meine jetzige Partnerin kennen lernte, werfe ich mir bis heute vor, denn das ganze Geschehen wäre weniger ausgedehnt und schmerzhaft gewesen, wenn ich unsere wachsende Distanz früher erkannt hätte. Aber man erkennt so etwas halt nicht. Es passiert einem.

Über den Beginn unserer Ehe denke ich immer wieder nach. Es war keine Liebe auf den ersten Blick. Es war eine Beziehung, die sich ergab. Wir bewegten uns in einer Art Trance aufeinander zu und auf einmal wohnte ich bei Aline. Unser Verhältnis war eher kumpelhaft, wenn nicht auch noch Geschlechtsverkehr dabei gewesen wäre. Ein Bereich, der uns verband, war die

Wissenschaft, auf der intellektuellen Ebene fanden wir leicht zueinander. Und wir sind beide gesellige Menschen, wobei ich manchmal jemanden brauche, der mich aus der Passivität und Lethargie herausreißt. Das zusammen ergibt noch keine Liebe. Die Liebe kam aus einer gewissen Zärtlichkeit im Umgang miteinander. Ab und zu konnte ich Aline gegenüber ganz schön hart sein, ich sagte unüberlegte Dinge, aber das hielt sie aus, das steckte sie weg, was für mich wiederum schonend war. Aber vielleicht haben sich mit der Zeit ihre Verletzungen summiert.

Beziehungsgespräche haben wir nicht geführt. Wir haben wenig geplant, das meiste geschah einfach. Aline hat viele Entscheidungen allein getroffen, im Vertrauen, dass ich eh nichts sagen würde. Als ich eine Professur in den USA bekam, kündigte sie ihre gut bezahlte Stelle, ohne mit mir diesen Schritt zu besprechen. Eines Tages kam sie in San Francisco an, mit schwerem Gepäck, ich hörte sie schon von Ferne auf der Straße, es klang wie eine Panzerdivision. Ich bin ihr nicht freudestrahlend entgegengelaufen. Sie sagte nur: »Ich habe auf dieser Stelle genug gelernt.«

Geheiratet haben wir nach acht Jahren, wegen der Greencard für Aline. Wir wollten daraus kein großes Ereignis machen, aber als meine Mutter von unserer Heiratsabsicht Wind bekam, organisierte sie eine richtige jüdische Hochzeit. Ich hätte gern Kinder gehabt. Erst war davon nicht die Rede, weil wir beruflich sehr beschäftigt waren, dann klappte es nicht. Als Aline eine Stelle in Köln annahm, haben wir die medizinische Behandlung wieder ad acta gelegt. Es war offensichtlich, dass wir unter diesen Umständen keine Kinder kriegen. Welche Folgen das für unsere Beziehung haben würde, haben wir nicht thematisiert. Das entsprach dem Muster unserer Ehe: Wesentliche Dinge kamen nur im Gespräch mit Dritten heraus. Wir haben über uns selbst nicht geredet aus Bequemlichkeit und aus Angst, etwas in Frage zu stellen. Möglicherweise sogar aus Furcht, dass dann etwas hochkommt. Nur einmal führten wir ein Beziehungsgespräch. Als ich Aline fragte, ob sie übertreten würde zum Judentum. Ihre Einwände habe ich akzeptiert.

Unsere Entfremdung begann, als Aline die Stelle in Köln bekam, was eine nachträgliche Deutung ist, denn damals habe ich gesagt: »Jetzt pendele ich.« Ich hatte ein Forschungsprojekt und verbrachte viel Zeit in Köln, es ging uns in diesen Jahren recht gut. Eine schöne Erinnerung ist, dass Aline es oft schaffte, in der Mittagspause nach Hause zu kommen, wo ich abgeschottet arbeitete. Sie hatte die reizvolle Aufgabe, kulturelle Veranstaltungen für Amerikaner zu organisieren. Ich ging oft mit und knüpfte berufliche Kontakte, die ich sonst nie bekommen hätte. Aline ist begabt im Netzwerken. Wenn ich allein in Kalifornien war, fühlte ich mich allerdings oft einsam. Ich habe es hingenommen, aber offenbar war tief in mir ein Groll, aus dem heraus ich mich auf Flirts mit Frauen vor Ort eingelassen habe.

Nach unserem Umzug nach Innsbruck war Aline arbeitslos. Ich war dankbar, dass sie die Wohnungssuche, die ganze praktische Arbeit und die Organisation unserer sozialen Kontakte übernahm, weil ich mich an der Uni erst einmal zurechtfinden musste. Aber sie war wie getrieben. Sie musste auf jeder Einladungsliste stehen, auf jeder Fete, auf jedem Empfang sein. Ihre unglaubliche Aktivität entstand aus der Angst vor einem Vakuum. Ich verstand ihre Unruhe nicht, denn ich bezweifelte nicht, dass sie über kurz oder lang beruflich Fuß fassen würde.

In Innsbruck machte ich bald einen Seitensprung. Als Aline die Spuren entdeckte, war sie erst wütend, dann depressiv, sie überlegte, ob sie nicht sofort nach Köln zurückgehen sollte. Für mich war es nichts Ernsthaftes gewesen, mit großer Mühe konnte ich sie überzeugen, dass ich ihretwegen die Professur in San Francisco aufgegeben hatte und nach Innsbruck gewechselt war. Wir haben dann versucht, diesen Vorfall schnellstmöglich zu begraben, doch von da an war Aline misstrauisch. Natürlich hatte ich Schuldgefühle, ich machte mir Vorwürfe. Warum hatte ich Spuren hinterlassen? Als ich später eine Therapie begann, erklärte mir der Therapeut, dass so ein Fauxpas geschieht, weil man unbewusst dem Partner signalisieren will, dass in der Beziehung etwas nicht stimmt. Wenn man eine Beziehung erhalten will, lässt man sich nicht erwischen. Damals wusste ich davon nichts. Statt unsere Probleme zu thematisieren, haben wir beide panikartig deren Anzeichen zugeschüttet, damit es mit uns weitergeht.

Seit dieser Geschichte machte Aline einen Riesendruck, meist in Form von Erwartungen, dass ich dies und das erledigen sollte. Ich hatte ja auch meinen Beruf und fragte mich permanent: Wie schaffe ich das jetzt? Sie stellte sozusagen dauernd Bewältigungsaufgaben: Der Maler musste angewiesen werden, Gäste mussten eingeladen werden, immer gab es etwas zu tun. Als leistungsorientierter Mensch sagte ich: »O. k., ich kriege das hin.« Heute interpretiere ich es so, dass Aline von mir ständig Loyalitätsbeweise forderte.

Meine jetzige Partnerin lernte ich auf einem Kostümball der Uni kennen. Beim Walzer sprang der berühmte Funke über. Ich fasste mir ein Herz und bat sie um ihre Telefonnummer, obwohl ihr Mann einige Meter entfernt stand. Unsere Beziehung flog lange nicht auf, Aline hat jedoch sicher etwas geahnt. Deshalb hat sie in meiner Tasche nach dem Schlüssel geguckt und fand dann prompt, was sie suchte. Ich war wieder mal der Dumme.

Von da an war Dauerkrise, jeden Tag, mit Power. Es hagelte Vorwürfe, Zweifel, Misstrauen, nie war Ruhe. Als Aline von ihrer Reise aus Italien zurückkam und ich nicht pünktlich am Bahnhof stand, war gleich die Hölle los. Um mich zu kontrollieren, hatte sie aus Italien mehrmals angerufen. In dieser ganzen Zeit habe ich versucht, sie dazu zu bringen, über uns zu reden. Endlich, viel zu spät, hatte ich geschnallt, dass wir das tun mussten, wenn wir unsere Beziehung retten wollten. Ich wollte eine Paartherapie, um Klarheit zu gewinnen: Ist unsere Ehe zu Ende oder nicht? Doch Aline machte zur Auflage: »Erst wenn du die andere aufgibst, denke ich darüber nach, ob ich mit dir rede.« Um fair zu sein: Wir haben eine Paartherapie begonnen, aber als Aline entdeckte, dass die andere Beziehung nicht zu Ende war, brach sie die Therapie ab. Bis heute glaubt sie es mir nicht, aber meine Freundin und ich hatten monatelang versucht, uns nicht mehr zu sehen. Im Nachhinein denke ich, Aline hätte mich gleich rauswerfen sollen. Das brachte sie nicht über sich, und ich brachte es nicht über mich zu gehen. So haben wir anderthalb Jahre in dieser Pattstellung verharrt. Bis ich merkte: Ich kann nicht mehr. Die Aufteilung unserer Habe ging reibungslos vonstatten. Erst später entdeckte ich, dass sie alle Fotos hatte, auch die Hochzeitsfotos.

Meine jetzige Partnerin hat ihre Scheidung zügig hinter sich gebracht. Ihr Mann hat eine neue Freundin, das hilft. Wir gehen alle freundschaftlich miteinander um. Entweder ist er ein grandioser Mensch, oder er ist ein Meister im Verdrängen.

Unsere Scheidung war der reinste Irrsinn. Ich habe sie eingereicht, weil ich klare Verhältnisse wollte. Aline hat die Verhandlungen so schwierig gemacht, wie es nur ging. Sie engagierte eine bedeutende feministische Anwältin, ich besaß keine Rechtsschutzversicherung, also saß ich am kürzeren Hebel. In Österreich ist die Rechtslage so: Wenn bei einem Beamten eine schuldhafte Scheidung vorliegt und Unterhalt bezahlt wird, hat die Ex-Frau auch Anspruch auf die Witwenpension. Die nächste Ehefrau muss teilen. Ich wollte keinen Unterhalt, sondern lieber einen Vermögensausgleich zahlen, aber Aline setzte sich durch. Meine Wut darüber hält bis heute an, ich habe mein Konto so eingerichtet, dass ich die Unterhaltsabbuchung nicht sehen muss. Ich frage mich: Warum bin ich ihr gegenüber finanziell in der Pflicht, obwohl sie nun eine gute Stelle hat? Als sie sich in Abhängigkeit von mir begeben hat, tat sie das doch freiwillig. Bei ihrer Darstellung, sie habe sich mir untergeordnet, ging es nur darum, Rechtsansprüche durchzusetzen. Pfuideibel. Aber ich bin auch wütend auf mich selbst, weil ich bei unserer Scheidung klein beigegeben habe. Ohne Unterhaltszahlung gäbe es einen Schnitt, wir könnten vielleicht irgendwann eine freundschaftliche Beziehung aufbauen.

Ganz zu Anfang habe ich Aline die auch vorgeschlagen. Aber ihre Antwort war so ablehnend, dass ich es nicht weiter probierte. Mag sein, dass ihre Antwort nur ungeschickt war, aber ich mag keine Deutungsspiele. Unsere Nichtkommunikation, wenn wir uns zufällig begegnen, bedauere ich. Wir sagen: »Hallo, wie geht`s dir?« Einmal versuchte ich ein Gespräch zu führen, doch Aline fing an zu sticheln. Nun lasse ich es lieber.

Vom Persönlichkeits- und Körpertyp könnten meine Freundin und Aline nicht unterschiedlicher sein. Aline war männlich-verschlossen, sportlich, gut drauf. Die, mit der ich jetzt zusammen bin, ist sehr emotional und will jeden Tag hören, dass sie geliebt wird, was ich ihr auch oft von Herzen sage. Meine Partnerin hat vor einem Jahr einen Ruf in eine andere Stadt bekommen. Ironischerweise lebe ich also wieder in einer Pendler-Beziehung. Ich mag das nicht, es ärgert mich richtig. Es genügt mir nicht, nach der Uni nach Hause zu gehen, mir etwas zu kochen und wieder zu arbeiten. Ich möchte, dass jemand da ist. Ein Freund sagte: »Das hast du davon, dass du mit intelligenten Frauen zusammen sein möchtest.« Der Preis, den ich zahle, ist Einsamkeit. Ich bin nicht gut darin, mir allein ein gesellschaftliches Leben zu organisieren.

Manchmal spreche ich mit meiner Freundin über Aline. Sie hat ihr gegenüber eine kritische Haltung, aber ich weiß ja, warum ich mit ihr 20 Jahre zusammengelebt habe. Unterm Strich hatten wir »a good run«, eine gute Zeit. Man schließt nie mit einer so langen Beziehung ab, ebenso wenig wie man mit den Eltern abschließen kann. Sie bleibt ein Teil der Seele. Was aus unserer Ehe geworden wäre, wenn ich die andere nicht getroffen hätte, kann ich nicht sagen. Ich beobachte das bei vielen Paaren: Es wird ein Anlass benötigt, um zu gehen. Auch mein Vater hat meine Mutter verlassen, weil eine andere da war, sonst hätte er den Mut nicht aufgebracht. Sechs Monate später war die andere wieder fort. Die ganze Stadt hat gelacht.

Aline hat sich an der glücklichen Ehe ihrer Eltern orientiert, deshalb war sie so wütend und verwundert über meine Untreue. Ich habe die Ehe leider als etwas erlebt, was aufgekündigt werden kann. Die Scheidung meiner Eltern war das schwierigste Ereignis in meinem Leben. Aber man muss einen Weg finden, mit dramatischen Ereignissen umzugehen. Durch unsere Scheidung habe ich Erkenntnisse über mich erlangt, auch wenn ich mir den Leidensweg lieber erspart hätte.

Jetzt bin ich verliebt. Eine so bewusste Entscheidung, zusammen zu bleiben, habe ich mit Aline nie getroffen. Deshalb habe ich jetzt eine Höllenangst, dass meine Freundin fremdgehen könnte. Diese Angst hatte ich vorher nicht. Meine Angst ist durch nichts begründet, aber es ist nun einmal so: Wenn eine neue Beziehung begonnen wird mit jemandem, der oder die deshalb eine frühere Beziehung gebrochen hat, kann das Vertrauen nicht hundertprozentig sein. Ist schon mal geschehen, kann ja wieder passieren. Meine Freundin ist zwölf Jahre jünger, sie sagt, sie mag ältere Männer. Aber nichts kann die Angst bannen.

Partner können sich trennen, Eltern nicht

Ein Zimmer, Küche, Bad, insgesamt 33 Quadratmeter, nicht eben viel für eine Zweipersonenfamilie. Mit seinem zweijährigen Sohn stehen ihm eigentlich zwei Zimmer zu. Doch erst einmal ist Lutz K. froh, dem Alltag mit seiner Freundin entronnen zu sein. Der 35-Jährige findet nur schwer einen Interviewtermin. Tagsüber halte ihn »sein kleiner Radaubruder« auf Trab, und abends sei er k. o. »Ich habe sämtliche Berufe durch, und keiner war so hart, wie 24 Stunden ein Kind zu betreuen.« Man ahnt, was alles schiefgelaufen ist, als der gelernte Monteur seinen Abstieg in Hartz IV skizziert.

Sein Kind: »Ein Zufall wie unsere ganze Beziehung.« Schon in der Schwangerschaft war ihm klar, dass es mit seiner manisch-depressiven Freundin nicht gutgehen würde. Aber er verließ sie nicht, beschloss, »das Beste draus zu machen«. Alles übernahm er, Baby, Haushalt, Putzen; mit Unterstützung seiner Familie habe er gar nicht erst gerechnet. In den Phasen, in denen seine Partnerin nicht in Lethargie versinke, passten sie ja auch gut zusammen. Doch wie mit jemand so Unberechenbaren ein Leben aufbauen? »Man weiß nicht: Wen soll ich lieben? Die eine oder die andere Person? Heute ist sie da und morgen nicht mehr ansprechbar. Von heiß auf kalt, das macht einen kaputt.« Als ihr Kind nur noch randalierte und die Aufmerksamkeit seiner Mutter herbei schrie, beschloss er, »einen Cut zu machen«. Das Wechselbad von mütterlichen Anwandlungen und langen Phasen der Gleichgültigkeit wollte er seinem Sohn nicht länger zumuten. Und auch nicht länger die Pöbelei »Du Schwuchtel« ertragen, wenn er durch seinen Kiez in Wittenau den Kinderwagen schob.

Nun müsse er beides sein, Vater und Mutter. Fünf Kilo weniger bringe er auf die Waage, selbst für seinen Leistungssport habe er keine Zeit mehr. Ein Rätsel, wie er Arbeit und Kind unter einen Hut bringen soll, sobald sein Sohn in der Kita ist. Inzwischen hätten sich die Besuche seiner Freundin eingespielt, doch ihre Einmischung begrenze er: »Ich sage ihr: Mach mir nichts kaputt. Es ist jetzt meine Erziehung.«

Paare können sich trennen, Eltern nicht. Je frischer die Trennung ist, desto schwerer fällt es Ex-Partnern, Paar- und Elternebene auseinander zu halten. Vor allem in den ersten Trennungsjahren übertragen sie alte Konflikte auf die veränderte Situation.

2010 wurde der Vorrang lediger Mütter beim Sorgerecht gekippt. Während sie das gemeinsame Sorgerecht bisher bewilligen mussten, sind nun beide Eltern sorgeberechtigt, sofern es dem Kind nicht schadet. Das Bundesverfassungsgericht schleifte damit eine weibliche Machtbastion. Bei nicht verheirateten Paaren hatten rund 1,5 Millionen Väter gegen ihren Willen in der Erziehung kein Mitspracherecht, mit der Folge, dass nach dem ersten Trennungsjahr die Hälfte der Väter sich überhaupt nicht mehr um ihre Kinder kümmerte. Auch bei Scheidungen wurde das alleinige Sorgerecht zu 80 Prozent Müttern zugesprochen. Nur jeder siebte bis achte Sorgerechtsstreit endete mit der Alleinsorge des Vaters.[55] In Berlin gibt es mehr Alleinerziehende als in jedem anderen Bundesland. 2008 waren 36 Prozent aller Berliner Familien mit Kindern »Ein-Eltern-Familien« – doppelt so viele wie im Bundesdurchschnitt. Und in 90 Prozent der Fälle ziehen Frauen ihre Kinder ohne Partner auf.

In der Regelung des gemeinsamen Sorge- und Besuchsrechts müssen Eltern kooperieren, doch in dieser Verklammerung steckt auch viel Sprengstoff. Nach der Trennung werden Kinder oft zu den engsten Vertrauten, besonders der Mütter. Eltern erheben sie zu Mitwissern von Geheimnissen, sie ge- und missbrauchen sie als Kummerkasten und Ersatzpartner. Dass Kinder aufgestachelt, zur Übermittlung gegenseitiger Vorwürfe und Unterstellungen beauftragt und im Kampfszenario als

Waffe eingesetzt werden, schildert Judith Wallerstein in ihrer Studie über Scheidungsfamilien als traurigen Regelfall. »In den allermeisten Krisensituationen bringen Eltern instinktiv zuerst ihre Kinder in Sicherheit. In der Krisensituation Scheidung haben eigene Probleme Vorrang. In der Panik der Umbruchsituation dominiert der nackte Egoismus.« Weil die Hälfte der Väter nach der Trennung keinen oder geringfügigen Unterhalt zahlt, sehen Mütter nicht ein, weshalb sie ihm entgegenkommen sollen.[56]

Ebenso verschlechtern gebrochene Vereinbarungen und Eifersucht auf den neuen Partner, die neue Partnerin das Klima. »Wenn ich eine Kinderstrumpfhose zu viel bei mir zu Hause hatte, machte meine Ex-Partnerin das zum Thema«, beleuchtet ein Vater die penible Überwachung, ob Absprachen eingehalten werden. Uneins sind Eltern oft im Erziehungsstil und in der Auslegung kindlicher Reaktionen. Kehrt die Tochter zum Beispiel betrübt vom Besuch beim Vater heim, interpretiert die Mutter es als Zeichen des Misslingens, der Vater hingegen als Abschiedsschmerz. Wie sehr Kinder als Bündnispartner umworben und auch manipuliert werden, bezeugen Untersuchungen. Sie ermittelten: Nach Trennungen wird zunächst das gleichgeschlechtliche Kind bevorzugt, da Eltern offenbar von ihm mehr Mitgefühl erwarten und auch bekommen.[57]

Vollzeit- oder Freizeitvater?

Viele Väter fühlen sich entwurzelt und entwickeln Schuldgefühle gegenüber ihren Kindern. Auch vorher wenig engagierte Väter vermissen das Familienleben. Zur Reue, mit den Kindern vieles versäumt zu haben, gesellt sich die Befürchtung, von ihnen vergessen und abgehängt zu werden. Einige Väter umgehen die Trauer um den Verlust der Partnerin, indem sie sich ganz auf die Trauer über die entzogenen Kinder fokussieren. Nicht nur patriarchalisch denkende Männer fühlen sich als »Familienoberhaupt« entthront und gegenüber ihrer sorgeberechtigten Ex-Partnerin als Bittsteller. Sie sind nur noch

Zahlvater, werden aus dem Leben ihrer Kinder verdrängt, wie Douglas Wolfsperger in dem Film »Der entsorgte Vater« vor dem Hintergrund eigener Erfahrungen dokumentiert. Väter durchlebten oft eine seelische Katastrophe, diagnostiziert der Psychotherapeut Peter Schellenbaum. Ihre Entmachtung und Einsamkeit quittierten sie mit Gegenangriff, Flucht oder Totstellreflex. Die Gesellschaft sähe in ihrer laxen Zahlungsmoral und ihrem Desinteresse an den Kindern nur das Ausscheren aus Verpflichtungen und nicht den Trauerprozess.

Auch ein Wohnortwechsel, erhöhte Berufsanforderungen und eine erneute Familiengründung lassen die Vergangenheit verblassen. Manche Zweitfrau will zwar den Mann, aber nicht dessen Kinder. Auch seitens der Kinder werden Stiefeltern meist nur zögerlich als Familienangehörige integriert. Umfragen zufolge wird der neue Partner der Mutter leichter akzeptiert als die Partnerin des Vaters.

Doch auch der regelmäßige Kontakt zu den Kindern ist mitunter überschattet. Entweder, weil das Kind nur einen Pflichtbesuch macht, oder weil die Rolle des verwöhnenden Freizeitvaters zum (kostspieligen) Stress ausartet. Während einige froh sind, das Kind abends wieder abgeben zu können, kranken andere an der stets nur gestundeten Zeit. Damit sie sich die ständigen Abschiede ersparen, ziehen manche sich zurück.

Manchmal tauchen Väter plötzlich wieder auf. Sie nehmen Wendepunkte in ihrem Leben zum Anlass, den Kontakt zu erneuern.

Mütter: alleinerziehend oder allmächtig?

Mütter, die sich nicht wieder liieren, entwickeln oft eine sehr enge Beziehung zu den Kindern. Im Alltagsablauf behält ihr Leben eine größere Kontinuität, beruflich müssen sich Frauen nach der Scheidung viel stärker umorientieren. Um den Verlust des Partners zu kompensieren, übertragen Mütter oft ihre ganze Liebe auf die Kinder, manchmal überängstlich und klammernd. Sie wollen Nestwärme spenden, die entstandene Lücke ausgleichen, für Belastungen entschädigen. Der rationale Vorsatz, Kinder nicht in Loyalitätskonflikte zu bringen, wird oft von Animositäten übertönt. »Ich bin noch keinem Mann, keiner Frau und keinem Kind begegnet, die emotional eine Scheidung ohne Schuldzuweisung akzeptiert hätten«, schreibt Judith Wallerstein.[58]

Von allen Bevölkerungsgruppen haben Alleinerziehende das höchste Armutsrisiko. Nach einer Studie des Deutschen Gewerkschaftsbundes bekommen 42 Prozent der Alleinerziehenden Hartz IV. Insgesamt sind 660 000 auf staatliche Unterstützung angewiesen. Obwohl 55 Prozent der Alleinerziehenden in Berlin 2007 erwerbstätig waren, lebte nur knapp die Hälfte von ihrem Einkommen.[59] Diejenigen, die eine Vollzeitstelle haben, fühlen sich oft wie in einem Hamsterrad, weiß die dreifache Mutter und Redakteurin Iris Radisch: »Die angepriesene Vereinbarkeit von Beruf und Kindern ist eine Schimäre. Da gibt es nichts zu vereinbaren, da gibt es nur zu addieren. Und zwar Arbeit plus Arbeit. Und das Ergebnis ist Erschöpfung.«[60] Nur jede dritte Alleinerziehende betreut allerdings den Nachwuchs hundertprozentig allein.

Manchmal bahnt sich über die Kinder wieder ein intensiveres Verhältnis zueinander an. Viele meiner Interviewpartner bemühen sich, zum Wohl ihrer Kinder eigene Verletzungen nicht zu wichtig zu nehmen. Im Grunde, bilanziert ein 54-jähriger Berliner, sei die reibungslose gemeinsame Erziehung ihrer beiden elf- und siebenjährigen Kinder das einzige Erfolgskapitel in seiner beendeten Ehe.

Schon vor der Geburt seiner Tochter habe es heftig gekriselt. Dass sie noch einen Sohn bekamen, bezeichnet Thomas H. als Glück. Doch was danach folgte, war »Krieg«. Seine Frau war chronisch erschöpft und er beruflich absorbiert. »Stress ist ein Beziehungskiller und ein Problemlösungskiller, denn für Gespräche ist keine Energie mehr da. Und auch sexuell hatten wir einfach keinen Bock mehr aufeinander.«

Dass seine Frau ganz in der Nähe eine Wohnung gemietet hatte, erfuhr er durch andere. Einerseits erleichtert, andererseits gekränkt, sprang er über seinen Schatten und packte bei ihrem Auszug vor zweieinhalb Jahren mit an. »Ich habe mir vor allem wegen der Kinder einen Stoß gegeben, sie sollten merken, dass wir wenigstens an dieser Stelle am gleichen Rad drehen.« Inzwischen habe sich ihr Verhältnis entspannt: »Die ersten anderthalb Jahre sind am schwierigsten. Der neue Umgang miteinander muss erarbeitet werden, man muss eine Menge ausprobieren, beide lauern, ob der andere Regeln aushebelt. Da ist anfangs vieles haarig. Heute reden wir relativ locker, wenn eine Vereinbarung geändert werden muss.« Für die Kinder freilich sei das Pendeln zwischen Vater und Mutter nur die zweitbeste Lösung. »Ich habe meine Tochter kürzlich gefragt: ›Ist das eigentlich gut, dass ihr eine Woche hier und dann wieder dort seid?‹ Sie sagte: ›Ne, ich würde gern nur bei einem wohnen.‹ Ich spüre das auch manchmal. Sie spielt Bratsche und hat einen Haufen Noten, das heißt, sie macht dauernd Umzug. Meinem Sohn ist das wurscht, der schnappt sich sein Fußballheft und geht zu Mama.«

Spurlos geht der Lebenseinschnitt an keinem Kind vorbei. Ob Kinder die Trennung ihrer Eltern als traumatisch erleben oder in ihr Leben integrieren, hängt Studien zufolge jedoch wesentlich vom Verhalten der Eltern ab. Sie mindern für ihre Kinder den Verlust, wenn sie:

- ihre Kinder altersgemäß über die Trennung und anstehende Veränderungen informieren
- Kindern die Gewissheit geben, dass sie ihnen beide als Eltern erhalten bleiben
- ihnen vermitteln, dass sie keine Partei ergreifen müssen und beide Eltern lieben dürfen
- Kinder spüren lassen, dass sie die Situation unter Kontrolle haben
- dem Eigenleben ihrer Kinder genügend Platz einräumen
- nicht die Hoffnung auf Versöhnung nähren
- Kindern erlauben zu trauern
- vorleben, dass trotz Trennung ein fairer Umgang möglich ist
- darauf achten, dass im Alltag möglichst viel Kontinuität gewahrt bleibt, ohne krampfhaft an Vergangenem festzuhalten.[61]

As time goes by … – Das Verhältnis zwischen Ex-Partnern

Die psychische Scheidung

Selbst Jahre nach der Trennung ist vielen meiner Interviewpartner der Bruch in allen Einzelheiten präsent. Auch wenn im Abstand das seelische Erdbeben auf der Skala hinunterwandert, ist das Trennungsdrama wie eingebrannt. Unser Gespräch wühlte oft heftige Gefühle auf, und keinem schien der Ex-Partner völlig gleichgültig zu sein. »Schluss machen«, das gelingt nach kurzer Zweisamkeit. Nach längeren Beziehungen aber ist es offenkundig unmöglich, den Partner innerlich ganz wegzuschicken. In ihrer Untersuchung über Scheidungsfolgen beschreibt die Amerikanerin Judith Wallerstein ihr Erstaunen darüber, wie lange Ex-Paare verwickelt bleiben. Zwar bewerteten zehn Jahre nach der Scheidung drei Viertel der Frauen und die Hälfte der Männer diese als richtigen Schritt, gleichwohl hatten viele die Verletzungen noch nicht verarbeitet. Und nur in zehn Prozent aller Fälle schafften es beide Partner, sich nochmals ein erfülltes Leben aufzubauen.

Vor allem Frauen geben ihren ehemaligen Partner nur langsam emotional frei, bestätigt der Psychotherapeut Wolfgang Krüger: »Generell haben Frauen mehr Zugang zu Gefühlen, auch zu eigenem Leid. Sie arbeiten die Trennung tiefer auf. In der ersten Trennungsphase haben Frauen oft das Problem, ihren Lebensschwerpunkt zu verlagern und sich gegenüber dem Ex-Partner abzugrenzen. Sie grübeln und interpretieren seine Handlungsweise. Das gerät manchmal zur Kaffeesatzleserei, und ist oft noch mit Hoffnungen verbunden. Frauen sagen nicht: ›Ich will, ich brauche, ich muss.‹ Wie ein Therapeut überlegen sie, was mit ihrem Partner ist. Das darf man nur eine Weile tun, sonst verliert man den eigenen Standpunkt.«

Hin- und hergerissen zwischen Sehnsucht und Abscheu, unterlaufen Frauen oft ihr eigenes Bestreben, sich abzunabeln. Sie inszenieren scheinbar zufällige Zusammentreffen oder finden Anlässe, damit der Kontakt nicht abreißt, sie informieren sich über die Lebenssituation ihres Ex-Partners und behalten ihn über gemeinsame Freunde im Blick. Das kann bis zum Stalking führen. »Sie ist in meinem Haus«, empörte sich eine Freundin über die Geliebte ihres Mannes – acht Jahre, nachdem sie dort ausgezogen war.

Fast alle Frauen, die ich kenne, bedauern, dass ihr verflossener Partner kein klärendes Gespräch mit ihnen führte. Allerdings ist der Wunsch, dies nachzuholen, durchaus ambivalent, denn auch sie weichen Gelegenheiten hierzu aus. Zwei Interviewpartnerinnen wollten nicht, dass ich auch mit ihrem Mann rede. Die Sorge, er könne schlecht über sie sprechen, überwog die Neugier auf dessen Sicht (in gedruckter Form).

Männer scheinen emotional weniger verzahnt zu sein. »Die meisten Männer wollen einen klaren Schnitt: Das ist mein altes Leben und jetzt habe ich ein neues. Sie verdrängen Altlasten und räumen rigoros mit ihrer Vergangenheit auf.« – »Männer verkürzen und überspringen die Trauerphase, indem sie handeln. Sie haben drei Notausgänge: Arbeiten, etwas unternehmen, und die dritte Lösung heißt: Ein neues Weib muss her«, bilanzieren die Rechtsanwältin Hildegard Cramer und der Psychologe Wolfgang Krüger.

Doch auch Männer lassen die Vergangenheit nicht leichtfüßig hinter sich. Orte und Gegenstände sind von der Ex-Partnerin besetzt, Musik und gemeinsame Freunde rufen Erinnerungen wach. Mit endlosen gerichtlichen Auseinandersetzungen schieben Ex-Partner die Unabhängigkeit voneinander hinaus. Es tritt keine Funkstille ein, der andere bleibt als Bezugspunkt und als Sündenbock erhalten, das apodiktische Urteil »er/sie ist so und so« muss nicht überprüft, geschweige denn revidiert werden. Am schwersten fällt es Partnern loszulassen, wenn die Trennung überraschend kam, es aus ihrer Warte in der Ehe kaum Probleme gab, sie viel in ihre Beziehung investierten oder wenn sie den Partner noch lieben.

Wie und ob Ex-Paare sich überhaupt begegnen, wird vom Stil der Trennung maßgeblich beeinflusst. Einige Ex-Paare gehen sich konsequent aus dem Weg und wechseln gegebenenfalls sogar die Straßenseite. Andere belauern sich misstrauisch und benutzen jede Gelegenheit zum aggressiven Kräftemessen. Narzisstisch gestörte Menschen packt oft unbändige Wut, dass der andere nicht länger Anhängsel der eigenen (großartigen) Person sein will.

Ob ein freundschaftlicher Umgang möglich ist, hängt jedoch nicht nur von den Ex-Partnern selbst ab. Mitunter verhindern Argwohn, Rivalität und Eifersucht des neuen Partners die Wiederannäherung und erschweren ein entspanntes Verhältnis. Aus Furcht, bloß Nummer zwei zu sein, versuchen die neuen Partner zu torpedieren, dass sich zu viel Nähe zwischen den Ex-Partnern einschleicht. Auch aus materiellen Interessen ziehen neue Partner mitunter gegen den/die Ex zu Felde und diskreditieren dessen/deren finanzielle Ansprüche.

Mütter und Väter werden nach ihrem Coming-out von der/dem kinderlosen Geliebten unter Druck gesetzt oder gar vor ein Ultimatum gestellt, falls diese(r) sich von der Familienbindung bedroht fühlt. Auch Verwandte mischen in der Beziehung von Ex-Partnern mit. Dass sie nach der Trennung von ihrer Schwiegerfamilie einfach fallengelassen und wieder aussortiert wurden, ist für Geschiedene eine bittere Erfahrung.

Auch gegen den Willen getrennter Paare wird über den Ex-Schwiegersohn, die Ex-Schwiegertochter der Bann verhängt. Die Unversöhnlichkeit ihrer eigenen Familie gegenüber ihrem früheren Mann verschlimmere die vielen Schicksalsschläge, berichtet die 58-jährige Gerda G. mit beeindruckender Festigkeit. Nachdem ihr einziger Sohn vor zwölf Jahren tödlich verunglückt war, zeugte ihr Mann mit einer jüngeren Frau, mit der er nie zusammenwohnte, nochmals bewusst ein Kind. Gerdas Ehe zerbrach, doch seit sechs Jahren bestehe zwischen ihr und ihrem Mann (von dem sie nicht geschieden ist) wieder ein enger, fürsorglicher Kontakt, manchmal unternehmen sie gemeinsame Reisen. Obwohl sie ihrem Mann verziehen habe, lehne ihre Familie jedes Zusammentreffen mit ihm ab.

Manche Geschiedene verharren selbst in einer Vorwurfshaltung. Sie leben im ständigen Vergleich mit dem Ex-Partner und rechnen moralisch auf, was ihm zusteht und was nicht.

Dass es ihm/ihr besser geht, weckt Neid oder stachelt Konkurrenzdenken an. Aber auch wenn Partner wieder glücklich wurden, ist die alte Beziehung tief eingenistet. Seit elf Jahren ist Elfriede H. wieder verheiratet. Noch immer spreche sie versehentlich ihren zweiten Mann mit dem Vornamen ihres ersten Mannes an, erzählt sie. Zum Glück nehme Kurt es gelassen auf, dass sie ihn dann und wann Walter nenne.

In Freundschaft verbunden

Manchen Ex-Paaren gelingt es bald, positive Gefühle füreinander auf die Ebene einer Freundschaft zu verpflanzen. Falls sie nicht zu weit entfernt wohnen, unterstützen Ex-Partner sich oft praktisch, sporadische Treffen lassen den Kontakt nicht einschlafen, Unternehmungen zu zweit lindern gegebenenfalls beider Einsamkeit, vor allem im höheren Alter beruhigt der Gedanke, dass man sich gegenseitig unterstützen wird. Manche sind als Berufskollegen gezwungen, übergangslos weiterhin miteinander auszukommen. Viele beschreiben, dass alle Verletzungen die tiefe Vertrautheit nicht gänzlich zerstörten.

Die meisten Ex-Partner fühlen sich erst nach Jahren einer Wiederannäherung gewachsen, vorausgesetzt, sie peilen einen Kontakt überhaupt an. Kinder und Enkel tragen wesentlich zur Überbrückung einstiger Gräben bei. Dass so viele Ex-Paare Heiligabend zusammenkommen, überraschte mich. Offenbar ist meine Freundin, die seit 30 Jahren mit ihrem geschiedenen Mann und ihren Söhnen Weihnachten feiert, keine Ausnahme. Nicht selten erleben Ex-Partner das Fest jetzt als viel entspannter. Als unverzichtbar für einen souveränen Umgang hält Wolfgang Krüger, dass Partner einander verzeihen können. »Wir haben an eine Partnerschaft so große Erwartungen, dass Paare sich nach der Trennung oft besser verstehen als vorher. Sie wollen nichts mehr voneinander, die Reibungspunkte entfallen. Wer sein Leben zufriedenstellend in die Hand genommen hat, ist meist so weit zu sagen: ›Wir hatten auch gute Zeiten miteinander.‹ Das versuche ich, Patienten zu vermitteln: ›Sie haben sich doch mal geliebt.‹ Solange die Wunden frisch sind, gerät das bei vielen total in Vergessenheit.«

Ist der Groll überwunden, sitzen Ex-Paare bei Veranstaltungen und Festen am selben Tisch, laden sich inklusive neuer Partner ein oder teilen sich sogar ein Ferienhaus. »Es halbiert einfach die Kosten«, erklärt Elfriede H., weshalb sie und ihr Mann und ihr Ex-Mann mit Zweitfamilie im Wechsel eine Ferienkate nutzen, was auch heißt, dass sie im gleichen Doppelbett schlafen. Die ersten Jahren nach der Trennung hätten sie und Walter noch vereinbart: »Nicht mit jemand anderem in unserem Bett!« Erst seit beider Wiederheirat gilt das Verbot nicht mehr, die Bettwäsche werde separiert, das Wiedersehen beschränke sich meist auf die Hausübergabe: »Wir treffen uns nicht als Großfamilie, denn dann hätten wir uns ja nicht trennen müssen.«

Für Eltern bleibt es oft lange in der Schwebe, ob ihr Verhältnis ein Zweckbündnis oder der Beginn einer wunderbaren Freundschaft ist. Erst jetzt, im dritten Trennungsjahr, kristallisiere sich für ihn »das richtige Abstandsverhältnis« heraus, erzählt Thomas H.: »Ich habe eine gewisse Scheu, wenn ich die Wohnung meiner Frau betrete. Sie ist sehr unordentlich, es liegen viele persönliche Dinge rum. Das ist mir zu intim. Ich denke schon, dass sie mit offenen Augen durch meine Wohnung geht. Nach unserer Trennung kratzten bei ihr ein paar Interessenten an der Tür, aber ich glaube, momentan ist kein neuer Mann im Spiel. Falls doch, wäre ich nicht eifersüchtig. Ich würde mich nur nicht zur Verfügung stellen, um mit ihr über Beziehungsprobleme zu reden, was ich bei Freunden durchaus mache.«

Auch die einstigen eigenen Probleme werden weitgehend ausgespart. Wie Untersuchungen belegen, sprechen Geschiedene über Entscheidungen, welche die Kinder betreffen, über den Alltag, Reisen, Erlebnisse, sie erörtern praktische Fragen und berufliche Konflikte. Hingegen werden Themen wie die frühere Ehe, die Scheidungsgründe, neue Beziehungen oder die Anpassung der Kinder an die Scheidungssituation gemieden.[62]

Wiederheirat nicht ausgeschlossen

Manchmal beruht der Wunsch, die alten Verhältnisse wiederherzustellen, auf der Kosten-Nutzen-Rechnung: »Was habe ich eigentlich eingetauscht?« Manchmal auf der Frage: »Was habe ich alles zerschlagen?« Mit zeitlichem Abstand sehen Eheleute oft selbstkritischer, dass sie aus einer Mücke einen Elefanten machten und die (aufgedeckte) Affäre bloß ein kurzes Intermezzo in ihrer jahrzehntelangen Treue war. Wehmütig stellen sie fest, dass der andere ihnen mehr fehlt, als sie vermutet hatten. »Wenn ich von ihm träume, sind wir meist ein Paar. Wie tötet man die Liebe in sich ab? Ich finde kein Schwert, ich weiß nicht, an welcher Stelle ich sie erwischen kann«, schildert eine Interviewpartnerin ihre unverwüstliche und, so weiß sie, unrealistische Sehnsucht, Verschüttetes wieder zum Blühen zu bringen.

In einer amerikanischen Studie über 80 Männer und Frauen, die ein und drei Jahre nach ihrer Scheidung befragt wurden, gaben etwa 30 Prozent an, dass sie noch Liebe und gute Gefühle für ihren früheren Partner empfanden, nur ein Viertel war schlecht auf ihn zu sprechen, etwa die Hälfte war indifferent.[63]

Erneut den Versuch zu wagen, dazu wären ein paar meiner Gesprächspartner bereit. Doch Stolz und die Erwartung, dass der Verlassende die Initiative ergreift, hindert sie daran, ihre Wünsche auszusprechen. Bei meinen Einzelinterviews dachte ich oft: Wie tragisch, dass Ex-Partner sich so wenig Einblick geben in ihre Empfindungen füreinander.

Allerdings ist auch der zweite Start zum Scheitern verurteilt, falls Partner nach einer gewissen Karenzzeit wieder in die alten Beziehungsmuster zurückfallen. Gerade lege er sein Mandat für ein Scheidungsverfahren nieder, erzählt ein Anwalt. Schon zwei Mal habe er das gleiche Paar geschieden. »Der Grund für die erste Scheidung: Er hat getrunken. Die zweite Scheidung erfolgte, weil sie einen anderen hatte. Die Begründung jetzt: Sie haben die Nase voneinander voll.« Seit Jahren ziehe sich das dritte Scheidungsverfahren hin, das besagte Paar sei bald im Ruhestand. »Ich gebe den Fall ab. Denn inzwischen verliere ich selbst den Überblick.«

Bastian R.: »Meinen Auszug bereute ich bald.«

Das Plakat in der gemütlichen Wohnküche hat er entworfen. Seit drei Jahren ist der Werbetexter im Ruhestand, doch was heißt Ruhestand? Noch einmal ist sein Leben heftig ins Schlingern geraten, vor drei Wochen wurde seine Ehe geschieden, mit 67 ist Bastian R. wieder Junggeselle. Eine dumme Geschichte, eine endlose dazu. Warum nur hat er sich diesen Schlamassel eingebrockt? Mehrmals stöhnt der Berliner auf, Jeans, Lederjacke, ein Alt-68er wie man ihn sich vorstellt, im Flur der Altbauwohnung stehen sein Fahrrad und sein Bass. Geredet über die Agonie seiner Ehe habe er bisher nur mit einem Freund, aber vielleicht tue es ihm gut, das Gefühlswirrwarr zu sortieren. Wiederholt hält Bastian inne und kramt in seinem Gedächtnis, um die Ereignisse chronologisch zu ordnen.

Nachdem ich ihm die Aufnahmekassetten unseres Gesprächs geschickt habe, mailt er mir: »Bedrückend, interessant so ein Stück Leben, dem man selbst zuhört.« Er überlege, ob er das Interview an seine Ex-Frau weiterleite. »Es würde sie zur eigenen Sicht herausfordern.« Und dann fügt er ein Postskriptum hinzu: »Das Alleinsein, das endgültige Verlassenwordensein empfinde ich als eine restlebenslängliche Höchststrafe, die Gitta aus der Position ihrer neuen Partnerschaft heraus schließlich über mich verhängt hat, ohne dass ich je die Chance auf Bewährung bekam. Vor unserer Scheidung hat mich ein Traum immer wieder euphorisiert. Gitta steht im Flur unserer Wohnung, kommt auf mich zu und nimmt mich in den Arm als Geste des Verzeihens. Blödes Erwachen.« Als wir Monate später telefonieren, sagt er:

»Meine Freundin hat mir gerade zu verstehen gegeben, dass aus uns beiden nichts wird.«

Manche Trennungen erfolgen ruckzuck. Bei uns zog sich das über Jahre hin. Ich denke, wir haben das alles zu experimentell gemacht. Wir haben immer wieder versucht, einen Neuanfang zu finden. In der Regel tauche ich nicht ein in die Frage, warum alles so gekommen ist, denn wozu wäre das gut? Aber vielleicht werde ich ein bisschen Ballast los, wenn ich darüber spreche. Bis vor kurzem hätte ich das ohne emotionale Aufwallung noch nicht gekonnt.

Meine Frau und ich haben uns 1965 kennengelernt. Gitta ist eine hübsche Frau. Sie war Erzieherin und damals noch sehr naiv, sie war fünf Jahre jünger, kam aus einfachen Verhältnissen und kletterte durch mich in eine andere Gesellschaftsschicht. Sie holte ihr Abi nach und studierte Pädagogik. Ich fand es reizvoll, eine Frau zu haben, die noch formbar ist, ich war sozusagen ihr Mentor. Geheiratet haben wir, weil unsere Wirtin auf ordentlichen Verhältnissen bestand. Geändert hat sich durch die Heirat nichts. Wir lebten ja eh zusammen und haben auch nie Ringe getragen. Mit unserem Sohn sind wir 1972 in meine jetzige Wohnung eingezogen. Gitta hätte gern zwei Kinder gehabt, ihre Schwangerschaftsabbrüche hat sie später bereut. Mit der Pflegetochter im Alter unseres Sohnes ging es leider schief, hauptsächlich, weil Gitta auf das Mädchen eifersüchtig war. Das sind natürlich Knackpunkte in einer Ehe.

Zum ersten Mal getrennt haben wir uns 2005. Gekriselt hatte es schon seit längerem, denn ich hatte seit zwei Jahren nebenbei eine dumme Geschichte, die heraus kam. Für meinen Treuebegriff muss ich mich fast rechtfertigen, aber wenn man knapp 40 Jahre zusammen ist, lässt sich das kaum vermeiden. Es waren immer ganz kurze Affären, eigentlich gar nichts. Als Dozent an der Hochschule der Künste war ich umgeben von jungen Frauen und genoss die Lehrer-Schüler-Situation, aber ich bin damals nur zwei Mal mit Studentinnen intim geworden. Meist hinderte mich mein schlechtes Gewissen. Beide Male hat Gitta es rausgekriegt. Einmal fielen Briefchen aus meinem Vorlesungsverzeichnis, und dann bin ich, oh Mann, oh Mann, mal weggeblieben über Nacht. Heute bedauere ich, dass alles so war, man lebt halt nur einmal, im nächsten Leben würde man es anders machen. Aus Rache hat Gitta mich einmal betrogen. Wenn der andere das tut, merkt man, wie blöd das alles ist. Eine Trennung habe ich nie erwogen.

Mein Fremdgehen war zunächst so eine klassische Sache. Gitta hatte feste Arbeitszeiten, ich war beruflich zeitlich flexibel und hoffte, dass meine Affäre parallel laufen kann. Erst fand ich das Versteckspiel reizvoll, später begann mich die Heimlichkeit zu nerven. Meine Freundin ist 16 Jahre jünger, sie ist mit drei Kindern vor ihrem gewalttätigen Ehemann geflohen, sie ist sehr lieb, intelligent, ihre Musikalität gefällt mir, auch ihre Leidensgeschichte beeindruckte mich. Für sie war der Anlass, auf mich einzusteigen, dass ich sagte, ich käme mit meiner Frau nicht mehr so richtig klar, was ja auch irgendwie stimmte. Sonst hätte sie sich nicht auf mich eingelassen. Als sie mir sagte, dass sie mich liebt, dachte ich: Oh Mann, das ist einfach zu viel. Gitta kam uns durch eine SMS auf die Spur. Mein Handy hatte rumgelegen, das sollte man nicht machen. Als Gitta nachbohrte, habe ich alles bestritten, aber durch die SMS war schon die Lunte gelegt. Sie quälte mich von morgens bis abends mit Fragen und holte alle alten Kamellen hervor. Als die Wahrheit auf dem Tisch war, dachte ich, das kann ich nicht mehr reparieren, deshalb beschloss ich: »Gitta, ich ziehe aus.« Schon nach einigen Monaten bereute ich meinen Schritt. Ich hatte ständig meine Frau im Hinterkopf und merkte, wie schwierig es war, mit einer fremden Familie zusammenzuleben. Wenn Gitta arbeitete, kam ich anfangs noch oft in unsere Wohnung, wenn sie heimkam, war ich wieder verschwunden. Für eine kurze Phase wohnte Gitta allein in dieser Wohnung, aber für sie war die Miete zu hoch, deshalb nahm sie eine kleinere, und ich zog wieder ein.

Damals habe ich schon fürchterlich gebaggert, um meine Frau wieder zurückzugewinnen. Bei meinem Auszug hatte ich ihr einen Blumenstrauß hingestellt mit Dank für die schöne gemeinsame Zeit. Jetzt schickte ich ihr wieder Rosen, an jeder war ein beschriftetes Zettelchen. Aber Gitta hatte schon woanders angeknüpft, die Lücke war ganz schnell besetzt. Sie ist eine Frau, die nicht allein sein kann. Zwei Jahre zuvor hatte sie die Idee gehabt, eine Alters-WG zu gründen, ein Projekt, das im Sand verlief. Ihr Freund war einer der Interessenten gewesen, nach meinem Auszug hat sie ihn einfach angerufen.

Als Gitta vor drei Jahren mit ihrem Freund zusammenzog, hatte ich das Gefühl: Jetzt ist alles verloren. Wenn ich beim Einschlafen an sie dachte, bekam ich Schweißausbrüche vor Eifersucht. Ich war unterlegen im Wettbewerb mit einem Mann, von dem ich meinte, er passt nicht zu ihr. Objektiv ist ihr Freund bestimmt ein netter Typ, aber ich bezeichne ihn gehässig als ihren Satelliten. Er ist offenbar jemand, der ihr alle Wünsche von den Lippen abliest. Sie hat in dieser Beziehung das Sagen, und vielleicht genießt sie das auch. Ich denke, eine häufige Crux in Beziehungen ist, dass Frauen kritisieren und nörgeln. Und Männer können oft schlecht mit ihrer Autorität umgehen. Entweder sagen sie: »Wir machen das so, wie ich das will«, oder sie lassen sich unter den Pantoffel drücken. Mal sehen, wie das bei meiner Frau ausgeht.

Als klar war, jetzt baut Gitta mit ihrem Freund ein Nest, habe ich alle Möbel umgestellt. Gitta hat meine Freundin ständig abqualifiziert. Sie muss sie abgrundtief hassen. Na gut, meine Freundin ist um die Hüften ein bisschen dick. Aber dass Gitta sie immer »diese kleine Fette« nennt, finde ich unsouverän.

Es folgte ein endloses Hin und Her. Ich kriege es gar nicht mehr richtig auf die Reihe. Gitta und ich machten beide Versuche, wieder miteinander ins Geschäft zu kommen, wie man so sagt: mit Mails, Briefchen und Musik-CDs, mit denen sich gemeinsame Erinnerungen verbinden. Sie hat mir kleine Botschaften ans Fahrrad gebunden, ich habe ihr geschrieben, dass ich sie noch liebe. Erotisch war ich in unserer Ehe immer der Aktivere gewesen, im Zuge der Ermüdung hatte ich manchmal zu meiner Frau gesagt: »Ich habe das Gefühl, als ob immer nur ich will. Kannst du nicht mal Wünsche äußern?« Doch vor kurzem haben wir uns noch mal bestätigt, dass nur wir beide guten Sex miteinander hatten. Das ging so weit, dass Gitta mir erzählte, dass sie auch mit ihrem jetzigen Freund nicht den gleichen Spaß hat. Sexuell lief nach unserer Trennung nichts mehr, wir haben jedoch zu zweit regelmäßig Unternehmungen gemacht. Als ihr Freund einmal verreist war, rief meine Frau mich an und sagte: »Es ist zwar sehr schön, wir haben eine tolle Wohnung mit Terrasse, aber …« Und dann fügte sie hinzu: »Wenn aus uns wieder etwas werden soll, musst du endgültig mit deinen Frauengeschichten Schluss machen.« Und ich sagte: »Du musst endgültig zu mir zurückkehren.« Das ging so weit, dass wir planten, wieder zusammenzuziehen und gemeinsam meine Wohnung renovierten. Warum Gittas Freund das mitmachte, weiß ich nicht.

Unsere Annäherungen bekamen jedoch immer wieder Risse. Einmal, weil ich zugab, dass ich mit meiner Freundin nochmals geschlafen hatte. Gitta schrieb mir vor ein paar Wochen, da hätte ich doch lieber lügen sollen. Dann wieder war ihr die Vorstellung, bei mir zu bleiben, unheimlich. Als sie dann vor zwei Jahren doch wieder zu mir zurückwollte, habe ich gesagt: »Ne, das geht jetzt nicht mehr.« Ich hatte meine Freundin aufgegeben, ich litt unter Bluthochdruck und Herzrhythmusstörungen und trank. Gittas Wankelmütigkeit ertrug ich nicht mehr. Mein Standpunkt war: Entweder Schluss oder Anfang.

Vor drei Wochen wurden wir geschieden. Die Scheidung habe ich eingereicht. Gitta wollte sie nicht, angeblich aus Furcht, dass sie als Angestellte an mich einen Versorgungsausgleich abgeben muss. In letzter Zeit ging es nur noch um Finanzen. Gitta schob mir die ganze Schuld zu und verstand es, ihre weibliche Unschuldsrolle vor ihren Freundinnen glaubhaft zu machen. Auch ein befreundetes Paar hat sich offenbar auf ihre Seite geschlagen. Mir war es zu blöd, die Sache richtigzustellen. Da müsste ich ja Dinge erzählen, die ich gar nicht erzählen will. Aber ich habe Freunde gefragt: »Ist es nicht möglich, mit uns beiden Kontakt zu halten? Man muss uns ja nicht gemeinsam einladen.« Unterm Strich hat Gitta viel mehr Freundschaften behalten. Ich war immer ein Einzelgänger, mir war der Small Talk mit all den Leuten, die bei uns am Tisch saßen, oft auch lästig gewesen.

Inzwischen habe ich mich meiner Freundin wieder angenähert. Natürlich bin ich auf große Skepsis gestoßen. Im Zuge der Scheidung hat sich unser Verhältnis wieder verbessert, aber sie ist sehr vorsichtig, ich glaube, dass sie jetzt Konkretes von mir fordert. Vor langer Zeit hatte sie mir mal einen Heiratsantrag gemacht, aber den hatte ich abgebügelt, weil ich noch völlig in Gitta verfangen war. Momentan läuft unser Verhältnis auf Sparflamme. Manchmal halte ich Ausschau nach anderen Frauen, ich gehe jedoch nicht aktiv auf eine zu. Vielleicht sind meine Wahlkriterien ein bisschen berechnend. Denn ich frage mich schon: Wie geht es körperlich weiter? Ich werde nicht ewig die Treppen bis in den vierten Stock schaffen, und als Rentner ist diese Wohnung im Grunde zu teuer für mich. Aber man sollte sich ja nicht verlieben, um später mal eine Pflegerin zu haben.

Warum ich noch immer von Gitta als meiner Frau spreche? Das ist eine gemeine Frage. Ich würde sagen, dass sie doch noch meine Frau ist, man war ja Jahrzehnte gemeinsam glücklich. Ich weiß nicht, ob ich sie noch liebe, ich habe meine Gefühle erst mal abgestellt. Eifersüchtig bin ich nicht mehr. Ich habe mich mit den Verhältnissen abgefunden. Erst kam die Resignation, dann die Akzeptanz. Bezüglich ihres Freundes sagte Gitta einmal, sie lasse Liebe und Leiden nicht mehr an sich heran. Wie ich mich verhalten würde, wenn sie nochmals käme, weiß ich nicht.

Über unseren Sohn bin ich ziemlich im Bilde, was sie macht. Ich frage nicht nach, unser Sohn erzählt das von sich aus. Dass unser Sohn sein Leben nicht in den Griff bekommt, führe ich auch darauf zurück, dass wir als Gesamtfamilienverbund nicht rechtzeitig die Kurve gekriegt haben. Er ist ein helles Köpfchen, aber er ist ein Messie, er kifft und trinkt und hat seit langem keinen Job. Gitta hat neulich mit ihrem Freund seine Wohnung auf Vordermann gebracht, ich bin gleichgültiger geworden. Er ist sozial austherapiert. Nur wenn wir gemeinsam verreisen, stelle ich zur Bedingung: »Keinen Tropfen Alk.«

Mir selbst geht es so leidlich. Innerlich bin ich noch sehr auf Achse, nach diesen ganzen Geschichten fällt es mir schwer, mich auf etwas zu konzentrieren, seit langem gelingt es mir nicht mehr, ein Buch zu lesen. Wenn ich zuhause bin, greife ich lieber zum Bass und übe für unsere Amateurband. Oder ich suche, was ich reparieren kann. Am ruhigsten werde ich, wenn ich Maschinen und Fahrräder wieder in Gang kriege, die andere schon aufgegeben haben. Manchmal denke ich: Gittas Freund sollte sie doch heiraten. Dann hätte er sie sicher. Und vielleicht würde damit wirklich ein Schlusspunkt gesetzt.

Marion E.: »Erst jetzt bin ich über den Berg.«

Acht Jahre habe sie gebraucht, bis sie einigermaßen überwunden hatte, dass ihr Partner sie verlassen hatte. Noch immer, erzählt Marion E., flattere sie innerlich, wenn sie ihm zufällig begegne. Nur die tiefen Gesichtsfalten verraten, dass die zierliche Frau Ende 60 ist, dreizehn Jahre älter als ihr einstiger Lebensgefährte. Das Gespräch führen wir im Garten ihrer Wohnung in einer Berliner Genossenschaftssiedlung, in der Marion seit Jahrzehnten wohnt. Alle paar Minuten übertönt Flugzeuglärm Marions Antworten, an die sie häufig die Frage knüpft, ob sie ihren Ex nicht zu sehr anschwärze. Als wir nach dem Gespräch versuchen, den Lattenrost ihres Schlafsofas wieder ins Scharnier zu bekommen, kommentiert Marion unsere vergebliche Mühe mit den Worten: »Für so etwas fehlt jetzt ein Mann.«

Ich weiß, ich hätte strategisch vorgehen müssen, ich hätte mich zurücknehmen müssen, ich hätte mir sagen müssen: »Es ist zu Ende. Lass los!« Aber ich habe in der Sache so drin gehangen, ich konnte gar nicht anders. Er wohnte ja noch hier in der Nähe und zog nach drei Jahren mit Kind und Kegel in das Haus mir gegenüber. Ich konnte in seine Wohnung hineingucken. Ich hätte sagen können: Ich schaue einfach nicht mehr raus, aber ich war auf quälende Weise neugierig. Schließlich habe ich bei der Wohnungsverwaltung Dampf gemacht und gesagt: »Ich brauche eine andere Wohnung, sonst springe ich aus dem Fenster.«

Heinz und ich haben uns über die Gewerkschaftsarbeit kennengelernt, ich war 37, er 24, wir arbeiteten beide bei der Post. Ich war vorher zehn Jahre verheiratet gewesen, die Scheidung hatte ich beantragt. Mein Mann war jähzornig, ich hatte das Gefühl, ich ersticke in der Ehe. Heinz dagegen war alternativ, soft, witzig, ich habe mich in ihn verknallt. Vielleicht hat der tödliche Unfall meines Sohnes bewirkt, dass Heinz so schnell zu mir gezogen ist, auch damit meine 13-jährige Tochter wieder eine Art Familie hat, denn mein Ex-Mann hat sich überhaupt nicht mehr um die Kinder gekümmert. Die ersten Jahre mit Heinz waren gut. Rückblickend denke ich: Ich hätte mich viel früher abseilen müssen, weil er oft nicht zu mir hielt. Er beteuerte, der Altersunterschied spiele keine Rolle, aber wenn wir ausgingen, flirtete er mit Jüngeren. Wenn er im größeren Kreis mit jemandem redete und ich kam dazu, herrschte er mich an: »Siehst du nicht, dass ich mich unterhalte?« Manchmal denke ich: Vielleicht bin ich gar nicht beziehungsfähig, weil ich überall Rivalinnen sah, auch wenn Heinz oft meinte, ich sei so tolerant. Ich war nicht tolerant, sondern dumm. Ich hielt an der Beziehung fest. Vermutlich aus Angst, allein zu sein.

Als Heinz mir sagte, er habe sich verliebt, war ich zunächst ganz klar und sagte: »Ich leide sowieso unter deiner Unliebe. Zieh aus, ich wünsche dir alles Glück.« Aber als er meinte: »Ich kann hier wohnen bleiben, wir wollen gar nicht zusammenziehen«, ließ ich mich darauf ein. Er hat sich von unserem Schlafzimmer aus mit seiner Freundin verabredet, hat Mails geschickt und empfangen. Statt zu kämpfen oder ihn vor die Tür zu setzen, habe ich mich zurückgezogen. Manchmal, wenn wir auf der Couch saßen, legte er seinen Arm um mich und sagte: »Ist das gemütlich bei dir, und du kochst so gut.« Dann flackerte die Hoffnung wieder auf, ich würde mit der Zeit besser abschneiden als seine Freundin. Sie ist 26 Jahre jünger als ich, doch der Altersunterschied machte mir nicht zu schaffen. Ich fühle mich agil, innerlich jung, ich bin aktiv, gesellig. Vor sieben Jahren warf ich ihn schließlich raus. Als er wieder einmal am PC saß und ihr mailte, zog ich den Stecker raus, nahm seine Matratze vom Bett, schmiss sie in den Flur und sagte: »Du ziehst sofort aus!« Ihn einfach auf die Straße zu setzen, hätte ich nicht fertiggebracht. Ich hatte erfahren, dass er schon ein Wohnungsangebot hatte.

Nach seinem Auszug fühlte ich mich manchmal erleichtert, aber es gab auch Tage, da dachte ich an Suizid. Dass ich nicht völlig abstürzte, verdanke ich einer Freundin und meiner Enkelin. Ich konnte ihnen x-mal das Gleiche erzählen. Und ich ging zu einem Psychiater. Heinz rief manchmal an, gratulierte mir zum Geburtstag, er half mir ab und zu mit dem PC, beim Einkaufen liefen wir uns häufig über den Weg.

Drei Jahre nach unserer Trennung hatte ich den Eindruck: Jetzt bin ich über den Berg. Doch dann zog er mit seiner Partnerin und ihrem gemeinsamen Baby in die Wohnung vis-à-vis. Das hat mich völlig zurückgeworfen. Zu zweit standen sie am Fenster, morgens hängte sie zum Lüften das Bettlaken raus, ich fühlte mich provoziert. Ich hatte das Gefühl, dass Heinz mir demonstriert: Guck mal, wie schön mein Leben ist. Aber ich konnte es nicht lassen, alles zu beobachten. Wie lange brennt abends Licht? Sind Schatten am Fenster? Wie ist das Kinderzimmer eingerichtet? Ich bin sogar extra früh aufgestanden, um morgens vor ihnen mein Laken rauszuhängen. Meine Freundin sagte mir: »Wenn du so reagierst, bist du noch nicht mit ihm fertig.« Ich habe Heinz damals gewünscht, dass seine Beziehung Schiffbruch erleidet und stellte mir manchmal vor, wie ich beide körperlich quälen kann. Einmal bat Heinz mich, ihm ein Rezept zu mailen. Ich habe es ihm gegeben mit dem Zusatz: »Und bitte noch einen Schuss Zyankali dazu.«

Heute denke ich: Heinz wollte mich nicht verletzen. Er wollte in meiner Nähe sein, hoffte, eine Art Freundschaft aufzubauen. Er bot mir auch seine Hilfe an. Wenn wir uns auf der Straße trafen, erkundigte er sich, wie es mir geht, aber ich konnte seine Neugier, sein Bemühen, noch einen Fuß in der Tür zu haben, nicht ertragen. Einmal wollte er mir partout sein Kind in den Arm drücken. Ich sagte: »Nein, ich lasse es sonst fallen.« Wahrscheinlich sollte ich für seine kleine Tochter die gute Oma sein.

Meine neue Wohnung war wie ein Geschenk. Als ich sie eingerichtet hatte, dachte ich oft: Er müsste mal sehen, was ich aus den kleinen Räumen gemacht habe. Früher lebte ich in Grau und Blau, also triste, jetzt schwelge ich in Farben: rot, orange, mediterran, vielleicht ein bisschen kitschig, aber die Buntheit gefällt mir. Seitdem ich in Rente bin, habe ich hier in der Siedlung eine Singgruppe und eine Doppelkopfrunde auf die Beine gestellt, ich arbeite ehrenamtlich für die Arbeiterwohlfahrt. Ich sage mir: Das hätte ich nie gemacht, wenn ich noch mit dem Typen zusammen wäre. Trotzdem denke ich ständig an Heinz. Es wäre schön, wenn er mich erkannt hätte, aber ich habe mich ihm ja nicht in meiner Kreativität gezeigt. Ich war nur sein Anhängsel, mein Selbstbewusstsein war total verkorkst.

In diesem Frühjahr sind er und seine Familie ausgezogen. Zuerst war ich irritiert: Der kann doch nicht einfach aus der Siedlung fortgehen! Ich wollte unbedingt herausfinden, wo er nun wohnt, aber allmählich verblasst meine Neugier. Erst jetzt, acht Jahre nach unserer Trennung, beginnt die Zeit, wo Heinz wirklich aus der Welt ist. Manchmal bereue ich die vielen verlorenen Lebensjahre und denke: »Er hätte mich früher in Ruhe lassen sollen.«

Lisa A.: »Wenn wir uns sehen, rücken Jung- und Altsein ganz nah zusammen.«
Sven K.: »Gemeinsam schleifen wir die Krallen des Lebens ab.«

Ihr Ton ist sachlich, als Lisa A. mir erzählt, dass ihre ehemalige Liebe nach Deutschland komme, sie suche für ihn eine Unterkunft. Jahrzehnte nach ihrer Trennung habe sich zwischen ihr und Sven wieder ein freundschaftliches Verhältnis angebahnt.

Dass der Kontakt zur einstigen großen Liebe neu angekurbelt wird, erlebe ich im Freundeskreis häufig. In den USA hat das Phänomen sogar einen Namen: Rekindling heißt das Wiederaufwärmen alter Beziehungen, das durch das Internet gewaltigen Auftrieb erhält und von der Psychologieprofessorin Nancy Kalish erforscht wird. Laut Kalish beginnt über die Hälfte der Menschen, die dank Google ihren Ex-Partner wieder treffen, eine

Affäre mit ihm/ihr, und zwar mit guten Aussichten auf ein spätes Glück. Allerdings fahnden nicht nur Solisten im Netz, warnt Kalish. Als sie ihre Studien 1993 in den USA begann, waren 70 Prozent aller Partnersuchenden ungebunden. Seither kehre sich der Trend um: Zweidrittel der Suchenden seien verheiratet. Die meisten, die ihre alte Liebe wieder aufspüren, wollten gar nicht fremdgehen: »Sie surfen einfach drauflos, stoßen auf den Namen eines Verflossenen und schreiben zum Spaß eine E-Mail.« Doch diese trete oft eine »Gefühlslawine« los. 60 Prozent der erfolgreichen Recherchen endeten in Affären, die Ehen zerstörten.[64]

Nicht nur die einstmals zärtlichen Gefühle füreinander werden offenbar schnell wieder wach, auch der Bruch ihrer Beziehung ist Ex-Paaren oft noch so präsent, als sei er erst kürzlich erfolgt. Zögerlich stimmt die dunkelhaarige Lisa A. unserem Gespräch zu. Doch dann taucht die 64-jährige freiberufliche Übersetzerin ohne Umschweife und mit erhitztem Gesicht in ihre Trennungsgeschichte ein.

Lisa A.:

Den ersten Schritt zu unserer heute freundschaftlichen Verbindung habe ich gemacht. Sven war meine große Liebe. Unsere Beziehung war unglaublich intensiv, ausschließlich, anfangs für uns beide und für mich bis zuletzt. Wann sie für Sven aufhörte, so zu sein, habe ich nicht mitbekommen. Ich habe die Signale nicht sehen wollen. Wir waren zwölf Jahre zusammen. Nach fünf Jahren zogen wir weg aus der Stadt in das Pförtnerhaus einer leer stehenden Villa im Wald. Es war traumhaft schön, aber auch unnatürlich, da wir vollkommen isoliert waren. Für Sven, der zur Anregung Leute brauchte, war es der völlig falsche Wohnort, er wurde immer depressiver. Nach seiner Promotion jobbte er, ich begann zu übersetzen und war im Handumdrehen erfolgreich, obwohl Sven der Klügere war mit den besseren Voraussetzungen. Ich sah in ihm den Künstler oder Wissenschaftler. Als er eine Stelle als Kunsterzieher bekam, entsprach dieses spießige Angestelltendasein überhaupt nicht meinen Vorstellungen. Unsere Beziehung verschlechterte sich. Buchstäblich über Nacht ließ Sven sich mit einer Abiturientin ein.

Am meisten schockierte mich, dass seine Geliebte ein 18-jähriges Mädchen war, 20 Jahre jünger als er. Dass er etwas so Falsches machte, konnte ich nicht verstehen. Er, ein zarter, sensibler, kluger Mensch, der überhaupt nicht zu »Don Juanismus« neigte, frönte seinem Trieb. Bisher hatte ich ihn idealisiert, ich lag quasi in Anbetung vor ihm und plötzlich war er ein normaler primitiver Mann, der seinen sexuellen Gelüsten nachgeht. Ich habe ihn verachtet. Und das Schlimme war: In so einer Situation erreicht man mit Gesprächen rein gar nichts. Früher war Psychologisieren unsere Hauptbeschäftigung, wir dachten, wir haben die Welt intellektuell im Griff, nun funktionierte das Analysieren überhaupt nicht mehr. Es ist ein Gefühlschaos, man ist vollkommen außer sich. Sven ging es nur darum, mit diesem Mädchen zusammen zu sein, alles andere zählte gar nicht mehr. Später habe ich gelernt: Das war ein Triebdurchbruch.

Als ich ihm sagte, das mache ich nicht mehr mit, zog er in ein Atelier auf dem Parkgelände. Dieses Mädchen verschwand bald wieder, danach hatte er zwei andere Affären. Da wir in Sichtweite wohnten, beobachtete ich zwanghaft, was sich im Atelier abspielte. Man bleibt ja wie durch ein Gummiband mit dem anderen verbunden. Es war ein unentwegtes Leiden mit unentwegter Aufregung. Als ich merkte, ich verkrafte diese Nähe nicht, bin ich viel herumgefahren und habe bei Freunden Hilfe gesucht. Eine Kusine hat mir eine Gestalttherapeutin vermittelt, das hat mich gerettet. In den ersten Monaten war ich selbstmordgefährdet, in meinem Denken und Fühlen gab es nichts anderes als unsere Trennungstragödie. Wenn ich morgens aufwachte, fühlte ich mich noch ganz wohlig, aber sobald das Bewusstsein einsetzte, war es, als ob der Sargdeckel über mir zuklappte.

Lange hoffte ich: Sven wird sich besinnen und erkennen, was für ein großes Unrecht er mir antut. Und dann wird er mir alles erklären und sich für seine Grausamkeit entschuldigen. Das ist schon irrsinnig: Obwohl der andere längst über alle Berge ist und einen vergessen oder verdrängt hat, ist man wie ferngesteuert und tut noch alles im Hinblick auf ihn. Dann wieder hegte ich den starken Wunsch, dass Sven bestraft wird und malte mir aus, was ihm an Schlechtem zustoßen soll. Ab einem gewissen Zeitpunkt empfand ich am schmerzlichsten, dass ich sein schönes, vergnügtes, erfolgreiches Leben nicht mehr teilen konnte und eine andere Frau in diesen Genuss kam. In der Therapie merkte ich, dass ich fälschlicherweise Sven alle Qualitäten in unserem Leben zuschrieb. Meine Vorstellung von einer unerschütterlichen romantischen Liebe war schon das völlig falsche Lebenskonzept. Heute denke ich, dass Sven sich schon seit geraumer Zeit innerlich von mir entfernt hatte. Ein Grund für unsere Trennung war, dass wir nach einer stürmischen Anfangsphase keine sexuelle Beziehung mehr hatten. Es ging von Sven aus, ich habe es hingenommen. Trotzdem zweifelte ich nie daran, dass wir, das hehre, sublimierende Paar, bis in alle Ewigkeit zusammenbleiben. Seine Untreue war für mich der Einsturz eines Urvertrauens. Als ob eine Mutter ihr Kind zur Seite stellt und sagt: »Jetzt liebe ich ein anderes.«

Den Vorschlag, uns zu treffen, machte ich Sven, als ich nach Jahren das Gefühl hatte, dass ich unsere Trennung bewältigt hatte. Ich hatte aufgehört, neidisch zu sein auf das Leben, das ich nicht weiterführen konnte. Um endgültig abzuschließen, wollte ich Sven noch einige Fragen stellen. Er reagierte reserviert und sagte, er müsse erst seine Frau fragen. Wir trafen uns dann in einem Café, aber es kam bei diesem Gespräch nichts raus, außer, dass ich Eigenschaften wahrnahm, die ich vorher an ihm nie gesehen hatte. Ich fand ihn eher unscheinbar, defensiv und ängstlich. Danach beschränkte sich unser Kontakt auf einen Briefgruß zum Jahreswechsel.

Irgendwann fingen wir an zu telefonieren, vor einigen Jahren besuchte ich Sven in Frankreich, wo er mit seiner Frau, von der er damals schon getrennt lebte, ein Haus gekauft hatte. Mein zweiwöchiger Besuch war sehr entspannt. Das Verblüffende ist, dass man sich fremd und gleichzeitig total vertraut ist. Früher war Sven sehr gesellig, jetzt ist er ein extremer Einzelgänger. Und er ist negativer, kritischer gegenüber Menschen. Andere Seiten an ihm kenne ich bis in alle Verästelungen und frage mich, wie er manche Eigenschaften aufrecht erhalten kann.

Zum Beispiel die Neigung, das Leben zu poetisieren. Sein Verhalten damals war ja eine Form psychischer Gewalt. Ich denke, wenn man begreift, dass man fähig ist zu solcher Rücksichtslosigkeit, sollte man hohe Sensibilität nicht mehr beanspruchen. Das provoziert mich zu ironischen Bemerkungen, aber ich verstehe, dass man sich nicht vollends der Tatsache stellt, der zu sein, dessentwegen ein anderer derart gelitten hat. Ich glaube, Sven hat damals nicht gelitten. Er fühlte sich eingeengt, festgenagelt, es kam viel zusammen, was für ihn unerträglich war. Erst in seiner späteren Ehe erfuhr er, was es heißt, der Betrogene zu sein.

Nach wie vor mag ich Sven unheimlich gern. Ich kann gut mit ihm zusammen sein. Sonst strengen mich andere schnell an. Ich habe mich auch selten verliebt. Vermutlich bin ich monogam. Und bei mir hat sich das Gefühl eingenistet, dass man stets damit rechnen muss, irgendwann abgelegt zu werden. Drei Jahre nach unserer Trennung hatte ich zum ersten Mal eine Ferienliebe in der Karibik. Damals hatte ich beschlossen, stilvolle Liebesabenteuer zu erleben. Manche Affären waren ganz schön, andere weniger, die letzte war so verhängnisvoll, dass ich aufgegeben habe. Eine Folge ist, dass mir Freundschaften viel wert sind. In unserer übermächtigen Beziehung hatte ich sie wenig kultiviert.

Der größte Gewinn unserer Trennung ist, dass ich unter dem Druck der Ereignisse gezwungen wurde, brachliegende Fähigkeiten aus mir herauszuholen. Ich bin autonom geworden und finde mein Leben viel interessanter als das, das ich mit Sven geführt habe. Weil ich freiberuflich mehr ausprobieren und mutiger sein musste als er, bin ich jetzt die Lebensversiertere. Sven hat eigentlich all das gemacht, was schon in unserer Zeit geplant war, zum Beispiel ein Haus in Frankreich gekauft.

Nach wie vor ist Sven der Mensch, mit dem ich mich am breitesten austauschen kann. Wir telefonieren ab und zu, verabreden uns, wenn wir am selben Ort sind, wir gehen ins Theater, letzte Woche hat er bei mir gekocht. Am schönsten ist, über gemeinsame Erinnerungen zu reden. Dann rücken Jung- und Altsein ganz nah zusammen. Svens Differenziertheit ist für mich Anstoß, nicht so grob zu denken. Aber während mich früher jedes Wort von ihm faszinierte, hole ich heute innerlich Luft, wenn er stundenlang über seine Interessen redet. Ich würde nie so ausführlich über meine Beschäftigungen sprechen. Sven erzählt auch viel von seiner Ehe, nach meinem Leben fragt er nur aus dem jeweiligen Kontext heraus, nicht aus echter Neugier. Ein Unterschied zwischen uns ist: Ich möchte niemanden mehr kennenlernen, Sven würde gern noch mal mit einer anderen Frau zusammenleben. Daraus erwächst eine Form von Abwehr, er hat Angst, dass ich zu große Erwartungen habe. Aber ich habe ein relativ ausgefülltes Privatleben und achte sehr darauf, dass ich unsere Beziehung nicht belaste. Gern würde ich mit ihm nochmals nach Griechenland fahren, auf die Insel, wo wir als Paar wunderbare Urlaube verbrachten. Aber ich spüre, dass er das nicht will.

Sven K.:
Auch Sven K., ein hagerer, feinsinniger Ästhet, ist spürbar bewegt, als ich ihn Wochen später befrage. Trotz seines fast umständlich bedächtigen Duktus habe ich den Eindruck, dass er sich in unserem Gespräch von etwas befreit. Nach einigen Tagen ruft der emeritierte Professor und bildende Künstler mich nochmals an: »Lisa war die umfangreichste Liebe, ich habe jetzt eine Fürsorge für sie, die ich nicht zurückziehen werde.« Als ich Lisa nach einem dreiviertel Jahr wieder spreche, erzählt sie, sie habe schon länger nichts mehr von Sven gehört.

Es ist ein gutes Gefühl, dass ich die Chance habe, einem Menschen nochmals zu begegnen, den ich sehr verletzt habe und dem gegenüber ich Schuldgefühle habe. Wenn wir uns treffen, gibt es im Gespräch Tabubereiche, aber ich fühle mich wohl, zwischen uns gibt es eine tiefe Sympathie, offenbar sind wir beide froh, dass wir uns austauschen können über das, was ein Paar lebt: über den Alltag, den Kleinkram, die Alltagssorgen. Wir hören uns ebenso freundlich und geduldig zu wie zu der Zeit, als wir zusammenlebten. Wir legen manchmal richtig los, sprechen zur gleichen Zeit. Unser Kontakt hat sich verstärkt, seitdem ich vor einigen Jahren einmal in Berlin war. Vorher gab es nur rare Telefonate oder mal einen Gruß.

Aus unserer zwölfjährigen Partnerschaft bin ich regelrecht ausgebrochen. Ich bin ausgebrochen, weil ich mich nicht von ihr zurückziehen konnte und niemals hätte sagen können: Ich möchte mal allein, woanders leben, ohne dich. Eine bewusste Trennung wäre für mich Verrat gewesen. Ich wusste auch gar nicht, wie man sich trennt. Meine Eltern lebten mir ja das Modell der dauerhaften Monogamie vor.

Damals wohnten Lisa und ich mitten im Wald. Lisa hatte mich aus unserer Clique herausgezogen. Ich war so vergraben in meine Doktorarbeit, dass ich nicht einmal die Natur um mich herum wahrnahm. Wir wollten damals das Besondere; materiell waren wir arme Mäuse, wir suchten andere Prestigeformen: Selbstbestimmung und ursprüngliches Erleben. Was Lisa am meisten verabscheute, war Durchschnittlichkeit, vor Trivialem lief sie davon. Für unser Modell, nicht zu heiraten, haben Simone de Beauvoir und Jean Paul Sartre Pate gestanden. Lisa hatte damals einen Hochmut gegenüber Menschen, die ihrem Anspruch nicht genügten. Meine größere Toleranz hielt sie für Nachgiebigkeit aus Schwäche. Ich glaube, sie suchte damals eine kleine ganzheitliche Welt: Ihr gefiel das kleine Haus, der kleine Garten, und sie hatte die Regie, wer dazu kommen durfte. In dieser Zeit waren wir symbiotisch aufeinander konzentriert. Ich liebte ihr gefestigtes aufmerksames Wesen, ihre feinen, sanften Gesichtszüge, alle meinten: Ihr seid ein wunderbares Paar. Aber unsere Abgeschiedenheit hat unsere Beziehung nicht gestärkt. Mein Leben erschien mir zunehmend eingeschränkt, langweilig und lustlos, unsere Sexualität war unerfüllt, Liebe und Begehren fielen auseinander. Ich blieb ein treuer zuverlässiger Mann, den Lisa nicht zu überwachen brauchte, ich war überwacht durch mich selbst, aber ich konnte nicht aufhalten, dass mir immer wieder Frauen gefielen. Und dann verliebte ich mich bei einer Abiturfeier. An diesem Abend ist nichts Intimes passiert. Ich bin einfach einmal sehr spät nach Hause gekommen, in eine schauerliche Stimmung. Lisa saß stumm im Zimmer wie eine Witwe. In dieser Nacht habe ich ihr gesagt: »Ich möchte nicht auf diese Verliebtheit verzichten.«

Lisa reagierte mit Raserei, ich hatte sogar Angst, sie bringt mich um. Einmal stand sie mit der Axt hinter der Tür, weil sie annahm, dass meine Geliebte gegen ihr Verbot in unserem Häuschen war. Es war schrecklich, was sie mir alles unterstellte. Als ich in mein Atelier, ein ehemaliges Waschhaus, umzog, hatte ich nicht genügend Platz für meine Dinge und stellte einiges unter im Gebäude nebenan. Dort fanden Jugendliche in meinen Kartons ihre Liebesbriefe und lasen sie sich vor. Und das bekam sie mit. Sie glaubte, ich hätte ihre Liebesbriefe in der Nachbarschaft verteilt, um sie zu demütigen. Wie sehr sie gelitten hat, habe ich damals nicht erfasst. Ich habe die Entwertung erst begriffen, als ich selbst der Zurückgelassene war.

Aber ich hatte damals keine Schuldgefühle. Ich fühlte mich im Recht, meine Liebe zu leben. Ich fühlte mich frei, riesig und freute mich, eine andere Frau im Arm zu haben. Die Wahrnehmung von dem Menschen, mit dem man so lange zusammen gelebt hat, verblasst völlig, er ist das Hindernis. Man denkt nicht an den anderen oder schiebt unangenehme Gedanken beiseite. Ich habe immer Tagebuch geführt, nur nicht in jener Phase, als wir uns getrennt haben. Ich war einfach nur lebendig.

Die einzige Rettung wäre, dass man so gefasst wie möglich miteinander spricht, um die Gefühle zu mäßigen und den anderen nicht nur kalt stehenzulassen. Doch für Lisa gab es nur ein kompromissloses »Entweder – oder«. Durch die Härte, mit der sie reagierte, hat sie sich auch selbst verletzt. So unerbittlich und radikal sie sein konnte, so radikal war sie auch in ihrem bodenlosen Schmerz. Sie sagte, es sei bei mir ein Triebdurchbruch gewesen, aber ein rein sexuelles Abenteuer habe ich nie gesucht. Ich kann eine Frau nur begehren, wenn ich sie liebe, ich muss sie mit allen Eigenschaften spüren, möchte mich als ganze Person öffnen können. Doch obwohl ich Lisa damals liebte, hatte ich das Begehren verloren.

Ich glaube, zwischen Paaren geschieht etwas Tragisches. Man schämt sich, darüber zu reden: »Warum leben wir unsere Sexualität nicht gemeinsam aus?« Mit dieser Frage greift man den anderen schon fast an, oder man gibt zu erkennen, dass man einen Mangel spürt, und weil wir uns eigentlich liebten, wollten wir den Mangel nicht zugeben. Wir waren beide feige. Der Grund für meine sexuelle Verweigerung waren kleine Kränkungen und Differenzen. Sexualität ist eine psychische Intimität, und die überlebt nur, wenn es keinerlei Störungen gibt. In meiner Ehe passierte das wieder: Wenn man mich verletzt, zieht sich mein Körper zurück. Wenn ich die Dimension von Lisas Leiden erfasst hätte, hätte ich die Affären vermutlich abgebrochen. Als meine spätere Frau mich betrog und ich stillhalten sollte, waren das die traurigsten Gefühle meines Lebens. Geholfen hat mir, dass ich gedanklich zurückgekehrt bin zu den Momenten, wo ich geliebt wurde, etwas wert war. Damals hatte ich die Kraft, mich zu trennen.

Eines Tages rief Lisa mich an, sie hätte Alpträume und wolle mich treffen. Ich wollte gern dazu beitragen, dass ich nicht weiterhin als Gespenst durch ihre Träume geistere, doch ich befürchtete auch: Vielleicht lockt sie mich mit einem Messer in der Tasche in die Falle. Ich neige durchaus zu Idiosynkrasien und war dementsprechend steif und gehemmt. In großen Zeitabständen begannen wir dann, per Mails kleine Brücken zu bauen, inzwischen telefonieren wir wie alte Freunde, die sich gegenseitig erkundigen: »Wie geht es denn bei dir drüben?« Wir sprechen über Alltägliches: »Ich war beim Arzt, ich habe was am Knie.« Wer will sich sonst so etwas anhören? Lisas Leben interessiert mich, ihre Arbeitsprojekte, ihre Freunde, es ist eine generelle Anteilnahme da. Vergangenes kommt vor, aber wir meiden auch bestimmte Bereiche. Was ich jetzt erzähle, habe ich mit Lisa nie beredet.

Vor drei Jahren war sie zu Gast in meinem Haus, ich habe für sie gekocht, wir sind schwimmen gegangen und haben unsere Körper gesehen. Es hat mir gefallen, dass wir uns so zeigen, wie wir sind. Von den Frauen, mit denen ich lebte, bleibt Lisa diejenige, der ich am meisten vertraue. Ich spreche mit ihr auch über meine Ehefrau, doch ich merke, da gibt es eine Grenze. Ich würde mit ihr auch nicht mehr auf die griechischen Inseln reisen, wo wir gemeinsam waren. Da weint man dem Glück von früher nach. Aber ich denke, wir lebten damals in einer Idealisierung, die wir nicht durchgehalten hätten. Als ich mit 35 Jahren die Festanstellung als Kunsterzieher bekam, ging mir manchmal durch den Kopf, ob ich nicht eine Nummer zu klein bin für Lisa, weil sie große Geister immer bewunderte. Ich wollte auch verwirklichen, was in mir steckt. Aber ich habe für meine finanzielle Sicherheit Zugeständnisse gemacht.

Als ich Lisa vor zehn Jahren in einem Café traf, war in ihrem Gesicht ein großer Kummer eingegraben. Ihre Augen waren matter, sie schauten nicht in die Welt hinein. Wenn wir uns jetzt in einem Restaurant treffen, kann sie ansteckend lachen, dann gleicht sie sich immer stärker an das Bild von früher an. Der Anspruch, mit dem sie einst Menschen beurteilte, ist für mich überhaupt nur noch spürbar, wenn wir uns lustig machen über schlechte Künstler oder schlechte Filme. Neulich trafen wir ein Gastwirtsehepaar. Es fiel mir auf, wie liebevoll sie beide beobachtete. Früher hätte sie diese Menschen übersehen.

Es gibt die Auffassung, dass uns jeder Schmerz zu einer Entwicklung zwingt. Aber das ist vielleicht eine Rationalisierung, damit das Leben nie sinnlos und traurig wird und es immer einen Fortschritt gibt. Es wäre beruhigend, wenn es so wäre, denn dann brauchte man nur darauf zu vertrauen, was das Leben uns bietet und beschert. Ich denke jedoch, wir müssen Verletzungen aushalten lernen. Ich habe in der Liebe zweimal Asymmetrien erlebt und bin Frauen gegenüber sehr wählerisch. Ich bin skeptisch, aber nicht hoffnungslos, dass Liebe und Begehren in meinem Leben noch einmal zusammenkommen.

Bei meinem jetzigen Besuch wirkt Lisa besonders gutgelaunt. Wir hören einander zu. Wenn man Sorgen, Belastungen ausgesprochen hat, verlieren sie ihren Rang im Kopf. Und ich lasse durchblicken, dass Lisa sich auf mich verlassen kann, wenn es ihr einmal schlecht geht. Ich denke, das können wir miteinander gut: die Krallen des Lebens abschleifen.

Gewinner und Verlierer

Neue Liebe, neues Glück?

Paare, nichts als Paare. Aus der Sicht von Geschiedenen und Singles ist die Welt oft gespickt mit trauter Zweisamkeit. Sie sind nur noch Zaungast eines Lebensmodells, das ihnen nun wie der Garten Eden erscheint. Damit sie nicht auf dem Abstellgleis verharren, stürzen sich viele in das erstbeste Verhältnis. Zehn Monate nach der Scheidung haben laut Umfragen 80 Prozent der Männer eine neue Partnerin.[65] Manche Männer gehen oft so hurtig auf Brautschau, dass man sich fragt, was überwiegt: Die Flucht vor dem Alleinsein? Der Beweis ihres Marktwertes? Der Wunsch nach einer Haushaltshilfe? Oft findet sich im nahen Umfeld ein Wesen, das die Einsamkeit verscheucht. Die Kollegin, Sekretärin oder die Tagesmutter der Kinder avancieren zur Geliebten. Die Wahlkriterien sind nach Wolfgang Krügers Einschätzung oft pragmatischer Natur: »Männer suchen für jede Lebensstufe die passende Frau. Erst die Mutter für ihre Kinder, dann die Emanzipierte und am Lebensende die Krankenschwester. Nietzsche bezeichnete das als das Prinzip Leiter. Generell gilt für Beziehungen: Die Basis ist das Vertraute, interessant ist das Fremde.« Frei wie ein Vogel, erleben viele Getrenntlebende eine zweite Adoleszenz. Für eine Zeitlang experimentieren sie mit wechselnden Sexualpartnern. Sie sind beflügelt von der Hoffnung, sich privat nochmals neu zu erfinden und an der Seite einer Jüngeren selbst in den Jungbrunnen zu steigen. Etliche lassen Kontakte aus der ersten Ehe einschlafen und partizipieren am social life ihrer neuen Partnerin. Andere wagen nur einen kurzen Abstecher ins Abenteuer und fügen ihre Zweitfrau in das gewohnte Ehemodell ein.

Frauen binden sich seltener und zögerlicher. Drei Jahre nach der Scheidung hat nur die Hälfte einen Lebensgefährten,[66] und sie bezeichnen ihren neuen Partner weniger schnell als Familienmitglied.[67] Manche Frauen rechnen ihre Enttäuschung hoch: Auf Männer ist eben kein Verlass! Lieber leben sie klösterlich, als sich nochmals Verletzungen anzutun. Anderen fehlt es an Zeit, Gelegenheit und Mitteln, um nach einem Partner Ausschau zu halten. Oder ihr Selbstbewusstsein ist zu angeknackst. Mütter nehmen oft Rücksicht auf ihre Kinder, die ihre ungeteilte Zuwendung fordern. Jenseits der 50 sinken für Frauen die Chancen, einen ungebundenen Partner zu finden.

Aber Frauen kommen langfristig auch besser allein zurecht, sie profitieren von ihrem sozialen Netzwerk und vereinsamen seltener. Viele genießen und nutzen ihren Freiraum und – das Witwenphänomen – blühen auf. Nicht mehr bereit, ihre Unabhängigkeit auf dem Altar der Zweisamkeit zu opfern, ziehen Frauen nach ihrer Scheidung seltener als Männer mit ihrem neuen Partner zusammen. Zwar schrauben auch Frauen ihre Ansprüche herunter. Um wieder den Status der Ehefrau zu haben und um finanziell versorgt zu sein, arrangieren sie sich mit Realitäten fern von ihren Träumen. Insgesamt haben ein Viertel der Männer und Frauen, die sich trauen lassen, eine Scheidung im Gepäck. Doch viele Frauen, die ich sprach, würden sich nicht mit einer Zweckgemeinschaft zufriedengeben. »Ich möchte einen Seelenpartner oder nix. Nix hatte ich schon«, steckt eine Frau ihre Erwartung ab.

Partner, die sich wegen eines anderen trennten, stellen oft Vergleiche an. Vor allem Frauen schildern, dass sie in Wellenbewegungen Trauer erfasse. »Wenn mein Freund und ich uns streiten, denke ich manchmal: Hat sich das Auseinanderbrechen unserer Familie gelohnt?« Auch Männer äußern Reue über ihr Bäumchen-wechsel-dich. Falls die jetzige Partnerin um etliches jünger ist, ringen sie mit Eifersucht und der Furcht, irgendwann ausgetauscht zu werden.

Scheidung bedeutet zwar keineswegs Scheitern. Statt eine Fassade aufrechtzuerhalten, beenden Paare ihr Unglück. »Ich habe mich zehn Jahre zu spät getrennt«, bedauert eine Frau, dass sie sich an jedem Hoffnungsschimmer entlang hangelte.

Doch wo Wahlfreiheit herrsche, werde die eigene Lebensform ständig überprüft, schränken Psychologen den Gewinn heutiger Selbstbestimmung ein. Genüge eine Beziehung nicht mehr der Wunschvorstellung, würden auch Ehen gelöst, die früher keineswegs als zerrüttet gegolten hätten. Gelockt von Optimierungsmöglichkeiten, riskierten Partner, mit leeren Händen dazustehen. Manchmal tritt wirklich die große Liebe ins Leben, ein Mensch, der bei unvermeidbaren Meinungsunterschieden Brücken baut. Doch weitaus häufiger entpuppt sich die unwiderstehliche Alternative als eine Variante im Paarlauf.

Gesundheitsrisiken und Armutsfalle

Für viele Frauen bedeutet die Scheidung finanziell einen Abstieg. »Wenn aus Liebe rote Zahlen werden« ist der Titel einer Studie zu den wirtschaftlichen Folgen von Trennung und Scheidung, die das Bundesfamilienministerium in Auftrag gab. Sie dokumentiert (Stand 2003), dass besonders nicht voll Erwerbstätige erhebliche Einbußen hinnehmen müssen. Das erste Trennungsjahr ist das prekärste. Im Schnitt hatten Frauen ein Jahr nach der Trennung nur noch zwei Drittel des Pro-Kopf-Einkommens, das ihnen zwei Jahre vor der Trennung zur Verfügung gestanden hatte. Ein Jahr nach der Trennung waren 34 Prozent der Frauen von Armut bedroht, 14 Prozent mehr als zwei Jahre vor der Trennung. Aufgrund der schlechten Zahlungsmoral von Vätern rutschen vor allem Mütter kleiner Kinder an das Existenzminimum. Obwohl nur jeder achte Vater nach der Trennung seine Berufstätigkeit reduzierte, erhielten ein Viertel der Mütter keinen Kindesunterhalt. Von den unterhaltsberechtigten Frauen gingen sogar zwei Drittel leer aus. Mit der Begründung, dass der kostspielige Rechtsweg sich nicht lohne, nahm über die Hälfte die zu geringen Zahlungen ihres Ex-Partners hin.[68]

Noch schlechter ist die Lage für anspruchsberechtigte Männer. Nur jeder Zehnte wird von seiner Ex-Partnerin unterstützt. Gut verdienende Frauen verfahren häufig nach dem Motto:

»Meins ist meins, und seins ist unser«, konstatiert der Wiener Evolutionsbiologe Karl Grammer.[69] Solange die Partnerschaft intakt sei, kaschierten Karrierefrauen oft, dass sie den Löwenanteil der Kosten bestreiten. Doch da Frauen sich weniger als Männer mit der Ernährerrolle identifizierten, sperrten sie sich nach einer Trennung häufiger dagegen, für ihren Ex-Partner zu löhnen.

Das reformierte Scheidungsrecht beugt diesem bösen Erwachen vor. Dass Erwerbstätige eine Trennung auch seelisch besser verkraften, ist nicht verwunderlich. Wenn alles andere wankt, ist der Beruf ein Anker. »Der größte Gewinn unserer Trennung ist, dass ich unter dem Druck der Ereignisse gezwungen wurde, brachliegende Fähigkeiten aus mir herauszuholen«, resümiert eine Interviewpartnerin den Wechsel vom Dazuverdienen zum eigenen Einkommen, was viele Frauen zunächst als immense Hürde, dann aber als eine Quelle der Selbstbestätigung empfinden.

Scheidungen bergen nicht nur ein finanzielles Risiko. Geschiedene erkranken auch häufiger, vor allem Männer. Leiblich schlechter versorgt und seltener als Frauen von Freunden emotional aufgefangen, treiben allein lebende Männer oft Raubbau mit ihrer physischen und psychischen Gesundheit und verkürzen dadurch ihre Lebenserwartung angeblich um neun Jahre, wie eine Studie herausgefunden haben will.[70] Schlimmstenfalls bekommen Männer sich nicht mehr in den Griff. Viermal mehr Männer als Frauen begehen nach einer Trennung Suizid.[71]

Wandel des Selbstbildes

Wie sehr der Partner das Zentrum unserer inneren Welt war und diese zusammenhielt, offenbart sich oft erst, wenn die Beziehung zu Ende ist. Sein Fortgang rührt an frühe Verlusterfahrungen und konfrontiert uns mit infantilen Seiten. Vor allem als Verlassene regredieren wir. Das Bett, die heiße Badewanne sind Zufluchtsorte, Essen ist ein Trostspender, wir sehnen uns danach, unter die Fittiche eines großen, starken, mütterlich sorgenden Menschen zu kriechen, der uns streichelt, umhegt und uns davon erlöst, alles allein zu schultern. Und wir verwandeln uns in ein wütend aufstampfendes Kind. Totalitär in unserem Schmerz, schlagen wir angebotene Hilfe aus, da sie die unerträgliche Lebenswende ja nicht rückgängig macht.

Am Tiefpunkt der Krise klingt es wie ein wohlfeiler Spruch, dass sie immer auch eine Chance birgt. Im Prozess der Auflösung peilt niemand seelisches Wachstum an. Alle Kraft fließt darein, morgens überhaupt aufzustehen, den Alltag zu bewältigen, sich auf künftige Anforderungen einzustellen und mit der gespenstischen Fremdheit des einst vertrauten Partners fertigzuwerden.

Während Verlassende sich von einem Teil ihres alten Ichs befreien wollen, zerbröselt für Verlassene zunächst der Halt in sich selbst. Die Ohnmacht gegenüber ihrem Verhängnis erzeugt Angst, und Angst höhlt das Selbstvertrauen aus – ein Teufelskreis. Die exzessive Innenschau verstärkt zunächst den Jammer, oft ziehen andere sich vor dem Häufchen Elend, das man darstellt, zurück. »Ich dachte immer, Freunde stehen in schweren Zeiten wie eine Eins hinter mir. Die meisten habe ich aber nur von hinten gesehen. Und ein paar wenige, von denen ich es gar nicht gedacht hatte, standen auf der Fußmatte«, erinnert Veronica Ferres die Abkehr angeblich nahestehender Menschen, die auch am ausgeprägtesten Selbstbewusstsein nagt.[72]

Tendenziell ersparen Männer sich diesen Höllentrip, wie ein Therapeut bilanziert. Ja nicht am Ungemach rühren, schon gar nicht gegenüber anderen: »Ich erlebe das auf Radtouren. Je schneller die Gruppe ist, desto weniger wird geredet, desto mehr Männer nehmen teil. Männer beschweren sich allenfalls beim Bier über die Zicke, mit der sie mal zusammen waren. Mit der Folge, das es Frauen nach einem Jahr relativ besser und Männern relativ schlechter geht. Frauen leiden, aber Männer kämpfen ums Überleben.« Grübeln ist eine Gefahrenzone, mit Aktivitäten überspringt man die Trauer, das Streben nach mehr Lebensinhalt schließt die Durchleuchtung der eigenen Seelenstruktur nicht unbedingt ein. Doch Verdrängtes taucht andernorts wieder auf. »Was wir nicht verarbeiten, holt uns als Schicksal wieder ein.« Diese kluge Lebenseinsicht erklärt, weshalb Menschen von einer Beziehungskatastrophe in die nächste driften.

Ausdrücklicher als Männer betonen Frauen, dass sie durch die Trennung mehr zu sich gefunden haben und ein feineres Gespür für die Gefühle anderer entwickelten. Nun, da Gewissheiten ungültig wurden und sie selbst in die Gruppe der Geschiedenen gehören, werden Vorurteile überprüft und Selbstgefälligkeiten korrigiert. Bis innerlich Ruhe einkehrt, dauert es lange. Noch Jahre nach der Trennung kommen einem Gefühle in die Quere, die man überwunden zu haben glaubte. Die Zufallsbegegnung mit dem Ex-Partner, die Nachricht, dass er/sie (wieder) heiratet oder ein Kind bekommt, schleudert einen zurück in Wut, Eifersucht und Neid. Viele vermissen einen konstanten Ansprechpartner; Wellness und Massagen ersetzen nicht die entbehrte körperliche Zärtlichkeit. Der Blick in den Spiegel zeigt, dass der Lebenseinschnitt nicht spurlos blieb.

Doch auch diejenigen, die ihren übereilten Trennungsschritt bereuen, zögerten bei der Frage, ob sie die Uhr zurückdrehen möchten. Denn das hieße auch, mühsam Errungenes wieder aufzugeben. »Das Leben besteht aus mehr als aus einem verflossenen Partner«, unterstreicht eine Interviewpartnerin die Besinnung auf eigene Prioritäten und Ziele. Die Pose triumphaler Befreiung ist dabei ebenso im Weg wie das Verharren in Anklagen. Eine Liebe endete, vieles blieb auf der Strecke, anderes kam bereichernd hinzu. Je verlässlicher wir wieder in uns selbst verankert sind, desto leichter fällt es uns, seelische Hinterlassenschaften als wertvolles Erbe anzunehmen.

Ellen M.: »Ich kriege Bestätigung nicht mehr durch meine Familie, sondern durch meine Arbeit.«

Dass die anmutige, schmale Frau mit den dunklen, schulterlangen Haaren ein Energiebündel ist, merkt man bald an ihren zielstrebigen Bewegungen. Angesichts des Pensums, das Ellen M. mit eiserner Disziplin bewältigt, wird mir ganz schwindelig. Nach der Trennung von ihrem Mann eröffnete die Mittfünfzigerin in ihrem großbürgerlichen Backsteinhaus ein privates Restaurant. Zwölf Gäste passen um den Esstisch, von dem aus man in einen Garten im englischen Landhausstil blickt. In der angrenzenden Küche dürfen Gäste beim Anrichten des Menüs Ellen über die Schulter blicken und mit Handreichungen assistieren. Das lockere die Atmosphäre auf, berichtet die leidenschaftliche Köchin, die außerdem ein Catering betreibt. Anfangs hätten die Einwohner ihres norddeutschen Heimatstädtchens auf die Öffnung ihrer privaten Räume mit Befremden reagiert, doch inzwischen sei die Berührungsscheu überwunden. Ellens Tatkraft und ihr Wille, nicht zum Opfer der neuen Liebe ihres Mannes zu werden, beeindrucken mich. Die Spur von Getriebensein ist wohl der Preis des Perfektionismus, den die dreifache Mutter sich abverlangt.

Unserer Scheidung in drei Monaten sehe ich gelassen entgegen. Ich will klare Verhältnisse, auch weil ich befürchte, dass Götz' Lebensgefährtin Katrin von ihm ein Kind kriegen könnte, während wir noch verheiratet sind. Götz hat die Scheidung jahrelang hinausgeschoben. Vielleicht weil er meinte, wir müssten zu viel aus der Vergangenheit aufrühren, oder weil er sich eine Tür offenhalten wollte, obwohl er mit Katrin eine tiefe Liebe erlebt. Ich bewundere, wie uneingeschränkt sie zu ihrem 25 Jahre älteren Lebenspartner steht, der inzwischen viele Wehwehchen hat und finanziell knapsen muss. Wir haben jetzt ein freundschaftliches Verhältnis. Als Götz vor fünf Jahren 50 wurde, habe ich für seine Geburtstagsgäste gekocht.

Getrennt haben Götz und ich uns vor neun Jahren. Wir kennen uns seit der Sandkiste, nach dem Abi wurden wir ein Liebespaar, mit Mitte 20 heirateten wir, weil ich schwanger war.

Viele unserer Freunde fielen aus allen Wolken, als Götz mit Katrin in eine andere Stadt zog. Sie sagten: »Ihr wart immer eine Einheit.« Etliche rieten mir: »Nun warte doch ein, zwei Jahre ab.« Aber ich wollte einen klaren Schnitt. Wenn Götz nach einigen Monaten gesagt hätte: »Hier bin ich wieder«, hätte ich das nicht angenommen. Das hätte meinen Stolz verletzt, und mir war gleich klar, dass es nicht nur eine Affäre ist. Auch die hätte ich nicht akzeptiert. Ich bin sicher, dass wir uns bis dahin beide treu waren, wir haben uns aber auch kontrolliert. In der Zeit, in der er Katrin kennenlernte, stand er beruflich sehr unter Druck, seine ständige Anspannung rief bei mir Abweisung hervor. Weil es zwischen uns spürbar liebloser wurde, sagte ich ihm: »Wenn wir uns trennen müssen, dann lass es uns jetzt machen, bevor einer von uns einen neuen Partner hat. Denn dann wird es schmerzhaft.« Er wehrte ab. Das sei Quatsch, für Affären habe er doch gar keine Zeit. Später meinte er, ich hätte damals, als ich seine Beziehung entdeckte, auf den Tisch hauen sollen. Aber ich kämpfe nicht, ich ziehe mich zurück.

Er hat Katrin bei einer Musikproduktion in unserem Haus kennengelernt. Er sonnte sich spürbar in ihrer Anwesenheit und der einer anderen jungen Kollegin. Ich hatte das Gefühl, die drei bilden eine Einheit und ich bin draußen, außer dass ich sie bekochte. Oft telefonierte Götz mit den Frauen, vor allem mit Katrin. Als er einmal einen weiten Weg in Kauf nahm, um sie vom Flughafen abzuholen, dachte ich: Würde er das für dich und die Söhne tun? Für uns hatte er kaum noch Zeit, seine Aufmerksamkeit ging in eine andere Richtung. Weil er oft erst nachts ins Bett kam und dabei wenig Rücksicht auf mich nahm, zog ich aus unserem Schlafzimmer aus. Heraus kam sein Verhältnis, als er mit Katrin telefonierte, ohne zu bemerken, dass ich im gleichen Raum war. Ich hörte wie versteinert zu. Wie ich reagierte, als er auflegte, weiß ich nicht mehr. Das ist wie gelöscht.

Die Wochen bis zu seinem Auszug waren schrecklich. Mein stärkstes Gefühl war Verletztheit. Manchmal suchte mich der Gedanke heim: Ist das Leben noch lebenswert? Dann folgte sofort der Gedanke: Ich muss für meine Kinder da sein. Dass ich anfing, seine Sachen zusammenzusuchen und in Kartons zu packen, fand Götz grausam. Er war entsetzt über meine Kälte. Doch es ist quälend, wenn man nicht loslassen kann.

Zu kochen habe ich begonnen, weil ich Geld verdienen wollte mit etwas, was mir Spaß macht. Von Götz bekam ich wegen seiner Schulden kaum Unterhalt. Erst kochte ich für Freunde, nach einem halben Jahr meldete ich ein Gewerbe an. Ich musste viele Hürden überwinden, aber ich denke nicht lange nach, springe einfach ins kalte Wasser. Das Schlimmste wäre gewesen, nur rumzusitzen.

Natürlich habe ich Katrin zunächst verabscheut. Sie hatte eine Familie kaputtgemacht, auch wenn die vielleicht schon kaputt war, denn heute sehe ich, wie unterschiedlich Götz und ich sind. Ich glaube, er hat nicht Katrins Jugend gesucht, sondern eine Seelenverwandte. Er hat ein großzügiges Naturell, ich bin viel sparsamer und strenger mit mir und habe ihn sicher eingeengt. Er warf mir einmal vor: »Du hast nur noch funktioniert.« Heute frage ich mich, ob es richtig war, dass ich nach der Geburt unseres dritten Kindes Hausfrau und Mutter wurde, um meinem Mann den Rücken freizuhalten. Katrin hat gleich nach ihrem Studium die erste Stelle angenommen.

Nach Götz' Auszug war zwischen uns ein paar Wochen Funkstille, wir kommunizierten nur über unsere Kinder, bis unser Sohn mir während eines Telefonats mit seinem Vater den Hörer reichte und sagte: »Und jetzt seid ihr dran!« Von da an konnten wir wieder sachlich miteinander reden. Ich schätze Götz nach wie vor sehr. Es hört sich komisch an, weil er mich betrogen und verlassen hat, aber er würde nie jemandem etwas Böses antun wollen. Am zweiten Weihnachten nach unserer Trennung habe ich zum ersten Mal wieder meine Tür geöffnet, ich schlug vor: »Ich fände es schön, wenn du und Katrin an den Feiertagen vorbeikämet.« Seither feiert Götz regelmäßig Heiligabend mit uns, während Katrin bei ihrer Mutter ist. Und Weihnachten ist schöner, als wir es vor der Trennung je hingekriegt haben. Vielleicht war ich auch so großherzig, um unseren Kindern etwas zu zeigen. Ich wollte ihr Leben wieder ein bisschen rund kriegen und ihnen vermitteln: »Ihr dürft nett zu Katrin sein.« Irgendwie gehört sie ja nun dazu. Unsere Söhne kommen mit ihr auch gut zurecht. Und ich sagte mir: Die Kinder haben 50 Prozent Gene von Götz in sich. Wenn ich schlecht über ihren Vater rede, trifft es sie auch.

Was ich bis heute nicht ertragen kann, ist, wenn Götz meint: »Katrin hat gesagt ...« Ich könnte an die Decke gehen, speziell, wenn es um unsere Söhne geht. Das liegt vermutlich auch daran, dass Götz Katrin eine Wertschätzung schenkt, die er mir in unserer Ehe nie gegeben hat. Meinen gelernten Beruf als Logopädin hat er nie für voll genommen, er fiel mir häufig ins Wort oder zog meine Bemerkungen ins Lächerliche. Ich wehrte mich, aber es kam nicht an. Katrin sagt vielleicht das Gleiche, doch Götz hört auf sie. Es ist ganz anders, wenn ich direkt mit ihr rede, das geht gut. Einmal entschuldigte sich Götz bei mir, weil Katrin ihn darauf aufmerksam gemacht hatte, dass er mich ständig unterbrochen hatte.

Manchmal denke ich: Ich muss ihm dankbar sein. Ich hätte mich sonst nicht so entwickelt, an seiner Seite wäre ich nicht hochgekommen. Ich kriege Bestätigung nicht mehr durch ihn und die Kinder, sondern durch meine Arbeit. Ich mache Leuten Freude und stehe auf eigenen Beinen. Ein Freund meinte, ich sei lockerer geworden. Durch mein Catering und das Kochen bin ich vielen alten Bekannten wieder begegnet, es war sofort wieder freundschaftlich.

Ein Jahr, nachdem Götz und ich uns getrennt haben, begann ich eine Liebschaft. Wenn der Mann nicht so verschlossen und mitunter abweisend gewesen wäre, hätte ich wieder den Fehler begangen, den klassischen Frauenpart zu übernehmen. Fest liiert waren wir zwei Jahre, es flammte immer wieder auf, erst vor einem Jahr schaffte ich es, Schluss zu machen. Aber ich habe jeden Abend, wenn ich im Bett lag, an ihn gedacht, bis mir mein Verstand endlich sagte: »Guck ihn dir doch einmal nüchtern an.« Dass wir oft aneinander vorbeireden, störte mich von Anfang an. Einmal sagte er: »Meine innersten Gedanken erfährst du nie.« Vielleicht bin ich auf den Erstbesten zugegangen, weil ich Selbstbestätigung brauchte. Nach dieser Trennung fühlte ich mich zum ersten Mal richtig selbständig und frei. Natürlich sehne ich mich nach Nähe, Geborgenheit, Sexualität, aber ich könnte gegenseitige Einengung nicht mehr ertragen. Für eine Partnersuche ist meine Eigenständigkeit sicher ein Handicap, ich werde nicht umworben. Bei den meisten Männern denke ich: Gott sei Dank musst du mit dem nicht zusammen sein! Ein Freund fragte neulich: »Ist kein Mann gut genug für dich?«

Durch meine Trennungen wird mir sehr bewusst, dass man nichts festhalten kann. Ich habe mein Haus noch nie so geliebt wie jetzt, es ist in jeder Ecke meins. Aber ich freunde mich mit dem Gedanken an, dass ich es irgendwann verkaufen muss, wenn ich die Arbeit allein nicht mehr schaffe. Wahrscheinlich muss ich nochmals ins kalte Wasser springen und mir beruflich einen neuen Standort suchen. Ich muss keine Sterneköchin werden, aber ich will mich weiterentwickeln und werde arbeiten, solange ich gesund bin. Dank meines Erbes und Einkommens geht es mir finanziell besser als Götz, wobei ich mir viel weniger leiste. Denn meine eigene Rente wird einmal sehr gering sein, und auf meinen Anteil von Götz` schmaler Rente werde ich verzichten, damit er selbst über die Runden kommt.

Heike Graser, Michael Graser, Yoenia Graser: »Der Kompass ist: Was tut uns dreien gut?«

Ein Schlussstrich unter 16 gemeinsame Jahre, eine Absage an Nähe, Vertrautheit, Geborgenheit – all das implizierte ihre Scheidung vor drei Jahren für sie beide nie.

Als Treffpunkt für unser Gespräch schlägt Heike Graser die Wohnung ihres geschiedenen Mannes Michael und seiner jetzigen Frau Yoenia vor, da sie selbst außerhalb von Hamburg wohne. In dem Flur einer Zwei-Zimmer-Wohnung weist ein eingezwängter Arbeitsplatz mit PC auf Michaels Beruf als freiberuflicher Mediendesigner hin. Michael Graser, ein 44-jähriger, dunkelhaariger Mann mit Ohrring, bittet mich in die Küche, eine Viertelstunde später trifft Heike ein, mit Tüten beladen. Sie war auf dem Markt, gemeinsam verstauen die blonde 40-jährige Deutsche und die 33-jährige zierliche Kubanerin den Einkauf, bevor Yoenia ins Nebenzimmer geht. Der herzliche Umgangston der beiden Frauen wirkt unaufgesetzt. Vermutlich würde sie eine solche Eintracht bei anderen auch verwundern, räumt Heike ein, »doch wenn man es lebt, ist es ganz anders«. Als Michael vor zwei Jahren seine künftige Frau vom Flugplatz abholte, fuhr sie mit und wartete auf beide im Auto, hoffend, in Yoenia eine Freundin zu gewinnen.

Weder Streit noch Vorwürfe noch Eifersucht, nichts von der Bitterkeit, die in der Regel das Aus einer Ehe begleitet. Stattdessen beider Wunsch, ihre Beziehung, die sexuell schon lange auf Sparflamme lief, auf einer anderen Ebene fortzusetzen. Schon lange ging Michael fremd. Gespürt habe sie es jedes Mal, berichtet Heike. Doch aus Angst vor einem Konflikt habe sie ihn nie zur Rede gestellt und sich selbst verordnet: »Überbewerte das nicht«, wenn Michael ihre vorsichtigen Nachfragen abwürgte: »Da ist nichts. Das hat nichts mir dir zu tun.«

Auch aus Michaels Sicht ein unwürdiger Zustand, den er nicht beschönigen will. Er habe viel Mist gebaut, räumt der athletische Mann ein. Heikes Schweigen habe ihm unbequeme Auseinandersetzungen erspart, nicht aber Schuldgefühle. Wenn er seine Ausreden nicht mehr aushielt, zum Beispiel die, zum Sport zu gehen (»weil man danach duschen kann«), und seine »Frauengeschichten« (meist im Stadium der Abkühlung) offenbarte, genoss er jedes Mal das befreiende Gefühl, »wieder mit mir im Reinen zu sein«. Auf Heikes Loyalität war stets Verlass, eine Eigenschaft, die er auch jetzt über alles schätzt.

Als er ihr nach 13 Jahren wilder Ehe einen Heiratsantrag machte, erzählt Michael, wollte er damit seinen Vorsatz besiegeln, künftig treu zu sein. Keine romantische Liebeserklärung im Kerzenlicht, wie man es im Fernsehen sieht, denn eben vor diesem saßen sie, erzählt Heike, als Michael sie fragte: »Was ist nun? Wollen wir nicht mal heiraten?« Seinen überraschenden Vorschlag fasste auch sie als Genesungsrezeptur für ihre malade Beziehung auf, die sich mal wieder am Tiefpunkt befand. Ihr Urlaub auf Kuba vor dreieinhalb Jahren sollte ihre nachgeholte Hochzeitsreise sein.

Was wäre, wenn? Die Frage, was war Zufall, was Schicksalsfügung?, klingt weder bei Heike noch bei Michael an, als dieser berichtet, dass er mit einem Freund schon eine Woche früher gestartet war und sich im Nu in die Tänzerin Yoenia verguckt hatte. Die Urlaubsstimmung, das Flair des Exotischen, den die Sprachbarriere noch erhöhte. Normalerweise erlischt solch Strohfeuer schnell. Doch als Michael kurz danach allein nach Kuba flog, schwante Heike bereits, welchen Grund sein Fernweh hatte. Auch diesmal schwieg sie, chauffierte Michael sogar zum Flughafen, »vielleicht damit er Schuldgefühle hat«. Doch ihrer Einsicht, dass sie ihn nicht ändern könnte, fügte sie das Eingeständnis ihres »Duckmäusertums« hinzu: Warum blieb sie bei jemandem, der andere Frauen vorzog? War sie zu feige zu sagen: »Ich bin unglücklich. Warum machst du das?«

Das Wort »Scheidung« sprach Michael aus, nachdem er ihr nach seiner Rückkehr seine Verliebtheit gestand. »Das war ziemlich hart, aber es gab noch nicht mal einen Streit«, fügt Michael in Heikes Erzählung ein, in der nur das kurze Kippen ihrer Stimme auf Kränkungen hinweist: »Das Fallbeil auf unsere Ehe war schon vorher gefallen. Nun musste ich wegen Michaels Untreue nicht mehr blöde Gefühle haben.«

Doch zum Befremden ihrer Mutter und vieler Freunde bedeutete ihr Entschluss, »vor mir selbst wieder gerade stehen zu können« und in Michaels Leben »nicht länger die zweite Geige zu spielen« weder die sofortige räumliche Trennung noch die innerliche Abkehr von ihrem abtrünnigen Ehemann. Erst nach einem halben Jahr zog Michael um in die Stadt. Auch weil sie genügend Zeit haben wollten, »alles sacken zu lassen«. Nun, da sie kein Paar mehr waren, fiel es ihnen leichter, über Gefühle zu reden, unbeirrt davon, dass ihr Umfeld ihre eher wachsende Vertrautheit mit Kopfschütteln quittierte. »Ich wollte alles wissen, denn es gibt ja nichts Klischeehafteres, als dass ein deutscher Mann in die Karibik fährt, sich dort eine Mulattin sucht und diese Frau auch heiraten will. Viele sagten: ›Wie kannst du nur?‹ Aber die Meinung anderer interessiert mich nicht. Mein Kompass war: Was tut mir gut?«

»Die zentralen Fragen sind: Will man den anderen in seinem Leben weiterhin mitnehmen? Und wie kriegen wir das hin?«, begründet Michael, weshalb er Heike seine neue Liebe haarklein schilderte, nicht bloß, um ihr Verständnis zu bekommen, sondern auch, um zu verhindern, dass Heike sich in Fantasien erging: »Ich wollte, dass sie die Gegnerin kennt. Wenn man verlassen wird, stellt man sich die andere ja meist wunderschön, attraktiv, unerreichbar vor.« Auch Zweifel verbarg er vor Heike nicht. Eine Frau zu heiraten, die er kaum kannte und deren Muttersprache er erst lernte, war ein Risiko. Seine ganze Altersvorsorge steckte er in die sieben Flüge nach Kuba, nur als seine Ehefrau würde Yoenia eine Aufenthaltsgenehmigung für Deutschland bekommen.

Nach dem nahtlosen Übergang ihrer Ehe in eine Freundschaft habe sie den Scheidungstermin nur mehr als Formalie empfunden, erzählt Heike. So wenig belastend, dass weder sie noch Michael auf Anhieb das Datum parat haben. »Die Tiefschläge waren vorher. Das war die Zeit, als unsere Beziehung zerfloss und uns die gemeinsam geplante Zukunft unter den Füßen wegrutschte. Ich finde, wenn man sich als Paar trennt, sollte man auch konsequent sein und nicht sagen: Ich will mir nicht den Ehering vom Finger ziehen.« Bewusst waren sie kinderlos geblieben, materiell gab es nichts, was aufzuteilen war, als Angestellte in einem Werbebüro verfügte sie über ein eigenes Einkommen. Dass er nach einem One-Night-Stand vor einigen Jahren Vater wurde, ohne Kontakt zu seinem Sohn zu haben, erwähnt Michael nur in einem Nebensatz.

Doch ihre künftige Beziehung hing auch von Yoenias Einstellung ab. »Ich wollte auf keinen Fall, dass sie das Gefühl hat, es gibt keinen Weg an mir vorbei«, modifiziert Heike Michaels Aussage, die Freundschaft zu Heike sei Bedingung für seine neue Ehe gewesen. Seine anfängliche Rolle als Dolmetscher nutzte Michael, um die gegenseitige Sympathie zu stärken: »Ich habe manches positiver eingefärbt, weil ich wusste: Im Endeffekt klappt das.«

Und es hat geklappt. »Wenn wir zu dritt durch den Kiez laufen, heißt es: Da kommt ja der Kerl mit den beiden Damen«, deutet Michael kursierende Gerüchte an über ihr Dreiergespann, das nicht passt in das Klischee einer Menage à trois.

Dass Heike das Ehepaar oft besucht, sie gemeinsam ausgehen, und Heike auf der Couch übernachtet, wenn sie zu müde für ihren weiten Heimweg ist, beschreibt das geschiedene Paar als eine Art Familienleben, das Yoenias ausgeprägte Eifersucht nicht auf die Probe stelle. In der Gegenwart eines Menschen, der ihr durch und durch vertraut sei, fühle sie sich einfach wohl, erzählt Heike. Mit dem Unterschied, dass Yoenia streng über ihren Mann wache, beobachte sie in Michaels und Yoenias Ehe auch bekannte Verhaltensmuster, was ihre solidarische Verbundenheit mit Yoenia noch verstärke. Den Schüssel zu Yoenias und Michaels Wohnung habe sie erst angenommen, als Yoenia sprachkundig und selbstsicher genug war, um ihre eigene Meinung zu äußern: »Michael ist für mich ein Mensch, den ich aus dem Effeff kenne. Es würde mir das Herz aus der Brust reißen, das aufzugeben. Ich möchte mich nirgendwo reindrängen und frage Yoenia immer wieder, ob ich zu oft da bin. Ihr zu beteuern, dass Michael und ich keine Paarbeziehung mehr haben, würde nichts nutzen, sie muss es spüren. Deshalb gehen wir auch nie zu zweit aus. Zudem finde ich es viel besser, wenn sie dabei ist«, skizziert Heike eine Gratwanderung, weit ab von den üblichen Trennungsregeln, die auch in mir ambivalente Gefühle weckt. Was ist Großmut? Oder mangelt es vielleicht an gegenseitiger Abgrenzung aus Gründen, die ein Interview nicht ausloten kann?

Dass Michael seinen alten Ehering weiter trägt und für Yoenia einen passenden nachkaufte, sei »schon seltsam«, überlegt Heike und wendet sich wie häufig im Gespräch Michael zu. Und nicht jeder ordne es vermutlich richtig ein, dass sie im Notfall zu dritt das große Doppelbett teilen, wenn ein weiterer Gast das Sofa belegt. Doch trotz der ungewöhnlichen Nähe zueinander trauere sie weder Vergangenem nach, noch sei sie auf der Suche nach einem neuen Partner. Zweimal hatte sie kurze Affären, nach einem Lebensgefährten sehne sie sich bisher nicht. Verwurzelt in ihrem Heimatdorf, genieße sie es vielmehr, ihr Leben nach eigenem Gusto zu gestalten: »Ich bin freier, aktiver, mutiger und egoistischer geworden. Nach unserer Scheidung glaubte ich zunächst, auf den Partnermarkt zurück zu müssen. Aber die Enttäuschung sitzt tief. Die letzten Jahre einer Beziehung sind ja am präsentesten, und die waren die schlechtesten. Wenn ich ausgehen will, frage ich zuerst Michael und Yoenia. Falls sie keine Lust haben mitzukommen, verabrede ich mich mit anderen. Früher bin ich mit Michael vor der Glotze hängengeblieben.«

»Vielleicht war es immer eine freundschaftliche Liebe, wir haben das bloß nicht erkannt«, erklärt Michael das entspannte Verhältnis und meint es als Kompliment, als er sagt, Heike sei »ein wildes Mädchen« geworden; ihre beiden Liebhaber habe er »sympathisch« gefunden. Seine Freiräume hingegen engten sich zunehmend ein. Damit seine mit Konfliktherden – Alkohol, Essensgewohnheiten, Eifersucht – ohnehin nicht knapp bestückte Ehe nicht noch mehr in Turbulenzen gerate, achte er darauf, Irritationen zu vermeiden. »Yoenia würde zu Heike nie Nein sagen. Das Nein kriege ich. Und es gibt oft ein Nein in der Beziehung«, deutet er Schwierigkeiten an, die jedoch geringer wären als er erwartet habe. Dank ihrer guten Deutschkenntnisse arbeite Yoenia inzwischen beruflich bei ihm mit, zunehmend fühle sie sich in Hamburg heimisch.

Eine Scheidung also mit Happy End? An Vorschlägen, was falsch und was richtig sei, mangelte es nicht. Für so manchen in ihrem Freundeskreis bot ihre Trennung wohl auch die Gelegenheit, sich an den Problemen anderer abzuarbeiten. Doch zunehmend werde ihnen auch die Frage gestellt: »Wie habt ihr das bloß hingekriegt?« Vor einem Jahr, erzählt Heike, seien sie, Michael, Yoenia und eine Kusine noch einmal nach Kuba geflogen: »Ich dachte, warum soll ich dem Land nicht noch mal eine Chance geben? Diese Reise hat mich endgültig versöhnt.«

Anhang

Anmerkungen

1 Horst Petri: Verlassen und Verlassen werden, Freiburg 1998, S. 61
2 http://www.palverlag.de/trennungsschmerz-hilfe.html
3 Horst Petri: Verlassen und Verlassen werden, S. 62
4 Wie hoch die Zahl in Deutschland ist, ist schwer zu ermitteln. Für die USA geben Statistiken Aufschluss: 70 Prozent der Morde an Frauen gehen auf das Konto ihres Ex-Partners. Ein Viertel der getöteten Frauen hatte sich gerade von ihrem Aggressor gelöst. Die Tat geschah kurz nach dem Auszug der Frau aus der gemeinsamen Wohnung oder während sie einen solchen plante, vgl. Marie-France Hirigoyen: Warum tust du mir das an?, München 2006, S .50
5 In seinem Buch druckt Horst Petri den bewegenden Brief einer Frau an ihren Partner ab, den sie fünf Monate nach ihrer Trennung schrieb und zur Veröffentlichung freigab:
»Mein Liebster! Lass mich Dich noch einmal so nennen, nachdem der zermürbende Hader und die Verletzungen, die wir uns gegenseitig zugefügt haben, abgeklungen sind. Sie waren wohl nötig, um uns mit Gewalt vor Augen zu führen, dass unsere Liebe gestorben ist. Aber noch kann ich Dich nicht ins Vergessen entlassen. Das Alleinsein ist schrecklich. Nachts liege ich im Dunkeln und entwerfe fantastische Bilder einer Welt, die uns einmal gehörte. Irgendwann, ich weiß es, wirst Du nur noch eine Erinnerung sein. Bis dahin möchte ich Dir noch gelegentlich schreiben dürfen, damit ich nicht verlorengehe. Loslassen können … Nach Trennungszeiten braucht man Zauberformeln. Bei mir wirken sie noch nicht. Wird man je einen Menschen innerlich ganz loslassen können, den man einmal geliebt hat? Und warum auch? Die Erinnerungen an Dich, die Bilder, die Du in mir hinterlassen hast, wird das Leben nicht auslöschen. Dafür bin ich Dir sehr dankbar. Aber im Moment tragen sie mich noch nicht. Noch brauche ich etwas Konkretes, an dem ich mich festhalten kann und sei es auch nur ein Blatt Briefpapier.« vgl. Petri: Verlassen, S. 77

6 http://www.welt.de/printwelt/article701098/Trennungsschmerz kann toedlich sein.html (8.9.2010)

7 Ebenda

8 Petri, Verlassen, S. 132 ff.

9 Ebenda; S. 119

10 Zitty 18/2009, S. 44

11 Vgl. Interview mit M. V. Miller in: www.berlinonline.de/berliner-zeitung-archiv/bin/dump.fcgi/1997/0627/freizeit/0005/index.html (22.6.2010)

12 Michael Vincent Miller: Wenn die Liebe Angst macht, München, Wien 1997, S. 83

13 Patricia Evans: Worte, die wie Schläge sind, Reinbek bei Hamburg 1995, S. 200

14 Peter Schellenbaum: Aggression zwischen Liebenden, München 1996, S. 38

15 http://www.friedenspaedagogik.de/themen/kriegsgeschehen verstehen/krieg/konflikteskalation/die neun stufen der konflikteskalation nach glasl (6.9.2010)

16 Nach der fernöstlichen Chakrenlehre hat der Mensch sieben Hauptenergiezentren, die sich in der Mittelachse des Körpers befinden und der Sitz von körperlichen Empfindungen und Emotionen sind.

17 www.rp-online.de/panorama/Interessenskonflikte-sind-haeufigster-Trennungsgrund aid 284885.html (20.8.2010)

18 Die Zeit, Nr. 39, 20.9.2007, S. 19

19 www.rp-online.de/panorama/Interessenskonflikte-sind-haeufigster-Trennungsgrund (8.10.2010)

20 http://ooe.orf.at/stories/295556 (17.6.2010)

21 Vgl. Interview in: Der Spiegel 43/2000, S. 302

22 Vgl. Guy Bodemann: Bewältigung von Stress in Partnerschaften, Freiburg (Schweiz) 1995, S.13

23 Gunter Schmidt: Spätmoderne Beziehungswelten, Wiesbaden 2006, S. 141/142

24 Diese Zahl ermittelte die bisher größte deutsche Studie zu diesem Thema. Nach dem Zufallsprinzip wurden 4400 Männer befragt, ihre Antworten wurden hochgerechnet. Vgl. www.wissen-gesundheit.de/content.asp? (8.10.2010)

25 Vgl. Bettina v. Kleist: Mein Mann liebt einen Mann, Berlin 2003

26 Hirigoyen: Warum tust du mir das an?, S. 87/88

27 Evans: Worte, S. 87/88

28 Miller: Wenn die Liebe Angst macht, S. 44

29 http://www.welt.de/wissenschaft/article931814/Immer mehr aeltere Paare lassen sich scheiden.html (6.7.2010)

30 Elisabeth Niejahr: »Romantik trifft Vernunft«, in: Die Zeit, Nr. 30, 20.9.2009, S. 17
31 Quellen: http://www.sueddeutsche.de/leben/scheidung-im-alter-das-verflixte-jahr-1.688952, (8.8.2010), http://www.bpb.de/wissen/NHXRDM.html, http://www.ad-hoc-news.de/heiratsalter-berliner-heiraten-immer-spaeter--/de/Thema-des-Tages/20808074 (18.7.2010)
32 http://www.statistik.at (12.10.2010)
33 Niejahr, Romantik, S. 17
34 aus: Walter Bien, Angela Hartl und Markus Teubner: Stieffamilien in Deutschland, zitiert aus : Eva Wunderer, Klaus A. Schneewind: Liebe ein Leben lang?, München 2008, S. 137–140
35 Ebenda S. 13, Vgl. auch Bodemann: Bewältigung, S. 3 f. und Elisabeth Monyk: Lieber alleine oder zu zweit?, Wien 2007, S. 66
36 Wunderer/Schneewind: Liebe ein Leben lang?, S. 10
37 Ebenda, S. 13
38 Ute Scheub: »Seh(n)süchte«, in: Der Tagesspiegel, 1.4.2007, S. 8
39 Vgl. Schmidt: Spätmoderne Beziehungswelten, S. 86
40 Birgit Dechmann, Christiane Ryffel: Vom Ende zum Anfang der Liebe, Weinheim, Basel 2001, S. 41
41 »Woran Ehen scheitern«, in: Chrismon, 09/2008, S. 9
42 Zit. nach Wunderer/Schneewind: Liebe ein Leben lang?, S. 25
43 ZEITmagazin Nr. 8, 2010
44 Bas Kast: Die Liebe und wie sich Leidenschaft erklärt, Frankfurt am Main 2006, S. 142
45 Ebenda, S. 133
46 Ebenda, S. 135
47 Quellen: www.focus.de/gesundheit/gesundleben/partnerschaft/krise/untreuen-studie_aid_24627.html (18.9.2010), www.stern.de/wissen/mensch/2-seitensprung-lebenslanges-trauma-563015.html (18.9.2010)
48 Dechmann/Ryffel: Vom Ende zum Anfang der Liebe, S. 85
49 http://www.queerkids.de/?PRESSE:PRESSESPIEGEL (11.10.2010)
50 ZEITmagazin, Nr. 42, 2008
51 http://www.uni-koeln.de/phil-fak/psych/entwicklung/forschung/scheidung/kurzbericht.html (5.6.2010)
52 Catrin Lange: Hilfe bei Trennung und Scheidung, Kerpen 2005, S. 103
53 Wolfgang Krüger: Liebe, Macht und Leidenschaft, Freiburg im Breisgau 2006, S. 128
54 http://www.kinder.de/Rosenkrieg_und_kein_Ende_Aerger_mit_dem_Unt.1779.0.html (17.7.2010)

55 Kai Müller: »(Vater) Mutter Kind«, in: Der Tagesspiegel, 12.5.2010,
56 Lydia Brakebusch: »Zu zweit allein«, in: Zitty, 10/2010, S. 33/34
57 http://www.uni-koeln.de/phil-fak/psych/entwicklung/forschung/scheidung/kurzbericht.html (15.6.2010)
58 Judith Wallerstein: Scheidungsfolgen, S. 29
59 Lydia Brakebusch: »Zu zweit allein«, in: Zitty, 10/2010, S.33/34
60 Iris Radisch: »Der Preis des Glücks«, in: Die Zeit, Nr. 12, 16.3.2006, S. 59
61 Ebenda
62 Vgl. Homepage von Ingeborg Becker-Textor und Dr. Martin Textor: Scheidungszyklus und Scheidungsberatung – Ein Handbuch
63 Ebenda
64 http://www.platinnetz.de/magazin/artikel/jugendliebe-alte-liebe-rostet-nicht (13.8.2010)
65 »Die neue Zweisamkeit«, in: Der Spiegel, 43/2000
66 Ebenda
67 http://www.uni-koeln.de/phil-fak/psych/entwicklung/forschung/scheidung/kurzbericht.html (5.6.2010)
68 http://www.efb-berlin.de/dokument.py?nr=65 (7.7.2010)
69 Annabel Wahba »Armer Mann, was nun?«, in: http://www.zeit.de/2009/42/Sie-verdient-mehr-42?page=5 (14.9.2010)
70 http://www.welt.de/gesundheit/article2700553/Geschiedene-Menschen-sterben-frueher.html (16.8.2010)
71 Krüger: Liebe, Macht, S. 111. Insgesamt begehen in Deutschland 2,1 Prozent aller Männer und 0,7 Prozent aller Frauen Selbstmord.
72 ZEITmagazin, Nr. 42, 2008

Literaturverzeichnis

Beck-Gernsheim, Elisabeth: Was kommt nach der Familie?, München 1998

Bien, Walter (Hrsg.): Stieffamilien in Deutschland. Eltern und Kinder zwischen Normalität und Konflikt (DJI Familien-Survey, 10, Verlag für Sozialwissenschaften), Wiesbaden 2002

Bodemann, Guy: Bewältigung von Stress in Partnerschaften, Freiburg (Schweiz) 1995

Dechmann, Birgit; Ryffel, Christiane: Vom Ende zum Anfang der Liebe: Ein Leitfaden für die systemische Beratung und für Paare, die zusammen bleiben wollen, Weinheim, Basel 2001

Evans, Patricia: Worte, die wie Schläge sind. Verbale Mißhandlung in Beziehungen, Reinbek bei Hamburg 1995

Hirigoyen, Marie-France: Warum tust du mir das an? Gewalt in Partnerschaften, München 2006

Kast, Bas: Die Liebe und wie sich Leidenschaft erklärt, Frankfurt am Main 2006

Kleist, Bettina v.: Mein Mann liebt einen Mann, Berlin 2003

Krüger, Wolfgang: Liebe, Macht und Leidenschaft. Die Erfolgsregeln für fairen Konfliktausgleich, Freiburg im Breisgau 2006

Lange, Catrin: Hilfe bei Trennung und Scheidung. Eine empirische Untersuchung zu Anliegen und Bedürfnissen der Scheidungsklientel, Kerpen 2005

Miller, Michael Vincent: Wenn die Liebe Angst macht. Liebesterror und wie man ihm entgeht, München, Wien 1997

Monyk, Elisabeth: Lieber alleine oder zu zweit? Die individualistische Lebensweise von Singles und kinderlosen Paaren, Wien 2007

Petri, Horst: Verlassen und verlassen werden, Freiburg 1998

Schellenbaum, Peter: Aggression zwischen Liebenden. Ergriffenheit und Abwehr in der erotischen Erfahrung, München 1996

Schmidt, Gunter; Matthiesen, Silja u. a.: Spätmoderne Beziehungswelten. Report über Partnerschaft und Sexualität in drei Generationen, Wiesbaden 2006

Stiemerling, Dietmar: Was die Liebe scheitern lässt. Die Psychologie der chronisch gestörten Zweierbeziehung, Stuttgart 2000

Wallerstein, Judith; Lewis, Julia; Blakeslee, Sandra: Scheidungsfolgen – Die Kinder tragen die Last: Eine Langzeitstudie über 25 Jahre, Weinheim 2002

Wunderer, Eva; Schneewind, Klaus A.: Liebe ein Leben lang? Was Paare zusammenhält, München 2008

Zur Autorin

© Arno Kiermeir

Bettina von Kleist
Jahrgang 1949, Studium der Theaterwissenschaften, Psychologie und Amerikanistik, freie Journalistin, schreibt vorrangig über psychologische Themen. Sie hat zwei erwachsene Söhne und lebt in Berlin.
Bücher im Ch. Links Verlag: »Mein Mann liebt einen Mann. Wie Frauen das Coming-out ihres Partners bewältigen«, 2003; »Wenn der Wecker nicht mehr klingelt. Partner im Ruhestand«, 2006 (4. Auflage 2007), »Der Weg zum Glück ist ausgeschildert. Vom Suchen und Finden«, 2008.